신학박사 논문시리즈 31

Pastoral Ministry and Missionary
Work in the City

도시 속의 목회와 선교

송영만 지음

기독교문서선교회

기독교문서선교회(Christian Literature Center: 약칭 **CLC**)는 1941년 영국 콜체스터에서 켄 아담스에 의해 시작되었으며 국제 본부는 미국의 필라델피아에 있습니다.

국제 CLC는 59개 나라에서 180개의 본부를 두고, 약 650여 명의 선교사들이 이동도서차량 40대를 이용하여 문서 보급에 힘쓰고 있으며 이메일 주문을 통해 130여 국으로 책을 공급하고 있습니다.

한국 CLC는 청교도적 복음주의 신학과 신앙서적을 출판하는 문서선교기관으로서, 한 영혼이라도 구원되길 소망하면서 주님이 오시는 그날까지 최선을 다할 것입니다.

Pastoral Ministry and Missionary Work in the City

Written by
Yung Man Song(Ph. D.)

Korean Edition
Copyright © 2017 by Christian Literature Center
Seoul, Korea

추천사 1

이제원 목사
예수교대한성결교회 증경총회장, 서울충신교회 원로목사

송영만 박사는 성결대학교와 호서대학교에서 신학박사학위와 철학박사학위를 취득하신 학자이며, 또한 도시에 교회를 개척하여 모범적인 목회와 선교를 감당하고 있는 예성 목회자로서 이번에 『도시 속의 목회와 선교』를 집필하게 되어서 진심으로 축하드리며 축복합니다.

세계 인구가 급속도로 도시에 집중되면서 도시는 문화와 경제, 첨단과학, 정치, 교육, 산업 등 사회 모든 영역에 중심지가 되었습니다.

한국도 급속한 도시집중 현상 속에서 서울, 수도권 등에서는 도시 과밀화에 따른 주택, 환경문제, 교통 등 다양한 문제들이 증가하고 있으며, 인구 저성장과 도시과밀화 현상의 문제들이 미래에 큰 문제로 대두되고 있는 실정입니다.

한국교회의 급성장도 전국의 도심권 중심으로 교회 설립 등 다각적인 선교활동에 의해 이룩되었습니다. 도시가 사회의 전반적으로 중요한 영향을 끼치고 있는 현 상황 속에서 도시선교의 책을 출판하였다는 것은 선교와 목회 현장에 있어서 매우 중요한 일이라 생각합니다.

성경적으로 사도 바울이 전략적으로 요충지인 도시를 중심으로 선교한 것을 볼 때, 도시선교는 선교전략에 있어서 매우 중요한 성경적인 전략입니다. 사도 바울은 혼자서 모든 지역을 전도하기보다는 전 지역에 고루 전파될 수 있는 중요한 지역에 교회를 개척하여 선교를 하였다는 점에 있어서, 바울이 선교하며 설립한 교회는 지리적으로 로마행정, 헬라문명, 유대인의 영향 또는 상권의 중심지였습니다.

사도행전은 바울을 비롯한 복음 전도자들이 언제나 복음의 장소를 도시로 겨냥했으며, 많은 군중들이 모여 있는 곳을 선교의 장소로 삼았음을 증거하고 있습니다. 그들은 도시에 먼저 유대인의 회당과 공공장소를 찾아가 복음을 증거할 기회를 얻으려 했던 것을 성경을 통해 알 수 있습니다.

도시는 사람들이 많이 모여 있으며, 주변의 지역에 중요한 영향을 준다는 점에 있어서 도시에서 선교하는 것은 매우 효과적이라는 것을 제시해 주고 있습니다. 그리고 교회들로 하여금 선교와 교회성장을 이룰 수 있도록 도움을 준다는 점에 있어서 매우 중요한 선교전략입니다.

송영만 박사의 『도시 속의 목회와 선교』는 도시선교의 사명을 감당할 수 있도록 이론뿐만 아니라 실제적으로 적용할 수 있는 대안적 선교전략을 제공하고 있다는 점에 있어서 도시교회 개척을 준비하는 후보자들과 신학생, 선교사들에게 적극 추천합니다.

추천사 2

성기호 박사
전) 성결대학교 총장

    성실한 목회자이며 끊임없이 연구하는 학자로서 송영만 박사께서 『도시 속의 목회와 선교』라는 제목의 저서를 출판하게 됨을 기뻐하며 추천사를 씁니다. 이 책은 그가 성결대학교 대학원에서 선교학 전공으로 제출한 박사학위논문을 기초로 한 것이기에 학문적인 것은 물론 실천적인 면에서도 깊이가 있는 좋은 유산으로 기독교계 특히 선교학 분야에 탁월한 기여를 할 것으로 압니다.
    1차 산업 위주의 시대에는 많은 사람들이 농촌이나 어촌에 삶의 근거를 두고 생활했지만 지금은 문화와 교육, 의료와 복지분야에서 더 많은 혜택을 누리고자 하는 욕구에 따라 도시로 인구가 집중되고 있습니다. 세계화와 자유무역이 대세가 되고 있는 현재 소규모의 영농이나 어업에 종사하는 것은 삶의 질은 물론 생존 측면에서도 어려움이 많은 것이 사실입니다. 이들이 도시로 유입되며 도시빈민으로 추락하고 절망과 가난 속에서 방황하게 되는 것이 현실입니다.
    자녀들을 위해 희생을 감수한 노년층이 노후의 생활대책도 미처 갖추기 전에 빈곤계층으로 전락하는 현실 속에서 그들을 위한 돌봄은 생활면에서 뿐 아니라 영적인 측면에서 긴요합니다. 결혼이나 취업 등으로 한국에 온 다른 민족들이 소외감을 느끼며 한국의 문화와 풍습에 동화되기 어려운 현실 속에서 그들을 품고 돌보며 한국 주류 사회에 편입할 수 있도록 돕는 일도 교회가 담당해야 할 몫들의 하나입니다.

이러한 사회변혁과 도시 집중화 속에서 도시선교의 중요성은 더 이상 강조할 수 없을 만큼 중요합니다. 이러한 때에 송 박사를 통해 시의적절한 자료가 제공되는 것이 한국교회와 선교에 큰 도움이 될 줄 압니다. 도시선교의 중요성과 선교이론을 이해하는 것 못지않게 중요한 것은 도시선교를 실천하는 일일 것입니다.

교회적으로 또 범 교단적으로 도시선교의 대책을 수립하고 실천함은 물론 선교의 사명을 예수님께로부터 유언처럼 부탁받은 신자들 개개인이 소외된 이웃을 찾아 그리스도의 사랑을 실천하고 복음을 전함으로 개인의 영혼을 구원함은 물론 슬럼화되어 가는 도시를 구원하는 사명을 감당해야 할 것입니다.

『도시 속의 목회와 선교』가 이러한 사명을 감당하는 일에 좋은 재료로 활용되기 바라며 추천의 말을 줄입니다. 수고하신 송영만 박사의 계속적인 연구와 기여가 앞으로도 계속되기 기대합니다.

추천사 3

정한구 박사
광시침례교회 담임목사, 침례교 국내선교회 이사장

　송영만 박사의 『도시 속의 목회와 선교』라는 책은 이 시대에 여전히 복음의 열정을 갖고 개척이라는 사명을 이루기 위해 동분서주하는 목회자들에게 매우 유용하고 탁월한 저서라고 감히 추천합니다.
　수년간 교회를 담임하는 목회자로 송영만 박사는 늘 하나님께 영광이 되고 한국 교회의 부흥을 위하여 몸부림치셨으며, 이를 위하여 성령의 인도하심 가운데 『도시 속의 목회와 선교』라는 책을 출간 하게 되어 진심으로 축하드립니다.
　아마도 본서를 읽는 이들마다 가슴 한편으로 진하게 다가오는 저자의 내면에 흐르는 뜨거운 영성을 느낄 수 있을 것입니다. 또한 오랫동안 부흥에 목말라하는 목회자들에게 다시 한번 복음의 열정을 회복할 수 있는 기회가 되리라 믿습니다.
　거칠고 메마른 이 시대를 살아가는 수많은 교회들에게 본서는 희망과 비전을 펼칠 수 있는 용기를 불어 넣게 될 것이며 또한 도시목회와 선교에 대한 전반적인 이해와 도시가 갖는 특성에 맞는 다양한 선교전략을 제시해 주는 훌륭한 지침서가 될 것입니다.
　특히 본서에서는 인터넷 환경을 통한 선교전략과 여러 나라에서 오는 이민자들의 다문화가정 등 도시 환경에 따른 선교전략은 매우 가치 있는 정보가 되어 줄 것입니다.

　앞으로 도시와 지역을 복음으로 변화시키고 또한 건강하고 행복한 교회의 선교사역을 갈망하는 모든 동역자들에게 송영만 박사의 저서를 통하여 하나님을 경험하며 자신의 꿈을 이루는 거룩한 무리들이 될 것이라 확신합니다.

추천사 4

조귀삼 박사
한세대학교 선교학 교수

송영만 박사께서 『도시 속의 목회와 선교』라는 저서를 출판하게 됨을 진심으로 축하드립니다.

송영만 박사는 하비 칸(Harvie M. Conn)의 "21세기 말에 세계인구의 90%가 도시에 산다"는 말을 인용하면서 도시선교의 중요성을 말하고 있습니다. 오늘날 세계인구의 약 40%가 도시에 살고 있습니다. 그러나 UN 통계에 의하면 2025년에는 이 숫자가 62%에 달할 것이며, 인구 100만명 이상인 도시 일곱 개 중에서 다섯 개는 2/3세계 안에 있게 될 것이라고 내다보고 있습니다. 세계의 인구수가 증대 될 수록 점점 도시화 되어가는 것이 세계의 추세임을 알 수 있습니다. 아놀드 토인비의 말대로 "이 세계는 거대화된 도시가 되어 갈 것이다"라고 한말이 현실로 우리 앞에 왔음을 알 수 있습니다.

급속한 도시화는 인간의 삶에 많은 문제점을 던져줍니다. 공해의 문제, 빈곤의 문제, 청소년들의 타락 문제 등입니다. 따라서 도시인들에 대한 선교활동도 새로운 패턴이 개발되지 않으면 안된다고 생각됩니다. 왜냐하면 도시에는 다양한 계층이 상호작용에 의하여 생활하고 있으며, 다양한 양상의 문화적 사회적 계층들로 나누어져 있기 때문입니다.

이러한 상황 가운데 송영만 박사님이 저술하신 『도시 속의 목회와 선교』는 모든 독자들로 하여금 도시에서의 목회와 선교전략을 숙지하게 만들 것으로 보입니다. 많은 독자들의 사랑을 받기 바라며 추천합니다.

추천사 5

최기수 박사
성결대학교 신학대학장

　세계는 지구화, 세계화 등으로 불리면서 도시화 현상이 급속히 일어나고 있습니다. 도시들은 국가의 신경센터와 같이 권력과 정치적 영향력을 주고 있습니다. 현대사회에 있어서 문화, 경제, 지식, 정보들이 도시에서 일어나기에 도시는 변화의 주체입니다. 그러므로 도시의 급격한 성장과 인구집중이 도시로 하여금 현대사회의 많은 영향을 주고 있습니다.

　선교적인 면에서 도시는 매우 중요한 위치에 있습니다. 도시의 현대적 상황을 고려한 선교전략과 현대교회들에게 도시선교에 대한 통찰력을 제공함으로서 현대교회들로 하여금 선교와 교회성장의 목표를 이룰 수 있도록 도움을 준다는 점에 있어서 도시목회와 선교전략은 매우 중요합니다.

　이런면에서 송영만 박사의 『도시 속의 목회와 선교』는 도시선교에 대한 바른 신학적 이해와 성경적 근거, 도시화의 분석을 통한 현대 도시선교 전략을 세우는데 이론적 근거를 제시해 주고 있습니다. 현대교회로 하여금 선교에 대한 관심을 갖고 도시를 향해 선교의 사명을 갖도록 그 대안적 전략을 제공하고 있다는 면에서 목회자, 선교사, 그리고 신학생들에게 유익한 책으로 사료되어 적극 추천하는 바입니다.

목차

추천사 1 _ 이제원 목사(예수교대한성결교회 증경총회장, 서울충신교회 원로목사) 4
추천사 2 _ 성기호 박사(전 성결대학교 총장) 6
추천사 3 _ 정한구 박사(광시침례교회 담임목사, 침례교 국내선교회 이사장) 8
추천사 4 _ 조귀삼 박사(한세대학교 선교학 교수) 10
추천사 5 _ 최기수 박사(성결대학교 신학대학장) 12
저자 서문 15

제1부 서론 17

제1장 | 도시 속의 목회와 선교의 필요성 19
제2장 | 도시 속의 목회와 선교 목적 24
제3장 | 도시 속의 목회와 선교에 관한 최근 연구 27
제4장 | 용어에 대한 정의 37

제2부 도시에 대한 전(全)이해 45

제1장 | 도시의 일반적 이해 48
제2장 | 도시의 사회학적 이해 54
제3장 | 도시의 심리학적 이해 60
제4장 | 도시의 문화적 이해 64
제5장 | 도시의 성서학적 이해 69
제6장 | 도시의 선교신학적 이해 79

제3부 도시의 형태론 91

제1장 | 도시형태의 개념 93
제2장 | 도시형태의 구성요소 96
제3장 | 도시형태와 성장 98
제4장 | 도시의 문화 형태 99
제5장 | 한국도시 형태의 특징 101

제4부 도시 속의 목회와 선교의 성경적 이해 104
    제1장 | 구약에 나타난 도시선교　105
    제2장 | 신약에 나타난 도시선교　120

제5부 도시 속의 목회와 선교의 신학적 이해 148
    제1장 | 도시의 영적전쟁　151
    제2장 | 성육신의 사역　163
    제3장 | 선교적 리더십　172
    제4장 | 선교적 교회　175
    제5장 | 도시목회 선교에 참여하기 위한 단계　187

제6부 도시목회와 선교전략 192
    제1장 | 인터넷 목회와 선교사역　194
    제2장 | 도시이주민을 위한 목회와 선교사역　203
    제3장 | 도시빈민을 위한 목회와 선교사역　209
    제4장 | 도시노숙자를 위한 목회와 선교사역　216
    제5장 | 다문화가정을 위한 목회와 선교사역　233
    제6장 | 노인 돌봄을 위한 목회와 선교사역　244
    제7장 | 직장인을 위한 목회와 선교사역　254
    제8장 | 제자 세움을 통한 목회와 선교사역　270
    제9장 | 연합공동체를 위한 목회와 선교사역　276
    제10장 | 교육목회와 선교사역　282

제7부 결론 292
    제1장 | 요약　293
    제2장 | 제언　296

참고문헌　298
ABSTRACT　310

저자 서문

송영만 박사
빛과소금교회 담임목사, 성결대학교 선교학 외래교수

전 세계에 걸쳐 인구의 증가와 급속한 도시화 현상속에서 한국교회의 현주소는 어떠한가?

한국교회와 지도자들은 도시목회와 선교에 대한 전문적 지식과 선교적 전략은 가지고 있는가?

과연, 교회와 목회자가 전문적 지식과 경험을 가지고 도시목회와 선교에 참여하고 있는가?

나아가 앞으로 어떻게 도시목회와 선교에 참여해 갈 것인가?

본서는 저자가 중소도시에서 목회하며 늘 갈증하던 질문에 대한 연구입니다. 21세기의 특징은 하루가 다르게 변화가 오고 이런 급변하는 시대의 상황에 맞는 목회와 선교전략을 통해 적극적으로 대응해야 합니다.

하비 칸(Harvie M. Conn)은 "21세기 말에 세계인구의 90%가 도시에 산다"고 말하였습니다. 현 시대를 보면 사람들은 도시로 집중하기 시작했고, 부와 명예를 얻기 위해 급증하는 도시 인구는 많은 범죄와 타락을 초래하게 되었습니다. 우리가 사는 도시는 이렇게 변화되고 있습니다. 도시마다 세워진 교회들은 우연히 세워진 것이 아닙니다. 도시와 지역을 복음으로 변화시키기 위해 하나님이 주신 목적이 있습니다. 한국교회에서 바라보는 도시는 하나님께서 주신 최고의 영적 황금 어장이며, 선교의 열매를 수확할 수 있는 축복의 통로입니다.

『도시 속의 목회와 선교』는 필자의 성결대학교 대학원 선교학 박사학위논문을 토대로 출간한 저서입니다.

저서를 통해 한국교회와 지도자들이 도시목회와 선교에 대한 관심과 참여가 많아지기를 소망합니다.

본서가 나오기까지 목회와 강의를 병행할 수 있도록 동역해 주신 빛과소금교회 교우들께 감사드리고, 수고를 아끼지 않은 기독교문서선교회 모든 분들께 감사의 마음을 전합니다.

지금까지 사랑으로 인도해 주신 하나님께 모든 영광과 감사를 올려드립니다.

"Soli Deo Gloria!"

2016년 12월 7일
빛과 소금 목양실에서

제1부

서론

우리는 하나님이 세상에서 하고 계시는 일을 보면서 격려를 받을 충분한 이유가 있다. 하지만 그와 더불어 너무나 할 일이 많이 남아 있으며, 우리를 반대하는 세력은 만만치 않다고 하는 엄숙한 사실 역시 잊지 말아야 한다.

세계의 대도시들은 21세기 선교의 핵심적인 도전이다. 도시를 무시하면 우리는 위험에 처하게 된다. 오늘날 세계의 대도시들은 우리의 재산과 불행, 지혜와 타락, 혁신과 죄의 근원이다. 도시 안에는 사회변화를 위한 수단이 있다. 그러나 지혜롭게 사용한다면 그것은 하나님 나라 성장을 위한 발전기가 될 수 있다.

20세기 이전은 농촌사회였던 것처럼 21세기는 도시 사회가 될 것이다. 두 번째 천년의 마지막은 세계 인구의 50%를 넘은 수가 도시화됨으로써 농촌 인구가 다수였던 시대의 종지부를 찍는 때이기도 하다. 2세기 전에 세상은 단 4%만이 도시화되어있고 단 하나의 대도시(megacity)[1]만이 있는 농촌사회였다. 1900년이 되자 이 수치는 14%로 늘어났으며, 2000년엔 51%의 도시화가 이루어 졌고 2100년에는 세계 인구의 10%만이 농촌에 거주하게 될 것이다. 목회 선교 전략에 있어 현대 도시들은 바울 시대보다 훨씬 더 중요하다.

21세기의 특징은 세계의 대도시들에서 교회를 세우고 목회하며 선교할 필요가 있다는 것이다. 이것은 훨씬 더 복잡하고 변화무쌍한 필요를 가진 사역이다. 20세기의 선교지 일선은 농촌으로 인식되었지만 우리는 미래의 선교지 일선은 도시라는 사고로 바꿔야 한다.

---

[1] 인구 1,100만의 북경.

제1장

도시 속의 목회와 선교의 필요성

2011년 10월 31일부로 세계 인구가 70억 명이 되었다.[1] 유엔이 정한 '70억 인구의 날'인 31일, 인도 북동부 우타르프라데시아주(Uttar Pradesh)[2]에서 세계 70억 번째 아기가 탄생했다.[3]

새 생명의 탄생은 축복받아 마땅한 일이다. 하지만 작금의 지구촌을 둘러보면 마냥 기뻐할 일만도 아니다. 지구는 더 이상의 인구를 감당할 여력이 없고 산업혁명 이후 인구는 엄청난 속도로 늘어나고 있다. 서기 1년 2억 명이던 인구는 1805년에 10억 명이 됐다. 이에

---

1 「국민일보」 2011년 10월 24일자.
2 우타르프라데시는 주 남동부에 있는 도시. 인도에서 인구가 가장 많은 주로, 인도 전체 인구의 16% 이상이 살고 있으며, 인구밀도는 2번째로 높다. 힌두교도들이 성스럽게 여기는 7개 도시 중 하나로 '빛의 도시'라고도 불린다. 성지 갠지스 강을 끼고 있어 다른 곳보다 더욱 성스러운 곳으로 여기며, 신앙심이 깊은 힌두교도들은 누구나 일생에 소원이 바라나시를 방문하고 바라나시에서 죽음을 맞는 것이어서 매년 100만 명이 넘는 힌두교와 불교 순례자들이 방문하는 곳이다. 세계 최고의 도시답게 갠지스 강가에서 죄를 씻는 종교적인 정화의식을 하는 사람들의 발길이 3천년을 이어 내려오고 있다. 오랫동안 힌두 학문 및 교육과 예술의 중심도시이다.
3 「국민일보」 2011년 10월 24일자.

비해 1999년 60억 명이던 인구가 70억 명이 되는데 12년밖에 걸리지 않았다. 지금 이 순간에도 1초마다 2.5명의 아기가 탄생하고 있으며 유엔인구기금(UNFPA)은 13년 후인 2025년에 세계 인구가 80억 명에 이를 것이라고 전망했다.[4]

급격한 인구 증가와 산업 발전으로 지구는 병들어가고 있으며 한국도 인구 문제에 있어서는 선진국과 고민을 같이하고 있다. 매년 인구는 0.3%도 안 늘어나는 인구 저성장 국가지만 서울·수도권 등에서는 도심 과밀화에 따른 주택, 환경문제가 여전하다. 한국의 경우 인구 저성장과 도심 과밀화라는 이질적인 문제를 한꺼번에 안고 있기도 하다.

교회는 땅 끝까지 복음을 전파한다는 측면에서 미전도종족 선교에 역점을 기울일 필요가 있으나, 또한 바울처럼 전략적 요충지인 도시를 중심으로 목회하고 선교할 필요도 있다.[5] 21세기 말에 세계 인구의 90%가 도시에서 살게 될 것이다. 이 같은 도시화의 많은 것이 제3세계의 '거대도시들'에서 발생할 것이다.[6] 전 세계에 걸쳐 도시화가 급속히 진행되고 있지만, 아직 교회는 세계 도시들이 가지고 있는 잠재력을 충분히 인식하지 못하고 고향을 떠나 도시에 온 대중들의 엄청난 필요들을 충분히 인식하지 못하고 있다.

도시로 모든 것이 모여들고 있으며, 경제와 발달된 첨단과학, 그리고 모든 정보가 집중되고 있다. 바로 도시가 정치, 경제, 교육, 산업

---

4 「국민일보」 2011년 10월 24일자.
5 이홍석·정희현 공저, 『바울의 선교와 한국교회 선교전략』(서울: 하늘양식, 2009), 221.
6 Harvie M. Conn & Manuel Ortiz, 『도시목회와 선교』, 한화룡 역 (서울: CLC, 2006), 31.

등 모든 영향력의 중심지가 된 것이다. 한국교회의 급성장은 전국의 도심권 중심으로 교회 설립, 신자 배가운동 등 다각적인 목회와 선교활동에 의해 이룩되었다.

도시는 인간이 처음 시작할 때부터 존재해 왔다. 그러나 인류 역사에서 지금만큼 도시가 중요한 시대가 없었다. 도시화의 비율은 말할 수 없이 증대하고 있다. 그래서 하비 콕스(Harvey Cox)는 미래 역사에 대하여 말하기를, "20세기에는 세계가 거대한 도시가 되어버린 세기"라고 하였다. 한국의 도시화는 공업화와 산업화의 여파로 전반적인 변화를 거듭하고 있고 이러한 사회의 변화는 필연적으로 인구이동과 이로 인해 정치, 경제, 사회, 문화 전반에 걸쳐 많은 문제를 가지고 왔다.

이에 따라 한국교회도 격변하는 세계 속에서 복음 전파와 효과적인 선교사명이 필요할 때이다. 한국적 상황에서는 한국의 도시화라는 사회학적 요인이 한국교회 성장과 밀접하게 맞물려 왔기에 지금도 도시 현상에 따른 목회와 선교적 사명은 더욱 구체적이고 성공적인 대안이 요청되는 것이다.

도시화 지역에 위치해 있는 도시교회는 이제 도시의 확장 추세에 따라 새로운 출발을 해야 한다. 사람이 도시생활을 오랫동안 하다보면 개성까지 변화가 생기며 세속적인 환경과 도시 현상에 따른 많은 문제가 야기된다. 이농 현상에 따른 도시 저소득층의 형성, 빈부격차의 심화, 날로 흉악해져가는 범죄, 또한 도시집중 현상에 따른 공해문제, 교통문제, 교육, 각종 오물처리 문제 등 사회 전반에 걸쳐 많은 문제를 안고 있다.

또한 세계의 각 도시들은 비교적 공통된 많은 환경적 문제들로 신음하고 있는 것이 사실이다. 이렇게 각 도시들은 나름대로 구분하기 힘든 독특한 환경과 그에 따른 위기들을 가지고 있으며, 이 같은 차이는 도시 형성의 역사와 산업화의 과정에서의 수준과 시간의 차이에서 비롯되고 있다.

제한된 지역에 수백만 또는 수천만이 함께 몰려 산다는 것은 도시간의 차이에도 불구하고, 공통된 문제들에 각 도시들이 직면하게 한다. 결국 이것은 도시 안에의 절대적 위기, 혹은 상대적 위기들을 만들어내고 있으며, 이러한 위기들은 도시의 장래를 매우 불투명하고 부정적으로 보는 관점을 만들고 있다.[7]

교회는 그 사회에 처해 있기에 변화하는 사회적 양상 앞에서 전통적인 방법들을 계속 펴 나갈 수 없게 되었다. 이 또한 교회가 세계의 도시화 현상에 둔감하거나 오히려 반 도시적인 경향이 오늘날의 기독교 교회를 지배하고 있는 것도 유감스럽지만 부인할 수 없는 사실이다.[8]

이러한 상황 속에서 이 도시 사회를 정신적으로 주도해 나가고, 교회의 현상유지에서 탈피하며, 이기적인 물량주의 대형화의 흐름을 개혁하는 일대 개혁이 요청된다. 하나님은 도시들에게 복음을 전하도록 종들을 불러 세워오셨는데, 오늘날의 도시화 세계 속에서 보다 이것이 더 크게 시급했던 때는 일지기 없었다. 세계에서 가장 큰 도시들은 아시아에 있는데 그들 중의 몇몇 도시들의 경우에는 그 속에 얼마나 많은 인구가 수용되어 있는지는 정말 아무도 모른다.

---

7 정병관, 『도시교회 성장학』(서울: 총신대학교 출판부, 2009), 97.
8 간하배, 『현대 도시교회의 전망』, 한화룡 역 (서울: 여수룬, 1992), 9.

교회는 총체적으로 도시에 대해 무슨 말을 할지 모르며 개개의 그리스도인들도 세속적인 정신이 그토록 많은 영향력을 행사하기 때문에 똑같이 당황하고 있는 것이다.

도시들은 목회를 통한 기독교 선교의 새로운 미개척지이다. 그 크기와 영향력과 다양성과 필요들 때문에 도시들은 엄청난 도전을 제시한다. 도시를 무시하는 것은 목회 전략적으로 잘못된 것이다. 세계는 도시가 움직이는 대로 움직이기 때문이다.

도시는 정치권력, 경제활동, 의사소통, 과학연구, 학문교육, 도덕적, 종교적 영향력의 중심지이며, 도시에서 일어나는 것은 어떤 경우라도 나라 전체에 영향을 끼친다. 그리스도의 나라가 도시들에서 진보될 때, 참된 하나님을 예배하고 섬기는 사람들의 수가 늘어난다.

도시가 성장하는 이유 가운데 하나는 사람들이 농촌 지역으로부터 도시 중심지로 이주한다는 것이다. 또 다른 이유는 내부적 성장으로 인한 것인데, 그것은 사망자 수보다 출생자 수가 얼마나 많으냐에 따라 결정된다.

도시는 계속해서 관심을 갖고 선교해야 할 선교지이며, 교회는 이에 맞는 목회와 선교전략을 수립해야 한다. 잘못된 견해 가운데 자리 잡았던 도시 속의 목회와 선교가 이제는 성경적이고, 복음적인 입장에서 논의되어야 한다. 21세기 세계선교사명 앞에서 도시에 대한 전략을 세우고, 현대 도시를 목회와 선교적 측면에서 접근해 가는 것은 도시 내에 수많은 사람들에게 관심을 갖는 일이며, 또 다른 제3세계 국가의 도시들을 복음화하는 전략적 모델이 될 것이다.

제2장

도시 속의 목회와 선교 목적

세계가 더욱더 도시화되어가고 있으며 도시로 이주하는 배후에는 전세계적 인구 증가가 원인으로 자리하고 있다. 일반적으로 오늘날의 사람들은 더 오래 살고, 유아 사망률은 줄어들었으며, 오래 전이었다면 죽었을 만한 사람들이 의약품의 덕으로 계속 살아있을 수 있게 되었다. 인구가 증가함에 따라 일자리가 더 필요하게 되었다. 이로 인해서 수많은 사람들이 전통적인 농촌의 고향을 떠나 일자리를 찾아 도시로 오지 않을 수 없게 되었다.

또 다른 원인은 도시들은 작은 마을이나 촌에서는 접할 수 없는 교육의 기회를 제공하고 특별한 의료시술을 받아야 하는 사람들을 위한 병원이 있다. 특별히 도시는 젊은이들에게 흥미진진한 오락거리와 새로운 기회들을 제공하기 때문에 도시에 매료된다. 종종 그들은 부와 더 나은 삶을 꿈꾸면서 도시로 오지만, 도시생활의 거친 현실에 의해 그들의 꿈이 무너지기도 한다.

한국교회는 세계에서 유사한 사례를 찾아보기 어려울 정도로 도시에서 강세를 나타냈다. '농촌선교'하면 농촌지역에서 선교활동을 하는 것으로 금방 이해하지만, '도시선교'하면 도시지역에서 선교활동을 하는 것이 아닌 다른 특별한 무엇을 뜻하는 것인 양 의아해하는 독특한 상황이 연출될 정도다. 1970- 1980년대의 한국교회 안에는 도시선교에 대한 소극적이고 부정적인 생각이 만연되어 있었다.[1] 이러한 상황 속에 한국교회가 도시에서 큰 성장을 이룩한 교회라는 점에서 주목해야 하며, 세계선교를 위해 도시에 관심을 가져야 할 한국교회의 중차대한 사명임을 인식하게 된다.

도시 속의 목회와 선교는 성경적인 선교전략 중에 하나이다.[2] 성경에 바벨론, 니느웨, 예루살렘과 같은 도시 이름과 사도행전에 기록된 사도 바울의 선교지는 각 지방의 도시를 중심으로 선교사역이 이루어진 것을 알 수 있다.[3] 사도 바울은 선교에 있어서 도시의 중요성을 인식하고 있었으며, 그 후로, 종교개혁 역시 도시를 중심으로 이루어졌다.[4]

이와 같은 상황에서 도시선교에 대한 바른 이해를 도모하고, 한국교회가 지향해야 할 도시선교의 지침을 제시해야 하며, 신학적 이해와 성경적 근거, 도시화와 인구추이에 대한 올바른 분석을 통해 현대 한국교회 도시목회와 선교전략을 세우고, 이를 토대로 이론적 근

---

1 한화룡, 『도시 선교』(서울: 한국기독학생출판부, 1993), 15. 독재정권들이 정권을 유지하기 위해 일부 교단의 도시산업선교활동을 호도하였으며, 일부 운동권 세력들이 도시산업선교활동을 사회운동의 도구로 이용한 전례가 있다.

2 Harvie M. Conn & Manuel Ortiz, *Urban Ministry: The Kingdom, the City, the People of God* (Downers Grove, IL: Inter Varsity Press, 2001), 24.

3 그 당시 도시로 안디옥, 빌립보, 데살로니가, 에베소, 고린도, 아덴 등이 있다.

4 A. Scott Moreau, ed. *Evangelical Dictionary of World Missions* (Grand Rapids, MI: Baker, 2004), 990.

거와 실천적 선교를 마련해야 한다. 또한 현대교회로 하여금 선교에 대한 관심을 갖고 도시를 향한 선교의 사명을 증진시키도록 하여야 한다.

제3장

도시 속의 목회와 선교에 관한 최근 연구

 한국교회의 도시목회와 선교에 있어서 지역적 여건과 특성을 토대로 하여 적극적이고 능률적인 목회와 선교방법은 무엇일까?

 조지 피터스(George W. Peters)는 도시 문화에 대하여 말하기를, "문화는 격동하고 사회는 폭발 상태에 있다. 오직 동적으로 움직이고 잘 조정된 뜻을 품은 사람만이 이런 세상에서 절도 있고 효과적으로 일을 할 때 귀한 목적을 달성할 수 있다"라고 하였다.[1] 따라서 현대 도시사회 속에 나타난 여러 가지 도시화 경향과 한국의 도시발달에 따른 제반 문제를 살펴보고 그에 따른 선교적 기능을 모색한다.

 한국적 상황에서는 한국의 도시화라는 사회학적인 요인이 한국교회 목회와 선교에 밀접하게 맞물려왔기에 그 구체적이고 성공적인 도시 속의 목회와 선교의 대안을 정립할 때다.

 도시의 목회와 선교가 한국교회의 대안으로 볼 때 전문적인 서적

---

[1] C. Peter Wagner, 『기독교 선교전략』, 전호진 역 (서울: 생명의말씀사, 1987), 45.

과 박사학위논문이 아직 미비하다는 점을 전제하고, 연구의 객관성을 위해 논문제목과 관련된 논문들과 서적들을 중심으로 살펴본다.

정용암은 그의 논문 "도시지역 교회 개척을 통한 교회성장 방안 연구"에서 1970-1980년대 한국교회는 교회 개척을 통해 성장하였고 건물이 외적으로 볼 때 변변치 못해도 일단 천막만 쳐도 사람들이 몰려들 정도였다고 보았다.

그러나 2006년 5월 26일 통계청에서 '인구주택조사'를 통해 인구 Census 결과가 발표되었다. 이 조사에 의하면 개신교가 불교, 천주교를 포함한 대한민국 3대 종교 중에서 지난 10년간 유일하게 마이너스 성장을 하였음을 보고하고 있다. 정용암은 한국교회 마이너스 성장의 문제와 그로 인한 위기의식, 즉 한국교회도 유럽교회와 같은 전철을 밟는 것이 아닌가 하는 생각들을 많은 사람들이 가질 수밖에 없다고 말하고 교회 개척의 대상지역인 도시지역의 특징을 분석하고 그 지역의 사람들의 필요를 파악하여 선교적 관점에서 도시지역에서 어떻게 교회를 개척하고 성장시킬지를 다루고 있다.[2]

그래서 본 연구자는 이 논문에서 도시 개척을 통한 교회성장에만 치우쳐 있으며, 도시에 대한 바른 이해와 이론적 선교의 개념이 미비함을 보았다. 이 논문을 참조하여 도시의 이론적 바탕과 선교를 찾고자 한다.

최종인은 그의 논문 "도시교회의 특수선교 전략에 관한 연구"에서 도시교회들마다 성장이 멈추었고 부흥이 안되는 이유에 대하여

---

[2] 정용암, "도시지역 교회개척을 통한 교회성장 방안 연구"(박사학위논문, 총신대학교 목회신학전문대학원, 2006).

선교전략을 만들어 사역한다면 아직도 희망은 있으며 교회성장의 여지는 남아있다고 보았다. 특히 도시교회의 특징을 살려야 하며 도시교회에 맞는 선교전략과 포스트모더니즘 시대의 도시인들에게 맞는 선교전략에 대하여 이론적으로 잘 제시하였다.

본 연구자는 과거 어느 때보다 현대에 와서는 각 지역마다 도시화 현상이 급속도로 일어나고 있고 과거 한적한 농촌지역이 근대화 바람을 타고 도시화로 급변하는 것은 어느 나라에서나 흔히 볼 수 있는 현상이 되었다고 말한다. 도시화 현상에 따른 문제점들이 교회 안에도 유입되어 교회들 역시도 많은 문제를 안고 있기도 한 것이다.[3]

그래서 본 연구자는 이 논문에서 이론적 도시화 과정과 성경에 근거한 도시의 연구가 더 필요하다고 생각하며, 이 논문을 참조하여 도시선교를 통한 한국교회의 특수선교 분야를 더욱 세밀하게 찾고자 한다.

고해성은 그의 논문 "도시화 지역에 있어서의 선교에 관한 연구: 정락교회를 중심으로"에서 한국교회의 성장은 특히 서울 등 전국의 도시지역을 중심으로 교회 설립, 신자 배가운동 등 다각적인 선교활동에 의해 이룩됐다. 이러한 활동은 다른 역사적인 선교운동과 맥락을 같이한다. 선교는 세계 안에서 수행되는 하나님의 구속의 은총이며 인류 구원의 정확한 목적을 지니고 있다.

기독교 선교의 궁극적 목표는 교회가 세상에서 하나님 나라의 도

---

[3] 최종인, "도시교회의 특수선교 전략에 관한 연구" (박사학위논문, 서울신학대학교 신학전문대학원, 2004).

래와 통치의 실현을 선포하는데 있다. 그러므로 교회는 하나님 나라의 도래를 알리는 말씀이 선포되고 구속의 역사가 나타나는 성례전이 거행되는 "선교하는 교회"로 부름 받았고, 선교의 사명을 다하기 위해서 세워진 신앙공동체이다. 교회는 역사적 과정에서 세워진 한 세상적인 현상이 아니라 하나님의 선택에 의한 하나님 백성의 총회요 그리스도의 몸이다.

그러므로 교회의 사명은 그리스도의 몸으로서, 하나님의 거룩한 백성으로서 하나님께 영광을 돌리고 영화롭게 하는 일 즉, 선교를 통해 이 사명을 감당하는데 있다고 보았다. 고해성은 분명한 교회의 사명을 알고 있으며 그 대안으로 도시 속에 많은 사람들이 살고 있고, 도처에 교회가 설립되고, 기존 교회도 새로운 각도에서 복음에 수용적인 방안을 제시하고 있다.[4]

그래서 본 연구자는 이 논문에서 도시선교의 성서적, 신학적 근거와 한국 도시의 발전과정은 연구가 되어있지만 사회학적인 도시의 발전과정이 없음을 보았다. 이 논문을 참조하여 도시의 발전과정을 찾고자 한다.

전유신은 그의 논문 "도시성장관리를 위한 개발밀도관리방안 연구"에서 우리나라도 1960-1970년대의 급속도로 발전한 경제성장에 힘입어 도시공간의 외연적 확산과 도시 내 물리적 환경의 확충으로 도시가 급속하게 성장하였다. 도시가 성장한다는 것은 해당도시로 인구 및 산업이 이동하여 집중된다는 것을 의미한다는 것으로 도

---

4 고해성, "도시화 지역에 있어서의 선교에 관한 연구-정락교회를 중심으로" (박사학위논문, 아세아연합신학대학교 대학원 & 풀러신학교 신학대학원, 1986).

시의 과도한 인구 집중은 많은 문제점을 야기하게 된다고 보았다. 전유신은 도시성장에 대한 사회적 접근을 하였으며 도시성장에 따른 문제 및 관리의 방안을 잘 제시했다.[5] 그래서 본 연구자는 이 논문에서 도시성장과 개발밀도에 대한 사회학적 연구는 잘 되어 있지만 성서적 도시의 관점이 없음으로 이 논문을 참조하여 부족한 고고학적, 성서적 도시를 찾아보고자 한다.

김영수는 그의 논문 "도시 병리 면에서 본 청소년 비행 요인에 관한 연구"에서 1970년 이후 급속한 산업화가 이루어지면서 도시지역으로 인구가 집중되는 이른바 도시화 현상이 가속화되었다. 이러한 도시화 과정 속에서 우리 사회는 전통적인 가치와 규범 체제의 혼란에서 오는 각종 도시문제에 직면하게 되었다고 보며, 종교, 전통, 문화 등에 있어서 가정 및 사회의 기능이 부와 권력을 추구하려는 정치 사회적 욕구에 가리어짐으로써 물질문명의 풍요로움을 이룩하였으나 정신, 문화적으로는 심한 혼란 속에서 올바른 가치와 규범 체제를 잃어버리고 있는 것이다.

이러한 관점에서 볼 때 청소년들을 올바르게 선도하여야 할 당면성과 필요성이 있다고 보았다. 김영수는 도시 병리의 발생조건에 대하여 개인의 문제, 집단의 문제, 지역사회의 문제에 대하여 말하고 있다.[6] 그래서 본 연구자는 이 논문에서 도시화로 인한 병리현상에 대하여 연구되어 있지만, 종교적 대안이 없음으로 이 논문을 참

---

5 전유신, "도시성장관리를 위한 개발밀도관리방안 연구"(박사학위논문, 중앙대학교 대학원, 2003).
6 김영수, "도시병리면에서 본 청소년비행 요인에 관한 연구"(박사학위논문, 단국대학교 대학원, 1991).

조하여 도시 병리 발생의 원인과 해답을 선교 관점으로 찾아보고자 한다.

이필로는 그의 논문 "도시민의 신앙적 익명화 극복을 위한 구원 사역: 학동교회 설립 이념과 그 실현을 위한 목회계획"에서 도시화와 세속화 과정 속에 있는 현대 도심 내에 도시인의 신앙적 익명화를 극복하기 위해 세워진 학동교회의 설립 취지를 점검하고 목회신학을 확립하고 21세기를 향한 도시 개척교회의 목회 사역과 선교 전략을 제시하고 있다. 이필로는 현대 도시교회가 직면하고 있는 도시화와 세속화 과정 속에 있는 도시인의 신앙적 익명화를 극복하기 위한 목회신학의 정립을 하였다.[7]

그래서 본 연구자는 이 논문에서 실천목회에 치우쳐 있음을 보았다. 오래된 논문이다 보니 하비 콕스(Harvey Cox)의 책에 전반적으로 치우쳐있어 현대에 뒤쳐져 있음을 보았다. 이 논문을 참조하여 현대 도시선교 신학자들의 연구를 찾을 것이며 세속 도시 속에서 일 하시려는 선교 하나님을 연구하겠다.[8]

이규목은 그의 논문 "도시상징성의 역사적 변천에 관한 연구"에서 도시를 어떤 관점에서 해석하고 도시문제에 어떻게 접근하느냐 하는 것은 도시 계획이라는 분야가 생긴 이래 여러 방향과 방법이

---

7 이필로, "도시민의 신앙적 익명화 극복을 위한 구원사역-학동교회 설립 이념과 그 실현을 위한 목회계획," (박사학위논문, 아세아연합신학대학교 대학원, 1994).

8 콕스는 『바보제』, 『신의 혁명과 인간의 책임』이라는 명저로 널리 알려져 있으며, 예일대학교 신학부와 하버드대학교에서 철학박사 학위를 받았다. 1962년에는 베를린의 자유대학에 다니면서 동베를린과 서베를린에 있는 기독교인들의 연락책임을 맡아서 일한 일도 있고, 미국으로 돌아온 후에는 기독 학생운동과 민권운동에도 적극 참여한 바 있다. 1966년부터 하버드대학교 신학대학 교수로 있다.

있어 왔다. 오늘날 건축, 도시, 조경 및 인간을 둘러싼 모든 물리적 환경에 대한 문제들을 '인간과 환경의 관계'라는 포괄적이고 종합적인 관점에서 보려는 경향이 여러 관련분야에서 발견되고 있다. 도시는 시민들이 생존경쟁을 벌이고 자기들의 요구에서 오는 압력과 경쟁적인 이해관계에서 유지되는 단순한 도로나 광장 혹은 건물의 집합이 아니다. 이러한 눈에 보이는 대상들 이면에는 전통과 관습 내지는 정서와 관련되는 도시 고유의 성격이 있다.

이규목은 용어에 대한 정리와 이해 그리고 고대도시의 우주론적 상징성, 이상적 도시, 현대도시에 대해 연구하였다.[9] 그래서 본 연구자는 이 논문에서 도시의 출발을 우주론적 상징성 속에 도시는 바로 자기신체와 동일시되어 자기를 중심으로 수직수평으로 좌표설정의 기준이 되어 풍수지리설과 신화적인 접근으로 도시를 이해하고 있다. 이 논문을 참조하여 역사 속의 도시생성을 성경적으로 찾아보겠다.

오점섭은 그의 논문 "입지 유형과 산업구조 변화에 따른 우리나라 도시의 인구성장"에서 우리나라는 1960년대 이후 경제개발계획의 추진에 의하여 급격한 공업화와 도시화 현상을 보여 왔다. 그러나 1960~1970년대의 국가경제의 고도성장단계 이후 도시규모의 확대 및 인구 성장의 안정화, 산업구조의 다양화와 고도화에 따라 도시성장의 속도는 점차 감소되어가고 있는 추세를 보이고 있다. 또한 인구와 경제 규모에서 지속적인 성장을 하던 단계를 지나게 되

---

[9] 이규목, "도시상징성의 역사적 변천에 관한 연구"(박사학위논문, 서울대학교 대학원, 1986).

었고, 단순히 국가 경제성장과 도시화에 편승한 도시성장은 점차 어려워질 것으로 예상된다. 도시의 성장과 발전은 자연 환경요소, 도시 입지 여건, 주변지역과의 관계성, 산업 구조적 특성에 따라 각기 다른 유형의 성장을 보이고 있다. 1960년대 이후 우리나라 산업화, 도시화 과정에서도 내륙도시와 항만도시, 수도권도시와 비수도권도시, 대도시와 중소도시 등은 서로 각기 다른 성장 형태를 보여 왔다고 할 수 있다.

오점섭은 도시화와 산업화는 밀접하게 연관되어있다는 전제하에, 우리나라 도시화와 산업화가 시작된 1960년대 이후의 도시 입지 유형별 인구성장을 살펴보고 있다. 도시성장이 도시 인구의 변화에 큰 영향력을 주었고 표 목차를 통하여 우리나라 인구와 도시인구와의 관계성, 도시 승격의 기준, 도시 입지유형별 인구변화 등을 연구했다.[10] 그래서 본 연구자는 이 논문을 참조하여 교회와 산업과의 연관성을 찾아보고자 한다.

김주석은 그의 논문 "한국의 도시 관계와 도시 간 상호의존관계에 관한 연구"에서 도시는 국가발전의 중심지이자 도시민과 그 배후 지역에 거주하는 주민에게 재화와 서비스, 정보 등을 분배하는 중심지이자, 사람이나 재화, 정보의 도시 간 흐름이 집적되는 집결지(nodal point)이기도 하다. 무엇보다 도시는 입지, 규모, 기능 및 사회경제적 특성에 의해 일정한 국가 도시체계를 형성함으로써 국토의 통합적 발전을 위한 핵심적인 공간 단위이다. 김주석은 현시점에

10　오점섭, "입지 유형과 산업구조 변화에 따른 우리나라 도시의 인구성장" (박사학위논문, 홍익대학교 대학원, 2007).

서 도시를 공간 단위로 한 국토의 통합적 발전에 주목하는 까닭으로 2003년 출범한 참여정부가 최고 국정과제의 하나로서 국가균형발전[11]을 설정하고, 도시 간 및 도시와 배후지역 간의 유기적 연계를 강화한 국토체계의 구축을 도모하고 있기 때문이다. 이것은 지역 중심지로서 도시의 역할과 그것을 거점으로 지역 간 상호의존관계의 확대강화를 지속적으로 추진해 나가야할 과제로 보고 있다.[12]

그래서 본 연구자는 이 논문에서 도시가 형성되기 위한 사회학적, 성서적 과정이 미비함을 볼 수 있었다. 이 논문을 참고하여 도시의 용어 및 도시의 생성과정을 연구하고 교회와 도시 간의 상호의존관계는 어느 정도인지 살펴보겠다.

손지수는 그의 논문 "도시설계 비교분석에 의한 신도시 중심상업지역의 도시정체성 연구"에서 급격한 도시화 과정을 겪었던 우리나라는 주택생산의 확대와 개발의 시급성에 기인한 개발의 편리함을 위하여 표준화와 규격화의 권장과 관행에 따른 대단위 개발 계획에 의하여 신도시가 개발되고, 주택생산이 이루어졌다. 급속한 경제발전, 주택수급, 정책변화 등에 따라 신도시는 개발되고 발전되어 왔다. 이는 현대 신도시에서만 일어나는 현상은 아니다. 동서고금을 막론하고 정권은 권력을 유지하고 국력을 확장하기 위하여 더 많

---

[11] 참여 정부가 지향하는 국가균형발전은 '지역 간 발전의 기회균등을 통해 국토 공간상의 모든 지역의 발전 잠재력을 증진함으로써 어느 지역에 거주하더라도 기본적인 삶의 기회를 향유하고, 궁극적으로 국가 전체의 경쟁력을 극대화하는 것'을 의미한다. 충청투데이, "국가균형발전의 비전과 과제," http:// www.cctoday.co.kr/news/articleView.html?idxno=26572

[12] 김주석, "한국의 도시체계와 도시 간 상호 의존관계에 관한 연구" (박사학위논문, 동아대학교 대학원, 2006).

은 군사 또는 경제인구가 필요하게 되었으며 이를 위하여 인구는 도시로, 수도로 집중되고, 인구집중에 따른 주거공급을 위하여 집권자들은 신도시를 건설하였다. 우리나라에서 대도시 주변, 특히 수도권의 인구집중으로 인한 주택공급의 부족은 역사 이래 계속되어온 일이며, 최근 더욱 가속화되고 이 시기의 한국 도시설계는 도시설계의 역사가 짧았을 뿐만 아니라 단시간에 많은 물량의 주택공급을 위한 신도시가 건설됨으로 신도시와 그 주변 도시가 연계된 기반시설에 대한 검토가 이루어지지 못하여, 목표한 대로 쾌적한 신도시 건설을 이룰 수 없었다. 손지수는 그 도시에 사는 사람의 소속감은 그 도시의 대변자가 되며 도시 정체성의 상실은 도시경쟁력을 이끌어가는 힘의 상실을 의미한다. 익명의 도시, 그 안에 사는 사람들은 그들이 사는 도시에 대해 익명적이 될 수밖에 없다고 보았다.[13]

---

[13] 손지수, "도시설계 비교분석에 의한 신도시 중심상업지역의 도시 정체성 연구" (박사학위논문, 중앙대학교 대학원, 2007).

제4장

용어에 대한 정의

1. 도시

　도시(city, 都市)란 말에는 도회적인 사회집단, 마을이라는 뜻이다. 그 외에 흔히 '도시적'이라고 불리는 총체적인 독특한 문화양식이 내포되어 있다. 미국의 경우, 법적으로 '시'(市)는 상급 정부의 법률에 의해 통합된 도시지역을 말하며, 이때의 통합강령에서는 헌법에서 규정한 한계 내에서 시 정부의 권한과 조직을 설명한다. 그러나 통상적인 의미의 '시'는 법적 자격요건 및 규모나 중요도에 관계없이 거의 모든 도시지역을 일컫는다.[1]

　세계의 여러 국가에서 '시'라는 정의는 지역의 전통과 여건에 따라 제각기 다르다. 시 정부는 어느 곳이 근간에 보다 상급 정부(주, 국가)에 의해 성립되는데, 유럽의 일부 국가들과 몇몇 사회주의 국가에서는 특별구 또는 하위의 자치체를 엮는 위계를 통해 중앙집권적인

---

[1] 브리태니커백과사전, "도시", http://100.daum.net/encyclopedia/view.do?docid=b05d0491b

행정 통치가 가능하게 하기도 한다. 영어권의 대부분 국가에서는 법을 통해 많은 권한을 자치체 및 지방공사에 위임하는 형태를 취하고 있다. 오스트레일리아와 캐나다에서 '시'라는 명칭은 주(州)나 도(道)의 관할 아래 있는 자치적인 지방정부를 가리킨다.

뉴질랜드의 경우 1876년 주제도를 폐지한 후 영국의 방식을 따르고 있는데, 인구가 많은 마을은 1933년의 지방자치제법 등에 의거해 자치도시 또는 독립구로 불린다. 영국에서의 '시'란 단순히 역사적, 종교적으로 특징이 있거나 특별법에 의해 명예를 얻은 마을에 대한 호칭일 뿐이다(1889년의 버밍햄이 최초임). 예전의 '런던 시'(시장의 관할 아래 있는 270ha의 런던 중심 부분) 이외에는 '시'라는 명칭이 지방정부에 있어 그다지 중요한 의미를 갖지 않는다.[2]

더 나아가 지역사회의 차원에서 도시는 사회조직 및 기타 활동이 활발히 일어나고 있으며 다른 유형의 정주(定住) 패턴과 차이를 나타내는 문화적 중요도를 갖고 있을 뿐 아니라 상대적으로 인구가 항상 집중되어 있는 곳을 일컫는다. 그러나 도시의 1차적인 기능이나 보편적인 특성만으로는 읍이나 큰 마을과 확실하게 구분하기 힘들다. 단순한 인구 규모나 면적, 인구밀도의 차이 등은 도시를 특징짓는 충분한 기준이 될 수 없으며, 오히려 사회적 특성 및 연관도(노동의 분화, 비농업적 경제활동, 중심지로서의 기능 등)가 시골 마을과 도시를 구분 지어주는 보다 바람직한 기준이 된다.[3]

---

2 브리태니커백과사전, "도시," http://100.daum.net/encyclopedia/view.do?docid=b05d0491b
3 브리태니커백과사전, "도시," http://100.daum.net/encyclopedia/view.do?docid=b05d0491b

2. 도시화

도시화(urbanization, 都市化)는 물리적, 공간적, 사회적, 경제적 변화를 수반하는 전체적인 변모의 과정임과 동시에 '비도시지역이 도시적 성격의 지역으로 변화되는 것' 또는 '어떤 지역에 도시적 요소가 점차 늘어가는 과정'이라는 동태적 의미로 사용된다.

한 나라의 인구가 농촌지역에서 도시지역으로 옮겨가는 현상 혹은 인구의 도시집중 과정을 의미하고 한 국가의 전체 인구에 대한 도시인구의 비율 대부분의 선진 자본주의 국가들의 도시화율은 80%를 넘고 있으며 우리나라도 선진국에 도달한 상태이며 도시화는 일반적으로 농촌지역에 거주하던 사람들이 도시로 이주함으로써 나타난다.[4]

3. 도시성

도시성(都市性) 또는 도시주의(都市主義)라고 번역된다. 미국의 도시사회학자 루이스 워스(Louis Wirth)가 도시생활양식으로서의 도시주의(urbanism) 이론을 제창하고부터 널리 쓰이게 되었다. 워스(Louis Wirth)는 현대문명에 있어서의 사회생활의 특질로서 도시의 발달과 세계의 도시화에 주목하여, 지역을 같이하는 취락적(聚落的) 공동생활에 있어서 인구량·인구밀도·인구의 이질성(異質性)의 증대가, 촌

---

[4] 김지학, 『건설공학개론』(서울: 동화기술, 2007).

락 생활에서 나타나는 것과는 대조적으로 도시사회 특유의 생활양식을 만들어낸다고 주장하였다.

그 특성으로서 인격적 연대(人格的連帶)를 대신하는 개인 간 경쟁의 격화, 전통이나 관습과 대치되는 법률제도 등 공적 통제기구의 발달, 사회적 접촉의 비인격화와 익명성(匿名性)의 증대나 직업의 분화·전문화, 직장과 가정의 분리 등을 들 수 있다. 또 사회적 여러 세력의 투쟁과 상호착취(相互搾取)의 전개, 사회계층의 분화와 계층 간 이동의 증대, 유동적 대중의 형성과 비개성화·획일화 및 인격적 관계에 대치되는 화폐적(貨幣的) 결합관계의 진전, 정치에서의 근대적 선전 기술의 발달 등을 지적할 수 있다.

이 같은 특성에 의해 규정되는 사회생활 안에서 도시적 독특한 분위기(personality)가 형성된다. 워스(Louis Wirth)는 도시에 특유한 이러한 인간관계·행동양식·의식형태 등의 여러 특성의 총체가 도시주의이며, 그 증대·진전이 도시화(urbanization)라고 하였다. 그의 이해 방법에 따르면 도시와 농촌과의 구별은 도시주의의 진전도 차이, 기본적으로는 인구량이나 인구밀도 등에서 나타나는 양적인 차이로써 가능하다.

워스(Louis Wirth)의 도시주의론(urbanism)은 그 후의 도시생활 연구에 많은 자극을 주고 있다. 단, 그는 도시주의를 근대 자본주의나 산업주의와 구별하였는데, 실은 도시주의 특성들은 근대 자본주의 사회에서의 도시생활의 특질로서, 역사적·사회 체제적 배경에서 이해되어야 하는 것이다.[5]

---

[5] 네이버백과사전, "도시성," http://100.naver.com/100.nhn?docid=109945

4. 사회학

사회학(社會學)은 사회를 연구하는 학문이다. 사회학에서는 다양한 사회 연구기법을 이용하여 경험적인 조사를 하고, 그 결과를 분석한다. 사회학은 이러한 의미에서 사회과학의 한 분야로서 다루어진다. 사회학의 목표는 인간사회를 연구하여 미시적인 부분에서부터 거시적인 단계에 이르기까지 사회구조를 이해하는 것이다.

사회학은 방법론이나 탐구주제면에서 매우 광범위한 학문이다. 전통적으로 사회학은 양적 연구방법을 통하여 계량적인 방법으로 계급과 같은 사회계층, 사회 이동성, 종교, 세속화, 법률, 문화, 일탈, 근대성 등을 연구했다.

근래에 들어서 사회학의 연구 분야는 의학, 군사, 처벌과 같은 각종 사회 제도와 인터넷과 같은 새로운 사회관계, 과학 지식과 같은 지식 체계에까지 확장되고 있다. 연구 분야가 광범위한 만큼 연구의 기법 역시 다양하여 언어적 방법, 문화적 방법, 이해사회학, 철학적 방법 등이 사회학 연구에 사용되고 있다. 최근에는 에이전트(agent) 기반 모형이나 사회 네트워크(network)의 분석을 위해 수학적 방법과 컴퓨터 연산기법 등이 사용되고 있다.[6]

---

[6] 위키백과사전, "사회학," http://ko.wikipedia.org/wiki/%EC%82%AC%ED%9A%8C%ED%95%99

5. 결정론

결정론(決定論, Determinism)은 과거의 결과가 미래의 원인이 되며, 이 세상의 모든 사건은 이미 정해진 곳에서 정해진 때에 이루어지게 되어있었다는 이론이다. 결정론에 따르면 우주에서 일어나는 모든 사건과 운동은 이미 과거에 결정되어 있으며, 어떤 법칙에 따라 합리적으로 움직인다.

만유인력의 법칙을 발견한 뉴턴(Isaac Newton)과 라플라스(Pierre Simon Laplace) 등은 결정론을 지지했다. 특히, 라플라스(Pierre Simon Laplace)는 "우주의 모든 입자의 위치와 속도를 안다면 우주의 미래를 예측할 수 있다"고 주장했으며, 초기 결정론의 모태를 만들었다. 흔히 결정론은 라플라스주의라고도 한다. 숙명론과 자주 혼동하지만, 결정론은 인과관계로 인하여 필연으로 사건이 일어난다는 점에서 숙명론과는 다르다.

결정론에서 자주 거론되는 것으로 자유의지가 있는데, 자유의지란 어떤 이가 선택할 수 있는 대안이 있을 때, 신이나 자연 따위에서 벗어나 행동할 수 있는 의지를 뜻하는 낱말로, 결정론은 참이라는 입장에서도 자유의지가 있다는 의견과 없다는 의견으로 나뉜다. 자유의지가 없다는 의견은 심지어 인간의 의지마저 결정되어있다고 주장하고, 자유의지가 있다는 의견은 인간의 의지가 존재함을 주장한다. 이 문제에 대해 대부분 실존주의 철학자는 모든 상황이 결정되어있더라도 인간은 영속하고도 자유로운 선택을 할 수 있다고 주장한다.

19세기 물리학은 결정론에 들어맞았기 때문에 크게 유행했다. 그러나 20세기에 접어들면서 양자역학이 생겨나게 되자, 모든 것이 미리 정해져 있었다는 결정론이 그 타당성을 잃어갔다. 따라서, 모든 일은 그 사건이 일어날 확률만이 정해졌다는 확률론적 결정론(確率論的 決定論)이 유행했다. 20세기에 프랙탈(fractal)과 나비효과(Butterfly Effect), 카오스 이론(chaos theory)의 등장과 단순하고 예외적인 선형 운동은 과학적으로 증명할 수 있었으나, 복잡하고 예측하기 힘든 비선형 운동은 과학적으로 알아내는 데 실패한 것이 알려져 결정론은 많은 비판을 받았다. 그러나 오늘날까지 결정론적 개념 규정은 미완이며, 자유의지의 존재도 분명하지 않다.[7]

6. 형태론

형태론(形態論)은 단어의 어형(語形) 변화를 다루는 문법의 한 분야이며, 어형론이라고도 한다. 형태론은 형태소를 분석하고 그 형태소들 간의 상관관계를 규명하는 데 초점을 맞춘다.[8]

---

7   위키백과사전, "결정론," http://ko.wikipedia.org/wiki/%EA%B2%B0%EC%A0%95%EB%A1%A0

8   위키백과사전, "형태," http://ko.wikipedia.org/wiki/%ED%98%95%ED%83%9C%EB%A1%A0

7. 사회복지선교

사회복지선교의 용어는 사회, 복지, 선교라는 세 단어가 모여서 형성된 복합용어이다. 먼저 "사회"라는 의미를 살펴보면, 인간의 집단이나 두 사람 이상의 모임을 의미하고, '사회적'(Social)이라는 말은 '지역사회나 집단 속에서 같이 지낸다'(Living Together In Communities or Groups)는 의미이다.

'사회적'이란 사회 안에서의 삶의 질과 개인, 집단, 사회 전체간의 사회내적(社會內的)인 관계를 뜻하는데, 여기서 '사회 내적인 관계'란 개인의 정신세계나 국제관계와 같은 사회 외적(社會外的)인 관계를 제외한 개인 대(對) 개인, 개인 대 집단, 개인 대 전체사회, 집단 대 집단, 집단 대 전체사회의 비이기적인 상호관계를 의미한다. 이때의 '사회적'이란 의미는 물질적이거나 영리적인 요소보다는 비영리적이며, 이타적 속성의 공동체적 삶의 요소에 관심을 기울이는 것이다.

사회복지의 말의 의미는 "공동체사회에서 사회 내적인 관계를 기초로 구성원들의 전 생애에 걸쳐 건강하고 안락한 바람직한 삶을 추구하는 사회적 노력"이라고 하겠다.

기독교에서 선교는 라틴어 'Mitto'에서 유래된 단어로, 영어에서는 Mission이다. 하나님의 말씀을 모르는 사람에게 진리(하나님의 말씀)를 전하는 것을 의미한다. 선교란 복음을 전하라는 명령을 의미하는 예수의 지상명령을 의미하는 기독교적인 용어이다. 그러므로 사회복지선교는 사회복지를 통하여 하나님을 모르는 비그리스도인에게 효과적으로 전하는 것을 연구하는 학문이다.[9]

---

9 손석원·김오복 공저, 『현대사회복지선교의 이해』(서울: 잠언, 2005). 15-17.

제2부

도시에 대한 전(숲)이해

최근까지 지구상의 인구의 대부분은 농촌에서 살았다. 1850년만 하더라도 겨우 약 2% 정도만이 인구 10만 명이 넘는 도시에서 거주하였다. 이어 1900년에는 약 5.5% 정도만을 차지하였다.[1] 그러던 것이 1970년에 이르러서는 세계 인구의 사분의 일 정도까지 차지하게 되었다.[2] 1983년에는 42%에 이르렀으며,[3] 이것이 현재에 들어서는 세계 인구의 절반 이상이 도시에 살고 있다.[4]

오늘날 선진국과 개발도상국은 점점 더 폭발적 도시팽창 현상이 두드러지는데, 미국의 경우 국토 넓이의 3%에 해당하는 도시에 2억 4,300만 명에 이르는 미국인이 살고 있다.[5] 세계에서 가장 생산적인 대도시인 도쿄와 그 주변에는 3,600만 명이 살고 있다.[6] 인도 뭄바이 중심에는 1,200만 명이 거주하고 있으며, 상하이의 규모도 뭄바이 못지않게 크다.[7] 전 세계 인구가 각자 개인용 단독주택을 갖고 미국 텍사스 주에 살 수 있을 만큼 엄청나게 넓은 이 지구상에서 우

---

1 J. John Palen, *The Urban World* (New York: Mcraw-Hill, 1975), 10.
2 Kingsley A. Davis, *World Urbanization 1950-1970 vol.2* (Berkeley: Institute of International Studies, 1972), 23.
3 UN, *The World Population Situation in 1979* (New York: United Nations, 1980), 55.
4 Elain M. Murphy, *World Population: Toward the Next Century* (Washington: Population Reference Bureau, 1981), 15.
5 2009년 7월 현재 미국 인구는 3억 700만 6,550명이며, 이 중 79%는 도시에 살고 있다. 따라서 도시 인구는 2억 4,253만 5,175명이다.
6 Pricewaterhouse Coopers, "Which Are the Largest City Economies?"
7 United Nations, Department of Economic and Social Affairs, Population Division, *World Urbanization Prospects:*2009, File12, "Population of Urban Agglomerations with 750,000 Inhabitants or more in2009, byCountry,1950-2025." http://esa.un.org/unpd/wup/CD-ROM_2009/WUP2009-F12-Cities_Over_750K.xls

리는 도시를 선택한다.[8] 이러한 추세가 결국 개발도상국의 경우에도 20억 이상이 도시에 살게 되었고, 이러한 엄청난 속도의 도시성장은 세계 전역, 특히 제3 세계 전역에 걸쳐 전통적인 태도, 믿음, 풍습, 행위들을 변화시키고, 사회를 급진적으로 뒤 바꾸어 놓고 있으며 오늘날 현대인들의 삶은 굳이 그들이 도시에 사느냐 안 사느냐에 관계없이 점점 더 도시의 강력한 영향을 받고 있다는 사실이다.[9]

도시들은 복잡한 사회의 신경센터이다. 권력과 정치적 영향력이 도시의 엘리트 집단에게 집중되어져 있다. 유력한 경제세력, 정부의 소재지, 교통과 통신의 중추지이며, 현대 인간사회에 영향을 주는 많은 주요한 사회적 혁신들(social innovations)이 도시들로부터 나온다.[10]

당면한 많은 사회의 근본적 문제들 역시 도시에서 발생하는 것들이다. 분명한 것은 도시의 급격한 성장과 도시로의 인구집중이 도시로 하여금 현대사회의 기본적 형태와 구조의 기초를 이루어간다는 중요한 의미를 가진다. 이러한 현실적인 상황 속에서 도시의 바른 이해와 도시의 형태에 대하여 살펴보고자 한다.

---

[8] 텍사스의 면적은 69만 6,241제곱킬로미터이다. 미국 인구 조사국 통계에 다르면 2010년 7월 12일 현재 전 세계 인구는 69억 명에 육박한다. 우리가 69만 6,241제곱킬로미터를 69억 명으로 나누면 1인단 면적은 약 96제곱미터가 나오는데 이는 개인당 적절한 크기의 타운 하우스를 지을 수 있는 충분한 공간이다. 우리가 이 공간을 도로와 상업시설 등에도 쓰고 싶다면 각 타운 하우스에 평균 두 명씩 살아야 한다고 전제해야 할지 모른다. U.S. Cen년 2000, GCT-PH1:Population, Housing Units, Area,and Density 2000, Summary File1, 100-Percent Data, generated using American Fact Finder; 그리고 U.S. Census Bureau, International Database, World Population Summary, www.census.gov/ipc/www/idb/worldpopinfo.php.

[9] Population Reference Bureau, *Population Data sheet*, 1995

[10] 정병관,『복음혁명을 주도하는 도시교회 성장학』(서울: 총신대학교출판부, 2009), 18.

제1장

도시의 일반적 이해

　도시를 어떻게 규정 또는 정의할 것인가의 논란만큼이나 논란이 되고 있는 것은 도시의 기원문제이다. 최초의 도시들은 고대 문명의 유적지 발굴을 통해 그 모습이 드러나고 있는데, 성경에 나오는 제리코(Jericho), 터키의 카탈 휘엑(Catal Huyuk), 구약성경에서 아브라함의 고향으로 알려진 이라크의 우르(Ur),[1] 이집트의 테베(Thebes)와 멤피스(Memphis), 인도와 파키스탄의 모헨조다로(Mohenjo-daro)와 하라파(Harappa), 그리고 중국의 황하 유역의 악양(Yuehyang, 岳陽) 등이다.

　도시가 중요한 것은 단순히 도시에 더 많은 사람들이 살기 때문만은 아니다. 세계 인구의 절반가량이 도시에 살고 있다는 통계적 사실과 함께, 도시가 인근 시골지역에 주는 문화적 영향이 크다는 사실은 도시 사역의 중요성을 말해준다.[2] 일반적으로 도시는 시, 도회지, 도읍 등의 개념과 동일하거나 유사하다. 도시는 인구학적으로

---

[1] 김중은, 『갈대아 우르에서 가나안까지』(서울: 장로회신학대학교출판부, 1999), 16-9.
[2] 문상철, "도시목회를 위한 복음의 상황화," 「목회와신학」 (2002. 3), 109.

일정한 인구 규모 내지 인구밀도를 초과한 지역으로 규정한다. 물론 도시에 대한 여러 연구에서는 도시를 단순히 인구가 집중된 지역으로만 정의하지 않는다. 그것은 도시에서 인구집중뿐만 아니라, 제반 사회 경제적 특성이 나타나기 때문이다. 오늘날에 이르러 도시의 규모가 커지면서 도시의 공간적 영역에 대한 개념 규정이 다양해지고 있는 점도 이런 이유에서이다.[3]

과거 인구 통계학에 근거해 편협하게 도시를 정의하던 방식은 더 이상 받아들여지지 않는다. 학자들은 도시는 장소일 뿐만 아니라 또한 사회 과정에 참여하기도 하고 또 그 과정에 반응하기도 하는 존재라는 것을 더욱더 깨달아가고 있다.[4]

우리는 무대를 설정하고 우리가 도시를 분석할 때 사용했던 이해들, 이미지들과 렌즈들에 대해 물어봄으로써 우리의 작업을 시작한다. 어떤 이들은 도시를 '도심'과 '근교'라는 용어를 만들어낸 견해인 연속적인 동심원 구조로 본다. 다른 이들은 도시를 '구도시'와 '신도시'의 관점에서 본다. 제3 세계의 사람들은 도시를 '구역들', '병영들'이나 '빈민굴들'등으로 둘러싸인 중심적인 사업 구역으로 본다.

도시는 또한 확대 가족관계나 인종 하부조직의 복합체로써 보여질 수도 있다. 도시계획자들은 거리와 건물들을 보고, 정치가들은 유권자들을 보고, 경찰은 폭력을 보고, 교육학자들은 학교를 보고, 은행가들과 경제학자들은 사업들을 보고 그리고 통근자들은 교통을 본다. 대중매체들은 잘 팔릴 선정적인 이야기들을 찾기 위해 좁고

---

3 권용우 외 공저, 『도시의 이해』(서울: 박영사, 2001), 3.
4 J. John Palen, *The Urban World*, 4th ed. (New York: McGraw-hill, 1992).

선택적이며 제한된 렌즈를 통해 본다.[5]

도시는 장미처럼, 어떤 주어진 잎으로도 특별하게 규정지어질 수 없는 무형의 미적 후각적 요소들을 가지고 있다. 이것은 각각의 도시에게 그만의 독특한 향기를 주는 다양한 잎들이 얽혀있는 것과 마찬가지이다. 또한 도시는 장미와 같이 가시들로 가득 차 있으며 매우 조심스럽게 주의 깊게 다루어져야만 한다. 도시는 연약하다는 점에서 장미와 유사하다. 장미를 자르면 금방 시든다. 도시도 마찬가지로 도시안의 삶은 연약하며, 죽음은 종종 너무나도 가까이에 있다.[6]

도시를 다루는 학문 분야는 다양하다. 도시지리학, 도시 계획학, 건축학, 지역 개발학, 도시사회학, 도시경제학, 도시행정학, 토목공학, 조경학 등 많은 관련 분야가 있다. 그럼에도 불구하고 여전히 도시를 이해하는 데는 인구밀도를 다루는 도시의 공간적 이해, 곧 도시 지리학적 접근을 시도한다. 도시 이해의 가장 기초적인 사안이 바로 인구밀도에 있기 때문이다. 도시지리학은 도시의 공간적 측면을 강조한다. 도시는 인구밀도가 높고 2,3차 산업의 비율이 높으며, 주변지역에 재화와 용역을 제공해주는 중심지로 정의된다.[7]

도시는 촌락과 반대되는 개념으로 정의되기도 한다. 도시는 주택, 상가, 공장, 관공서, 오피스, 빌딩 등이 빼곡히 들어차 있고, 많은

---

[5] 매체(Media)가 1992년 LA폭동을 악화시키는데 큰 원인이 되었다는 것이 일반적인 견해이다. 무책임한 텔레비전 방송이 부가적인 약탈과 폭동을 불러일으켰다.
[6] 플레체 팅크(Fletcher Tink)는 1989년 마닐라 로잔II에서 도움이 될 만한 도시의 "정글-프로필"(Jungle-profile)관점을 제시했다. 현대의 도시에 유사한 원시 정글의 면모들에는 지하생활, 표면 생활, 작은 식물, 하부 하늘, 중간 하늘, 상부 하늘, 주야간의 변동, 생태학적 공생 체계들이 있다.
[7] 홍경희, 『도시지리학』(서울: 법문사, 1981), 6.

사람들이 상대적으로 비좁은 지역에서 분주히 사는 '일하는 장소'의 인식을 갖게 한다. 이에 대해 촌락은 농가, 경지, 삼림지, 어촌 등 넓고 넉넉한 공간에 많지 않은 사람들이 여유있게 생활하는 시골의 의미를 가진다. 그러나 단순히 촌락의 반대되는 개념만으로는 도시를 정의하기에는 다소 부족한 점이 있음에도 불구하고 이러한 보편적인 특징들은 얼마든지 도시의 일반적인 정의를 내릴 수 있다.

사회학자 루이스 워스(Louis Wirth)는 도시성(Urbanism)에 관한 그의 논문에서 이러한 일반적인 도시의 특징에 대하여 말하기를, "상대적 크기, 높은 인구밀도, 인구의 이질성이다"라고 하였다.[8]

폴 히버트(Paul G. Hiebert)는 도시에 대한 일반적 특징들에 대하여 말하기를, "규모, 중심지, 다양성, 전문화, 계급 조직, 변화 등이다"라고 정의하였다.[9]

---

8 Louis Wirth, *Urbanism in the World Perspective* (New York: Crowell, 1968), 49. 큰 규모: 도시 내에는 빈번한 접촉이 많다. 그러나 그 접촉점들은 비인격적, 피상적, 일시적, 단편적이며, 실리적이다. 도시 거주자는 친밀한 집단의 통제에서 자유롭고 싶어 하는 경향이 있으며, 자기표현과 참여 의식에 대한 능력을 상실하며 낮은 도덕관념을 갖는다. 대중매체가 활성화되어 있다. 밀도: 도시의 인구분포는 생태학적으로 동심원 지역으로 유형화되는 경향이 있는데, 상업지역을 중심으로 그 주변의 통과지역, 노동자 주거지역, 고급 주택지역, 그리고 대도시를 에워싸고 있는 교외나 통근자 거주 지역이 있을 수 있다. 경쟁이 치열하고 개발이 두드러지며, 삶에 대한 세속적 접근이 지배적이다. 도시 거주자는 점점 더 소외되고 외로워진다. 그리고 갈등과 좌절을 경험한다. 계급적 구분은 붕괴되어 있으며, 사회적 연대의 전통적 기반은 훼손되어 있다. 이질감: 계층구조는 복잡하다. 사회조직들은 개인에게 절대적 중요성을 가진다. 그러나 어떤 집단도 그 구성원들 간의 일체된 연합관계를 가지고 있지는 않으며 회원자격은 유동적이다. 많은 대중 매체은 사회의 결정하는 경향이 있다.

9 Paul G. Hiebert & Eloise Meneses, 298-305. 규모: 도시의 사회구조는 같은 장소에 다양한 문화를 가진 사람들이 함께 살아갈 때 형성된다. 공동생활을 가능하게 하는 매우 복잡한 형태의 사회, 경제, 정치적 체계들이 부재한 가운데 1,000만 이상의 사람들이 함께 살아간다는 것은 불가능하다. 중심지: 도시를 특징 지우는 단어를

물론 나라마다 상이하지만, 대부분 주민의 수로 표현되는 인구 규모, 인구밀도, 비 농업직 종사자율 등의 통계 자료와 도시화된 연속적 시가지(built-up area)내지 도시적 기능이 얼마나 나타나는가를 기준으로 도시를 정의하기도 한다.[10]

동시에 이러한 상황이 교회의 선교와 목회에 중요한 의미를 갖지 않을 수 없다는 사실이다. 복음과 교회의 세속화 문제를 심각하게 생각하고 있는 많은 신학자, 사회 과학자들은 도시가 주도하는 현대를 가리켜 '교회의 위기'시대라고 보는 데 주저하지 않는다. 어떤 사회학자들은 현대의 급변하는 정치적, 경제적, 사회문화적 상황은 복음과 교회의 기능이나 위치에 부정적으로 작용해 왔고 따라서 그 역할은 점점 축소되고 그 위치는 사회생활의 변두리로 밀려나고 있다고 주장한다.[11]

선택하라면 '중심지'라고 할 수 있다. 도시는 권력, 부, 지식, 전문가를 끌어들인다. 도시 안에서 정부, 은행, 상업, 산업, 시장, 교육, 예술, 수송, 종교의 중심지를 발견한다. 이러한 도시는 주변의 농촌을 지배한다. 이러한 가운데 도심지로 많은 사람들이 몰려든다. 도시 문화의 풍성함은 부자와 가난한 모두에게 매력적이다. 이런 요인은 계속해서 도시를 중심지역으로 만들어 간다. 다양성: 다양한 문화적 공동체를 배경으로 하는 사람들이 도시로 모여든다. 다양한 문화, 다양한 음식, 다양한 종류의 차를 가지며, 다른 장소들을 방문하고 새로운 패션을 찾는다. 전문화: 전문직 출현에 있다. 도시인들이 살아가는 일에는 거의 제한이 없다. 전에 들어보지도 못한 새로운 종류의 업종, 야구심판, 보석 세공사, 엔지니어, 탐정, 중개인, 컴퓨터 프로그래머, 인류학자 그리고 수많은 일에 종사하는 사람들 이 도시에서 그들의 삶을 영위해 간다. 계급 조직: 도시의 거대성과 복잡성, 도시 권력의 집중화는 도시 안에 계급 조직을 형성한다. 부자와 가난한 자, 권력이 있는 자와 없는 자, 높은 지위에 있는 자와 낮은 지위에 있는 자와의 거리는 엄청나게 멀다. 계급 조직은 공적인 도시 관계 속에서 대부분을 지배한다. 변화: 모든 인간사회는 변한다. 도시의 변화속도는 농촌사회나 부족사회보다 더 빠르고 급진적이다. 이유는 전문화가 사람들로 하여금 전문직에 자신들의 전력을 다하기 때문이다. 이것은 과학, 기술, 서비스, 정보의 성장을 촉진한다.

10 권용우 외 공저,『도시의 이해』(서울: 박영사, 2001), 5.
11 Bryan R. Wilson, *Religion in Secular Society* (London: C. A. Watt, 1966).

그러나 매우 긍정적으로 도시화를 바라보는 사람들이 있다. 이들은 현대에 급격한 도시의 성장으로 인하여 복음이 적은 노력으로, 더 많은 사람들에게 전해질 수 있다는 사실을 고무적인 것으로 보는 입장이다.[12]

---

12 정병관,『도전받는 현대 목회와 선교』(서울: 생명의말씀사, 1994), 139.

제2장

도시의 사회학적 이해

도시는 사회학적으로 크고 이질적이며 비인격적이다. 인구의 대규모 밀집은 구조적으로 친밀함이나 깊이가 없는 피상적이고 단기적인 인간관계를 약화시키고, 끝없는 경쟁심으로 서로를 침해하고 자기방어에 급급하여 외롭고 허무한 삶을 살게 만들며, 범죄와 정신질환이 급증한다.[1]

이러한 부정적 도시관에 반대하여 다른 이론들이 제시되었는데, 그것은 도시와 시골이 그 구성요인이 다를 뿐 오히려 도시에서 더 풍요하고 다양한 인간관계의 기회를 만날 수 있으며 긴밀한 인격적 관계가 가능하다는 구성론과 도시에는 출신지역과 문화, 그리고 교육 수준과 직업의 차이로 인해 다양한 문화가 존재한다는 다문화론이다.[2]

독일의 사회학자인 페르디난드 테니스(Ferdinand Tonnis)는 전통적

---

1 시카고학파의 주장.
2 이정석, "도시인을 위한 복음," 「목회와신학」 (2003. 3), 67.

농촌과 도시의 삶의 차이를 밝히려고 하였다.³ 테니스(Ferdinand Tonnis)는 두 가지 이상적 형태의 사회적 관계인 '공동사회'(gemeinshaft)와 '이익 사회'(gesellshaft)를 말하였다.⁴ 이와 같이 도시와 농촌을 구분하는 관찰들은 매우 유용하고 현실적인 통찰력을 제공해준다. 그러나 일방적으로 도시화와 산업화에 대한 부정적인 인식은 공정하지 못하다는 비평을 듣기도 한다.⁵

결정론자들(deterministers)의 관측은 도시의 독특한 사회적, 물질적 환경들이 도시 주민들의 태도와 행위들에 직접적인 연관이 있다고 생각한다. 대표적인 독일 사회학자 게오르그 짐멜(Georg Simmel, 1858~1918)은 도시의 성격에 대하여 말하기를, "도시지역 전반의 다양한 많은 물질적, 사회적 자극과 특성들에 적응해야 하는데, 혼란에 직면했을 때 개인들은 그것에 전부 대응할 수는 없기 때문에, 얼마는 무시하고 적응해야 한다"라고 하였다.⁶ 이러한 선택적 적응은 점

---

3 Ferdinand Tonnis, *Community and Society* (New York: Harper & Row, 1957).
4 공동사회는 공통된 관심과 신앙, 가치, 강한 혈연관계와 강한 공동체 의식과 유대감을 가진 밀접한 인간관계를 의미한다. 또한, 일치, 협력, 공동체 의식으로 특징지워진다. 이익 사회는 높은 수준의 합리성, 비인격성, 개인주의로 특징 지워지며 현대의 도시 산업사회에서의 생활 또는 삶을 묘사하고, 개인적으로 고립되고 서로 불신하며 상호 긴장과 갈등이 팽배한 인간관계로 특징지워진다.
5 정병관, 『복음혁명을 주도하는 도시교회 성장학』, 70.
6 Kurf Wolf, *The Sociology of Georog Simmel* (New York: Free Press, 1902). 지멜은 독일 출신의 사회학자이다. 지멜은 사회학의 독특한 연구분야를 그대로 그려내고자 했다. 그는 만일 사회학이 모든 것을 포괄한다면, 그것은 연구영역을 전혀 갖지 못하는 것이라는 점을 이류로 포괄적이고도 "종합적"인 과학으로서의 사회학이라는 허버트 스펜서와 오귀스트 콩트의 개념을 거부하였다. 따라서 하나의 포괄적인 자연과학이 있을 수 없고, 단지 개별적이고 전문적인 과학자들만이 있을 수 있듯이, 사회 과학자에게도 각분과는 그 고유영역을 가져야만 한다. 과학이 되기 위해서 사회학은 과학적 방법으로 연구되어야만 하는 잘 규정된 연구 주제를 가져야 한다고 지멜은 제안하였다.

점 합리적이면서 고립적일 수밖에 없는 독특한 도시인의 성격을 만들어 낸다.

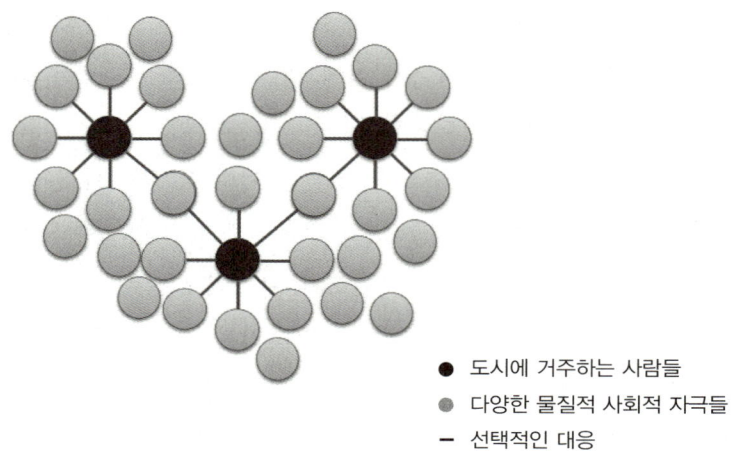

● 도시에 거주하는 사람들
● 다양한 물질적 사회적 자극들
― 선택적인 대응

〈그림〉 도시환경과 선택적 적응

이러한 반응들은 매우 적합한 것이긴 하지만, 도시사회 안에 적개심과 갈등을 일으켜 사회조직을 와해시킨다. 루이스 워스(Louis Wirth)는 도시생활에 대하여 말하기를, "도시의 생활은 표피적이고, 비인간화된 인간관계에 의해 주로 이루어지기 때문에, 사람들은 극도의 고립과 '뿌리의식'의 빈곤과 혼란에 의해 고통을 받게 된다"라고 하였다.[7]

---

[7] Louis Wirth, "Urbanism as a way of Life," *American Journal of Sociology*, vol. 44, No. 1 (July, 1938), 1-24. 워스(Wirth)의 말을 빌리자면, 도시생활은 "인격적 혼란, 정신적 붕괴, 자살, 비행, 범죄, 부패, 그리고 무질서로 인도된다"는 심한 주장을 서슴지 않는다. 많은 현대 사회과학자들마저도 이같은 워스(Wirth)의 생각에 동의한다.

미국 예일대학교 교수이자 사회심리학자인 스탠리 밀그램(Stanley Milgram, 1933~1984)은 도시에 대하여 말하기를, "도시의 크기, 인구밀도, 이질성은 도시 주민들에게 과도한 자극(stimulus overload)의 상황을 초래하고, 사람들은 이를 적응하기 위해서 각기 어떤 사회적 상황에 대해서는 그것을 외면하던지, 한걸음 물러서던지 하는 방편을 취하게 되어진다"라고 하였다.[8]

결과적으로 도시에 사는 사람들은 다른 사람들의 필요에 대해 덜 동정적이고, 자기 일 이외의 손해날 일이나 위기적 사건에 전혀 개입하지 않으려 하며, 낯선 사람들을 신뢰하지 않는 습관이 몸에 배게 되어진다는 것이다. 또한 구성적(compositional)관측의 관점에서 도시의 사회학적 이론을 펼친 허버트 갠스(Herbert Gans)에 따르면, 도시 사람들과 농촌 사람들 간의 차이, 도시 안에서도 각 그룹들 간의 차이는 인구구성의 차이 때문이라는 것이다. 갠스(Gans)는 도시 안의 인구를 다섯 개의 범주로 분류하였다.[9]

① 코즈모폴리턴들(cosmopolitans): 독특한 문화적 기회를 갖기 위해 자신의 선택에 의해 도시에 거주하는 예술가들, 지성인들, 전문인들과 같은 사람들을 말한다.
② 독신남녀들: 도시생활에 매력을 느끼거나, 경력을 쌓기 위해 도시에 거주하는 대개는 젊은 층의 독신남녀들을 말한다.

---

8 S. Milgram, "The experience of living in cities," *Science 167* (1970), 1461-1468.
9 Herbert Gans, "Urbanism and Suburbanism as Ways of Life: A Revolution of Definitions," *Metropolis. Washington Square* (New York: New York University Press. 1995).

③ 종족적 주민들(ethnic villagers): 전통적 관습을 유지하기 위해 종족들끼리 공동체를 이루어 안정된 이웃에 사는 사람들을 말한다.
④ 소외계층: 가난, 불안정한 직업, 결손가정의 사람들, 도시 안의 소수 민족들과 같은 소외된 사람들을 말한다.
⑤ 최저 빈곤층: 노령, 모든 곳에서 경제적 생활이 사실상 힘든 제한된 수입, 이 때문에 도시를 떠날 수 있는 여유조차도 가질 수 없는 사람들을 말한다.

갠스(Gans)는 워스(Wirth)가 주장하는 혼란된 생활방식은 기껏해야 위의 넷째와 다섯째의 사람들에게나 적용되는 것이고, 다른 그룹들 사이에는(특히 종족적 주민들) 공통적으로 나타나지 않는다고 주장한다.

도시주의에 대해 결정론적 관측을 체계적으로 발전시킨 클라우드 피셔(Claude Fisher)는 하위문화 이론을 제안했다.[10] 도시의 인구 크기 밀도와 이질성은 독립적으로 비교적 높은 행위와 사건 발생률에 영향을 미친다고 주장한다.

오늘날 대도시에서 고용, 식량, 주거의 문제는 심각하다. 대도시의 문제는 전문가의 수준에서나 가능하겠지만, 그리스도인들도 이런 부수적 문제들의 해결방안 모색에 동참해야 한다. 도시는 문명의 산물이다. 인간은 의식이 들면서 내면으로 향하여 무언가 다른 것과

---

10 Claude S. Fischer, "Toward a Subcultural Theory of Urbanism," *American Journal of Sociology* (May, 1975), 1319-1341.

관련하에 자신을 고찰하면서, 자기실현의 사회학적이고 영적인 표현으로서 도시를 창조한다.

하나는 '해학(諧謔)적 참여'이다. 도시의 위대성 옆에는 항상 유죄성(有罪性)이 동행한다. 다른 하나는 도시의 직업적 활동을 통해 하나님의 숨은 임재를 드러내는 것을 우리의 임무로 삼는 것이다. 도시가 영적인 힘과 인간 작업의 혼합물이고, 하나님의 작업이 인간의 업적과 그 영적인 힘 사이를 분리시키는 것이다.[11]

---

[11] 박건택, "도시의 역사와 신학적 의미," 「목회와신학」 (2002. 3), 75.

제3장

도시의 심리학적 이해

　도시의 특수한 상황들은 도시인에게 여러 가지 어려운 심리적 및 사회 심리적 문제들을 만들어내고 있다. 현대 도시사회에서 소외의 문제는 생활의 모든 영역에 걸쳐서 누구라도 겪을 수 있는 문제이다. 도시의 기능과 능률만을 중요시하는 직업 구조 안에서 인간은 하나의 기계인간(機械人間), 기능인간(技能人間)으로 전락해버린다. 개인의 성품이나 개성, 인격은 더 이상 문제되지 않고, 그가 가지고 있는 재화, 사회적 지위, 재능으로 평가된다. 즉, 개인의 인간가치보다 상품가치로 평가받는 것이다.

　개인주의화된 분위기 속에서 사람들은 서로 이질감을 느끼며 살아가고 있고, 대중 속에 있으나 외로운 자신을 보게 되며, 복잡하고 시끄러운 분위기 가운데 있으나 쉽게 동화될 수 없는 고독을 느낀다.[1] 반복되는 단조로운 일 가운데서, 그리고 일의 보람을 빼앗아 가는 산업적 테크놀로지(technology)의 기계적 통제 아래서 소명감이

---

1 David Riesman, *The Lonely Crowd* (New Haven: Yale University Press, 1961).

나 직업윤리는 상실되고, 항상 실직에 대한 불안과 경쟁에서의 패배에 대한 불안 속에서 살아가고 있다.[2]

시맨(Melvin Seeman)은 소외된 감정을 무력감(無力感), 무의미감(無意味感), 고립(孤立), 자기 소외(Self-estrangement), 무규범(無規範)으로 구분하였다.[3] 이러한 소외의 문제는 도시에 살고 있는 현대인들에게 매우 심각한 심리적 문제이며 가치에 대한 갈등 문제도 야기시킨다. 가치란 바람직한 것이라고 생각되는 개인적 또는 집단적 관념으로 정서적, 상징적 구성요소들을 가지고 있다. 인간이 효율적으로 행동하기 위해선, 그것이 개인적, 집단적 가치로서 지지를 받아야 한다. 그런데, 이 가치가 일관성이 없다든지, 혼란스럽다면 인간은 생활에 매우 적응하기가 힘들게 된다.[4]

급변하는 현대의 도시사회는 이러한 가치 갈등과 혼란을 야기시키게 함으로, 사람들로 하여금 심각한 심리적 고통을 주게 된다. 전통가치들은 붕괴되고 새로운 가치들은 적응하기가 여간 어렵지 않다. 이러한 가치 갈등은 문화지체(cultural lag)현상도 생겨나게 하는

---

2 정병관, 『도전받는 현대목회와 선교』, 173.

3 Melvin Seeman, "On the Meaning of Alienation", *American Sociological Review. vol. 24* (Dec, 1959), 783-791. 무력감-자신의 해위가 정치, 산업, 사회질서의 영역에 아무런 사회적 영향이나 결과를 미칠 수 없다고 느끼는 비관주의를 말한다. 무의미감-사건들을 설명할 수 없고, 미래를 예측할 수 없다는데서, 개인들은 무엇을 믿어야 할지 모르게 되고, 이 같은 확실성의 결여는 무의미를 낳게 된다. 고립-사회로부터 떨어져 있고, 확립된 질서에 상반되며 매스컴과도 멀어져 있다는 느낌이다. 자기소외-문득 자신을 이방인처럼 느끼며, 자신이 다른 목적의 도구가 되고 있음을 깨닫거나, 자율성과 역할을 거부당하는 느낌을 갖는 것을 의미한다. 무규범-사회적 규범이 무너짐으로 개인의 행위를 규정할 수 없는 것을 말한다.

4 Ralph H. Turner, *Approaches to Deviance* (New York: Appleton Century Crofts, 1968), 24-31.

데, 이는 문화의 사회제도들이 전체 사회·문화적 변동들에 적응하지 못할때 생기게 된다. 이렇게 되면, 사람들은 감정적 혼란, 정신적 무질서감, 정서적 불안정이 생기게 된다. 사실상 이는 현대의 도시인들이 실제로 경험하고 있는 심리적 문제이다.

또 다른 문제로, 중요한 것은 상대적 박탈감이다. 개인들이 다른 사람과 자신의 환경을 비교함으로써 생기는 박탈감이다. 따라서 이는 자신의 경제적 형편이 좋아지고, 지위가 상승되더라도, 오히려 비교의식으로 인해 증가될 수 있는 것이다. 이러한 박탈감은 좌절과 불만의 원인이 된다.[5]

오늘날 경제가 성장하면서, 소득격차가 심화되어 빈부의 차가 현저해지고, 욕구와 필요는 증가하는데 수단과 능력은 소수의 사람만이 가지고 있게 됨으로써 상대적 박탈감은 점점 더 심각해져 가고 있다. 주변에 이로 인해 만족한 사람을 별로 볼 수 없는 것이 현실이다. 경쟁에서 뒤지거나, 성취감이 적은 사람은 더 심각한 박탈감에 빠지게 된다.

대중매체는 소비와 사치를 자극하고, 부유층의 생활을 화려하게 공개함으로써, 그 절망감과 박탈감은 더욱 심각하게 되지 않을 수 없다.

비단 경제적인 면을 떠나, 글락(Glock)은 박탈감을 다섯 가지로 나누고 있는데, 경제적 박탈감, 사회적 박탈감(명성, 권력, 지위, 사회참여와 관련), 육

---

5 W. G. Lunciman, *Relative Depriviation and Social Justic* (London: Rontledge and Kegan Paul, 1966), 10.

체적 박탈감, 윤리적 박탈감(가치 갈등), 정신적 박탈감(정신적 공허)이다.[6]

이처럼 현대 도시산업사회에서 생겨날 수 있는 많은 심리적 부담이 이 사회에서 살아가는 사람들을 압도하고 있음을 쉽게 볼 수 있다.

---

6 Charles Y. Glock, *Religion and Social Conflic* (New York: Oxford University Press, 1964), 26-9.

제4장

도시의 문화적 이해[1]

도시화의 과정에서 효과적 대응 여부에 따라 과거 선교 결과가 결정되었다. 우리는 현대에 있어서 도시의 독특한 문화와 삶의 방식은 무엇인가를 살펴야 한다.

1. 도시문화의 이론

도시인들은 도시의 독특한 생활방식을 잘 모르고 살아간다. 현대 산업사회는 삶의 양식을 변화시키고 있다.

도시에서의 삶의 방식이란 과연 어떤 것들일까?

---

1 서봉재, "사도바울의 도시선교적 관점에서 본 한국 도시선교의 이해와 과제" (석사학위논문, 총신대학교 선교대학원, 2016), 4-7.

1) 게마인샤프트(Gemeinshaft)와 게젤샤프트(Gesellshaft)

독일의 사회학자 페르디난드 테니스(Ferdinand Tonnis)는 두 가지 이상적 형태의 사회적 관계인 Gemeinshaft(공동사회)와 Gesellshaft(이익사회)를 말하였다.

Gemeinshaft(공동사회)는 공통된 관심과 신앙 가치 그리고 강한 공동체 의식과 유대감을 가진 밀접한 인간관계를 유지한다. Gesellshaft(이익사회)는 합리성 비인격성 개인주의로 특징이다. 일치 협력 공동체 의식이다. 도시와 농촌을 구분하는 것은 매우 유용하고 현실적인 통찰력을 준다.[2]

2) 결정론자들(determinists)의 관측

(1) 게오르그 짐멜(Georg Simmel)

스탠리 밀그램(Stanley Milgram)은 도시지역 전반의 다양한 많은 물질적, 사회적 자극과 특성들에 적응해야 하는데, 혼란에 직면했을때 독특한 도시인들의 성격이 만들어진다고 주장한다.[3]

(2) 루이스 워스(Louis Wirh)

루이스 워스(LouisWirh)는 주장하기를 도시생활은 표피적이고, 사람들은 극도의 고립과 뿌리의식의 빈곤과 혼란에 의해 고통을 받게 된다.

---

2 FerdinandTonnis, *Community and Soiety* (New York: Harper&Row. 1957), 177.
3 서봉재, "사도바울의 도시선교적 관점에서 본 한국 도시선교의 이해와 과제," 5.

(3) 스탠리 밀그램(Stanley Milgram)

스탠리 밀그램(Stanley Milgram)은 도시의 크기 인구밀도, 이질성은 도시 주민들에게 과도한 자극의 상황을 초래하고 사람들은 이를 적응하기 위해서 사회적 상황에 대해서는 그것을 외면하든지, 한걸음 물러서든지 하는 방편을 취하게 되어진다는 것이다.[4]

2. 도시의 사회구조와 선교

사회속에서 생활하는 도시인들에게 많은 스트레스와 문화충격을 경험하게 된다. 이러한 도시인들을 상대로 도시선교가 필요하다 .

1) 장점

개인적 자아실현의 효율성이 높다. 개인의 자유를 강조함으로써 사회구조, 발전, 변화에 잘 적응하도록 한다. 단기적 계약에 익숙해지면서 사회적 지리적 이동을 부담 없이 하게 되며 이러한 적응력은 도시 사회의 경쟁력을 높이고 사회를 급속히 변화시키고 발전시키는데 기여하였다.

---

[4] 서봉재, "사도바울의 도시선교적 관점에서 본 한국 도시선교의 이해와 과제," 5-6.

2) 단점

친밀한 인간적인 교제와 공동체적 느낌을 상실, 개인적 정체감 부족을 경험한다. 빈번한 이동은 도시인들의 상호간 이질감을 팽배하게 하고 한 사회의 제도적, 문화적 연속성을 상실하게 하거나 부족하게 한다. 그 결과 사회는 상대주의가 판을 치고 절대적 문화적 가치는 사라진다. 사회의 급속한 변화는 도시인들에게 많은 스트레스와 문화충격을 경험하게 만든다.[5]

3. 도시인의 세계관과 선교적 위험성들[6]

1) 부족사회

부족사회는 우주의 질서가 중시되는 정적인 사회이다. 세계관의 특징들로는 세계가 질서가 있는 것으로 이해되고, 진리란 영원하고 절대적으로 이해된다. 하나님은 대부분 질서있는 세계를 다스리는 초월적 존재이다. 형식과 의미 사이에 구분이 별로 없기 때문에 결과적으로 공적인 의식과 신화에 강조점을 둔다.

죄는 세계와 우주의 질서를 깨뜨리고 위반하는 것으로 이해된다. 하나님은 강력하며 견고한 요새이다. 죄로 인한 혼란의 질서를 회복

---

5 서봉재, "사도바울의 도시선교적 관점에서 본 한국 도시선교의 이해와 과제," 6.
6 서봉재, "사도바울의 도시선교적 관점에서 본 한국 도시선교의 이해와 과제," 7.

하실 것을 확신한다. 부족사회 세계관의 바탕은 선교적 측면에서 율법을 맹목적으로 신봉하는 경향으로 나아가기 쉽다는 위험성을 가진다.

2) 농경사회

농경사회는 집단 규범이 중시되며 사회가 복잡해지면서 세계관은 세계가 죄와 전쟁이 가득찬 것으로 이해된다. 죄는 세계에서 진리를 유지하기 위한 방편으로 집단의 규범과 집단 내 교재와 집단 일체가 강조된다.

선교적인 측면에서 선교에서 가장 큰 위험성은 교회가 일반사회에서 하듯이 집단을 우상화해버리는 것이다. 하나님을 집단의 정체감에 투과하게 되어, 인간사회를 초월한 하나님의 모습은 사라지지 않을 수 없게 된다. 사회주의적 하나님의 모습이 강조되는 것이다. 이럴 경우 교회는 진정한 의미의 하나님 경배가 아닌 집단의 결속의 강화나 인간 사이의 교제가 활동의 중심적 이유가 되고, 그 결과 장기적으로 세속주의적 교회로 전락하게 된다. 죄 역시도 죄의 개념이 아닌 집단이 정의하는 것으로 대체되고, 절대적 가치 표준은 사라지게 된다.

제5장

도시의 성서학적 이해

고대 문명 발상지에서 발굴되는 고대도시들은 대다수가 구약성경에 나오거나 관련되는 것으로 추론된다.[1] 어떤 측면에서는 메소포타미아의 고대도시들이 구약성경과 일정의 관련성을 가진다고 할 수 있다.

먼저 제리코(Jericho, 성경 명칭: 여리고)는 1950년대에 발견된 유적지로, 성벽은 기원전 1,400년 즈음에 무너진 것으로 추정되며, 그 시기는 여호수아의 여리고전투와 일치한다. 더 놀라운 것은 무너진 성벽의 20M 아래에서 발굴된 초기 성벽은 약 10,000년 전에 축조된 것이었다. 메소포타미아의 다른 고대도시들, 예컨대 우르(Ur), 라가쉬, 에리두 등의 수메르 도시들이 기원전 3,500년경인 것으로 추정되고, 이집트 도시들 역시 그 즈음으로 밝혀지고 있다.

구약성경에 등장하는 도시들인 소돔과 고모라, 이집트 시절의 파

---

[1] 김중은 편, 『갈대아 우르에서 가나안까지』(서울: 장로회신학대학교 출판부, 1999). 고대도시들에대한 화보와 함께 설명을 제공 하고 있다.

라오 도시들, 여리고, 니느웨, 바빌론 유수 시기에 나오는 도시들이 고고학적 발굴과 연구에 의해 실존했던 것 또는 실존 가능성이 매우 높은 것으로 드러나고 있다.[2]

성경에서 말하는 도시에 대한 신학적 유형들을 살펴보고자 한다. 성경에서 말하는 도시에 대한 고찰은 도시선교전략을 수립하는데 신학적 근거를 마련하는 중요한 연구가 된다.

1. 부정적인 견해

도시에 대한 부정적인 견해를 취하는 입장이다. 창세기 3장에 나타난 인간타락의 결과로 인간의 모든 행위는 죄의 정죄 가운데 있으며, 도시의 기원 자체도 이러한 죄의 결과로 비롯되었다고 보는 입장이다. 이 입장은 가인으로 말미암은 도시건설과 그의 후손인 라멕, 야발, 유발, 두발가인 등, 상징적으로 예표하는 형성 자체가 도시의 죄성으로 말미암았다는 것이다.[3]

---

[2] 김중은 편, 『갈대아 우르에서 가나안까지』, 60-5.
[3] 창 4:17; 19-24 참고. "가인이 성을 쌓고 그 아들의 이름으로 성을 이름하여 에녹이라 하였더라"(창 4:17). "라멕이 두 아내를 취하였으니 하나의 이름은 아다요 하나의 이름은 씰라며 아다는 야발을 낳았으니 그는 장막에 거하여 육축 치는 자의 조상이 되었고 그 아우의 이름은 유발이니 그는 수금과 퉁소를 잡는 모든 자의 조상이 되었으며 씰라는 두발가인을 낳았으니 그는 동철로 각양 날카로운 기계를 만드는 자요 두발가인의 누이는 나아마이었더라 라멕이 아내들에게 이르되 아다와 씰라여 내 소리를 들으라 라멕의 아내들이여 내 말을 들으라 나의 창상을 인하여 내가 사람을 죽였고 나의 상함을 인하여 소년을 죽였도다 가인을 위하여는 벌이 칠 배일진대 라멕을 위하여는 벌이 칠십칠 배이리로다 하였더라"(창 4:17-24). 바르트주의의 신학 경향을 보이는 자크엘룰(Jacques Ellul)은 도시의 형성 자체를 하나님에 대항하는

이와 같은 견해는 라틴교부 터툴리안(Tertullian)에서 볼 수 있는데, 그는 아테네와 예루살렘, 이교도와 기독교 인간에 아무런 공통점도 찾아볼 수 없다는 확신 가운데 인간의 노력에 의하여 이루어지는 도시에 대하여 매우 부정적인 시각을 가지고 있었다.[4]

현대 신학에 있어서는 소위 말하는 세대주의 신학적 근본주의자들이 이런 경향을 가졌는데, 칼 헨리(Carl Henry)에 의하면, 그들은 사회변혁에 대한 지나친 두려움을 가지고 구원을 개인 영혼 차원에 국한시키며 세상에 대한 극단적인 부정적 생각으로 인해 내세 지향적인 신학 성향을 가지게 되었다고 한다.[5]

이와 같이 도시에 대한 부정적인 시각을 가진 부류에 속한 사람들은 도시 변혁에 소극적이게 되며 구원에 대한 강한 개인주의적 성향과 보수적이고 내세 지향적인 경향을 지니게 된다. 따라서 선교에 대한 구체적인 전략이 부재하며 도시를 향한 선교계획에 대해서도 자연스레 소극적인 입장을 보이게 된다.

인간의 반역의 표상으로 보고 바벨론이나 예루살렘까지도 이러한 범주에 집어넣고, 하나님의 초자연적 능력 가운데 도래할 새 예루살렘은 인간의 손에 미치지 못하는 하나님의 절대 주권에 속하는 영역으로 규정하였다. 이러한 자크 엘룰의 논지에 의하면 도시는 이미 정죄를 받았고 도시 안에서 이루어지는 하나님의 사람들의 역할을 도시 변화보다 도시와는 상관없는 새 예루살렘의 영역에 속한다. 그의 도시신학에 대한 입장을 잘 나타내는 저서는 다음과 같다. Jacques Ellul, *The Meaning of the City* (Grand Rapids: Eerdman, 1973).

4 김성태,『세계선교전략사』(서울: 생명의말씀사, 1998), 187.
5 Carl Henry, *The Uneasy Conscience of Modern Fundamentalism* (Grand Rapids: Eerdmans, 1973), 32-66.

2. 긍정적인 견해

도시를 하나님의 은총의 선물로 보며 인간의 창조적인 노력의 결실과 인간 능력의 절정으로서의 도시문화에 이상적인 비전을 가지고 있는 견해이다. 알렉산드리아교부로 알려진 오리겐(Origen)[6]은 우주론적 기독론으로서 로고스(logos)사상을 가지고 있었는데 인간 이성의 합리성과 철학적 탐구가 로고스의 영역에 속해있고 도시문화 속에서 꽃을 피우는 것으로 생각했다. 이러한 사상은 플라톤(Platon)의 도시에 대한 견해에서 찾아볼 수 있다.[7]

근대에 와서는 미국을 중심으로 해서 19세기 말에 일어났던 사회복음주의 운동에서 이러한 입장을 찾아볼 수 있다. 대체적으로 사회복음주의자들은 하나님 나라의 초자연적 특징을 부인하고 현재적인 측면의 윤리성만 강조하여 하나님의 의와 평화가 구현되는 지상의 왕국으로서의 도시건설을 중요시했다.[8]

이것은 이상적인 도시문화 형성에 대한 인간의 가능성을 낙관하는 사상이다. 이 입장에 속해있는 사람은 죄는 사회적인 문제이며 구원은 윤리적인 인간성의 실현으로 믿는다. 그들은 소외된 민중의 가능성을 변혁의 주체로 보고 결국 인간의 힘에 의한 이상적인 도시

---

[6] 오리게네스('Ὀριγένες, 185년 경-254년 경)는 알렉산드리아파를 대표하는 기독교의 교부이다. 매우 독창적인 신학체계를 세운 것으로 알려져 있으며, 때문에 이단과의 논쟁뿐만 아니라 교회와 적지않은 마찰을 일으킨 것으로 기록되고 있다. 특히 금욕주의에 따라 스스로 고환을 자른 것으로 유명하다.

[7] Charles Bigg, *The Christian Platonists of Alexandria* (London: Oxford University, 1913), 115-268.

[8] 김성태, 『세계선교전략사』, 188.

를 지상에 세울 수 있다고 본다. 이런 견해의 사람들은 자유주의 노선이나 해방신학의 노선에 있는 사람들이 보이는 견해이다. 궁극적인 하나님의 구원의 도래로 보기보다는 인간 중심의 해방이나 억눌린 자들의 안식처로 본다.

3. 절충적인 견해

범죄한 이후에 인간의 도시건설은 죄의 영향력에서 벗어날 수 없다는 도시에 대한 부정적인 생각을 가지고 있으나, 또한 인간은 도시의 삶을 떠나서는 살 수 없다는 역설적 견해이다.

이러한 이원론적인 입장은 도시 속에서의 인간의 삶에 대한 돌파구를 성례신학의 정교화 작업으로 해결하려 한다. 즉 도시 안에서의 인간의 삶은 죄와 더불어 사는 것이지만, 죄를 극복하기 위해서 소극적인 대안으로 교회 예배의식에 적극 참여하여 그 성례의 효력으로 얼마든지 그리스도인들이 정화될 수 있다는 주장이다.

이런 경향은 마틴 루터(Martin Luther)의 두 왕국에 대한 구분과 그로 인한 신학이론에서 찾아볼 수 있다.[9] 로마가톨릭 신학의 기반을 놓았다고 할 수 있는 토마스 아퀴나스(Thomas Aquinas)는 절충주

---

[9] 루터는 세상 왕국과 하나님의 왕국을 구분하고 하나님의 왕국은 교회에 주어진 하나님의 법에 의하여 다스려져야 한다는 이원론적인 견해를 피력한다. Martin Luther, "Secular Authority: To What Extent it Should be Obeyed," in *Works of Martin Luther*, vol. 3, trans. by J. J. Schindel (Philadelphia: A. J. Holman Co., 1930), 228-273.

의적 견해를 가지고 있는데 그는 하나님의 은총에 근거한 본체론적 (ontological) 입장에서 자연 은총과 특별 은총을 구분하고 인간의 이성과 능력이 꽃을 피우는 도시문화를 일종의 자연 은총의 영역으로 보며 이것이 완전하지 않기에 특별 은총의 영역으로서의 로마가톨릭적 성례신학의 중요성을 논한다.[10]

도시에 대한 이 견해는 도시 변혁에 대한 소극적 자세를 취할 수밖에 없으며 교회 성례의식에 의존한 소극적인 변혁을 시도할 수밖에 없다. 또한 이러한 견해는 교회 안으로만 움츠려 들게 하는 신학적 약점이 있다. 내부적 강화와 조직에 치중하는 반면, 교회 밖에 머무는 하나님의 백성들에게 대한 관심은 기울이지 않는다. 따라서 교회가 사회에 대해서 자연스레 소홀해지고 도시를 복음으로 정복하려는 적극적인 자세를 취하지 못하게 된다.

김성태는 사회에 대한 변혁의 소극적인 입장에 대하여 말하기를, "독일의 루터교회가 히틀러의 유대인 학살을 저지하지 못한 신학적인 한계성을 내포하였다"라고 하였다.[11] 이러한 점은 선교에 있어서 약화된 모습으로 나타나고 도시를 거부하고 농촌 지향적인 선교를 모색하게 하는 이유가 된다.

---

10 Otto Weber, *Foundation of Dogmatics,* vol. 1, (Grand Rapids: Eerdmans, 1981), 97-8.
11 김성태,『세계선교전략사』, 190.

4. 변혁적 모델

도시는 하나님의 창조질서(creatve ordinances)에 속한 은총의 산물로 보는 견해이다. 인간이 범죄한 이후에 도시는 죄의 지배를 받게 되었고 죄의 영향력에서 벗어날 방법이 없게 되었다. 따라서 인간의 도시문화 형성에는 바벨론적 요소가 내포되어 있다. 그것은 죄의 실상이고 하나님의 정죄의 대상이다.

그러나 도시를 향한 하나님의 예루살렘적 계획이 있다. 그것은 하나님께서 회복하시고 은총으로 정화하신 종말론적인 하나님의 도시이며 하나님이 친히 통치자가 되시는 도시이다. 바벨론적 도시는 따라서 하나님의 도시로서의 변혁이 요청된다.

이것은 인간의 힘으로 이루어지는 것이 아니라, 전적으로 하나님의 은총으로 되는 초자연적인 역사이다. 그리스도인들을 통해 이루어지는 변혁 시도는 무위로 돌아가는 것이 아니라, 새 예루살렘 도성의 역사에 흡수되고 완전케 된다. 이것은 하나님 나라의 현재성과 미래성이 균형있게, 적당한 왕국적 긴장 가운데 도시 안에서 구현되는 모델이다.[12]

이러한 입장에 속한 월터 카이저(Walter C. Kaiser)는 도시의 기원에 대하여 말하기를 "구약에서는 '이르'(ir)로 보며, 신약에서는 '폴리스'(polis)로 본다"라고 하였다. 카이저(Walter C. Kaiser)는 신구약의 도시 용어 의미가 다소 다르지만 공통적인 것은 보호와 안전의 의미가

---

12 김성태, 『세계선교전략사』, 190-1.

있다고 말한다.[13] 이스라엘이 가나안을 정복할 때 하나님께서 가나안 도시들을 이스라엘의 소유물로 주셨다는 사실을 지적하고 있다. 카이저(Walter C. Kaiser)에 의하면, 도시는 그 자체가 죄악이 아니라, 도시의 견고한 성벽을 의지하는 불신앙이 죄가 된다는 것이다.[14]

미국 칼빈신학교 명예교수인 로저 그린웨이(Roger S. Greenway)는 도시형성을 하나님이 인간을 향하신 문화적 명령의 결과라고 본다. 하나님의 형상으로 지음 받은 인간은 상호 교제하며 함께 살아가는 사회적 존재로서 도시를 건축하게 되었다고 한다.[15]

이러한 도시를 하나님께서 포기하신 것이 아니라 구속할 것이라는 구원의 약속은, 구약에서는 니느웨에 요나를 보내심으로 구원의 기회를 부여하신 것과, 범죄한 유다 백성이 바벨론에서 포로로 잡혀와서 살 때 바벨론 도시를 떠나지 않고 오히려 도시의 샬롬을 구하라고 하는 것과, 열방의 도시들이 하나님의 은혜로 회복되며 하나님께 귀속될 것이라는 예언적 메시지에 의해서 표증이 된다.[16]

미국 웨스트민스터신학교 선교학 교수로 활동했던 하비 칸(Harvie M. Conn)은 구약에서나 신약에서나 도시에 대하여 말하기를, "도시에는 하나님의 구속의 은총이 필요하며, 요한계시록 21장에서 볼 수 있는 것처럼 죄악의 도시인 바벨론은 심판을 받고 하나님의 도시인 새 예루살렘은 성도의 영원한 거주지이며 하나님의 구속이 완성된

---

13 Walter C. Kaiser, "A Biblical Theology of the City," *Urban Mission* (September, 1989), 7-8.
14 Walter C. Kaiser, "A Biblical Theology of the City," 12-3.
15 Roger S. Greenway, *Cities: Missions New Frontier* (Grand Rapids: Baker, 1992), 3-4.
16 시 87:4-6; 사 5:3-8; 19:25; 렘 48:47; 겔 47:16-18참고.

장소로 이 땅위에 임한다"라고 하였다.17 또한 네 가지 모델을 칸은 소개하고 있는데, 첫 번째는 우주론적 이상향의 도시모델로 매우 긍정적인 모델과 두 번째는 소위 기독교 국가이념의 기원이 되는 신정도시(theopolis)와 세 번째는 인문주의적 이상의 발현 장소로서 대도시 모델(megalopolis)과 마지막으로, 자신의 입장인 신정적 도시모델(theocratic city model)을 제시하였다.18

프랜시스 쉐퍼(Francis Schaeffer)는『도시 속의 죽음』이라는 책에서 예레미야가 도시에 죽음이 있다고 외쳤으며, 그것은 우리 시대에도 사실이라고 주장한다. 사람들은 점점 많아지지만 인간과 인격이 죽어간다는 것이다.19

성경에서 최초의 도시는 가인에 의해 건설되었다. 가인은 하나님의 저주가 두려워 자기보호와 독립적 번영을 목적으로 에덴의 동쪽에 도시를 건설하고 문명을 개발하였다. 또한 함의 아들 니므롯도 노아의 저주에 대항하여 도시를 건설하였고, 결국 최대의 도시 바벨은 하나님의 저주를 받아 분열되었고 파괴되었다.

요나서 1장 12절에 의하면, "저 큰 성읍 니느웨"라고 기록되어 있다. 니느웨는 이방인의 도시이며, 앗수리아의 수도이다.20 니느웨

---

17 Harvie M. Conn, "Christ and the City," in *Discipling the City*, ed., Roger S. Greenway (Grand Rapids:Baker, 1986), 246-7.

18 Harvie M. Conn, "The Kingdom of God and the City of Man," 9-59.

19 이정석, "도시인을 위한 복음," 66-7.

20 James B. Pritchard, *The Times Atlas of the Bible* (London: Times Books Limited, 1987), 28-29; 106-107. Tim Dowley, *Atlas of the Bible and Christianity* (London: Angus Hudson Ltd/Tim Dowley & Peter Wyatt trading, 1997), 43-47. 니느웨(Nineveh)는 앗수리아의 가장 큰 도시이자 마지막 수도였다. 그 이름은 앗수리아 언어 Ninua(옛 바빌로니아어는 Ninuwa이다)에서 나왔다. 그리고 이것은

에서 최초의 도시 구원을 볼 수 있으며, 거룩한 도시 예루살렘도 성전과 함께 멸망하고 우리에게는 천상의 새 예루살렘을 기다리는 일이 있을 뿐이다.[21]

초기 수메르의 여신 Ishtar와 관련이 있다. 성서고고학에 의하면, 이 도시는 약 B.C. 4,500년의 역사를 가지고 있다. 이 도시는 나훔과 스바냐 같은 예언자들이 묘사한 것처럼 B.C. 612년.에 무너졌다. 가장 번창했을 때, 이 도시는 7과 4분의 3마일의 내벽으로 둘러 싸였고, 175,000명이 그 안에서 살 수 있었다. 욘 4:11에 나오는 인구 120,000명은 이 숫자와 조화를 이룬다고 본다. J. D. Douglas, *The New Bible Dictionary* (London: The Inter-Varsity Fellowship, 1962), 888-890.

21 Jacques Ellul, "도시의 의미," 「목회와신학」 (2002. 3), 67.

제6장

도시의 선교신학적 이해

많은 그리스도인들이 도시를 축복이 아닌 자체가 근본적으로 악한 곳이라고 생각하는 경향이 있다. 하지만 하나님은 그렇게 보시지 않는다. 인류의 역사는 아름다운 동산에서 시작하여 도시에서 끝난다. 하나님은 우리의 달란트에 맞게 각종 직업에 종사하면서 자유롭게 활동하고 거주하도록 도시를 선물로 주셨다.[1]

성경에 등장하는 도시들은 넓은 의미에서 선교와 관련된다. 선교가 하나님의 구원 계획이 펼쳐지는 것이라면 소돔과 고모라에서 의인을 찾았던 것은 바로 그 도시들을 구원하려는 선교적 의도를 드러내는 것이라고 할 수 있다. 구원 계획이 가장 명확하게 펼쳐졌던 사례는 요나의 니느웨 선교로 보여진다. 니느웨는 이방의 도시였지만 하나님의 구원 계획은 요나를 통해 이방도시까지 전개되었으며, 도시 전체가 회개하고 하나님께로 돌아온 것으로서 구약성경에서 성

---

[1] John Dawson, 『하나님을 위하여 도시를 점령하라』, 유제국 역 (서울: 예수전도단, 1992), 41.

공적인 도시선교 사례로 꼽힐 수 있다.[2]

도시화(Urbanization)는 도시로의 인구집중과정을 통해서 이루어진다. 도시로의 인구집중은 3가지 측면에서 진행된다.

① 도시인구의 자연증가
② 농촌 인구가 도시로 이동하는 이촌향도(離村向都)
③ 도시가 새로 만들어지거나 기존 도시의 영역이 확대되면서 농촌지역이 도시로 편입되어 도시 인구가 증가하는 경우

도시인구의 자연증가율은 적기 때문에 그 의미가 없지만, 농촌지역이 도시로 편입되면서 도시인구가 증가하는 경우는 도시화에서 중요한 역할을 차지한다.

농촌으로부터 도시로의 인구이동의 규모와 속도는 두 가지 요인에 의해서 일어나는데 하나는 도시의 흡인요인(pull factor)이고 다른 하나는 농촌의 압출요인(push factor)이다. 도시에서는 공업건설과 생산규모의 확대에 따라 노동력이 필요하고, 공업발전에 상응한 기타 비농업 활동 노동력에 대한 요구가 있으며, 농촌에 비해 도시의 높은 임금, 문화생활, 사회적 지위 등의 사회경제적 요인이 작용하여 도시로 인구를 흡인하게 한다.

반면에 농촌에서는 농업인구의 증가율이 토지개발의 속도를 능가하여 농업인구의 일부분이 농촌을 떠나지 않으면 농가소득이 감소하고, 농업기술이 발전하여 농촌에서 농업노동력을 밀어내며, 다

---

[2] 이광순·이향순, 『도시의 발달과 도시선교』, 67.

양한 원인으로 파산하여 빈농층이 되어 농촌을 떠나지 않을 수 없거나, 개방화되는 시대변화에 따라 농촌에 거주한 사람들이 도시로 나가려는 양상이 전개되어 농촌에서 농촌인구를 압출하고 있다.[3]

역사적으로 네 번에 걸친 도시의 큰 흐름이 있었다.

첫째, 알렉산더 대왕의 통치 때로부터 6세기까지다. 그는 세계를 통치하고 유지하기 위해 2세기경, 큰 도시를 건설하고, 자신의 이름을 따서 도시의 이름을 "알렉산더"라고 하였다. 이것이 바로 세계에서 두 번째로 큰 도시다. 그리스어와 라틴어는 세계의 공용어가 되었다. 하나님은 이 첫 번째 물결 속에 그리스도를 보내시고 그 분의 백성들을 재건하셨다.[4]

둘째, 종교개혁의 여파로 칼빈(Jean Calvin)과 루터(Martin Luther) 같은 도시 목사들이 나타났다. 16세기 전에 황제에게 종속된 65개의 도시들 가운데 50개의 도시들이 공식적으로 '오직 은혜로'라는 종교개혁의 메시지를 받아들였다. 독일에서 인구가 1,000명이 넘는 200여 도시들 가운데 거의 대부분이 은혜의 교리들을 받아들였다. 인구가 2만 5,000명이 넘는 가장 큰 도시들 가운데 일부는 거의가 개신교가 지배하였다.

셋째, 커다란 물결은 1,800년경 시작되었다. 산업혁명으로 도시가 커지면서 온갖 문제들이 늘어나기 시작했다. 이주자들이 늘어나고, 이와 더불어 가난과 부정과 학대와 굶주림이 난무했다. 하나님

---

[3] 권용우외 공저, 『도시의 이해』(서울: 박영사, 2001), 139-40.
[4] Francis M. Du Bose, *How Churches Grow in an Urban World* (Nashville: Broadman, 1978), 22-3. Harvie M. Conn, "The City as Our Biblical Calling," *in Changing the World* (Kent: MARC Europe, 1986), 41-2.

은 다시 한 번 도시 가운데 그분의 교회를 일으켜 이와 같은 도전에 맞서게 하셨다. 시카고의 구두판매원이었던 드와이트 무디(Dwight I. Moody)를 사용하셔서 도시 한복판에서 대중 전도를 하게 했으며, 윌리엄 부스(William Booth)와 같은 자를 세우셔서 도시를 복음으로 점령할 구세군을 창설했다. 그는 배고픈 사람들에게 먹을 것을 주면서 구원의 복음을 전했다.[5]

마지막 커다란 도시의 물결은 제2차 세계대전이 끝나면서 시작되었다. 산업화가 서양뿐만 아니라 온 세계에서 일어나기 시작했다. 1950년에 세계에서 가장 큰 30개의 도시들 가운데 18개가 서양에 있었다. 그러다가 1990년에 와서 상황은 완전히 역전되었다. 30개의 대도시들 가운데 22개를 제3세계가 차지하였다.[6]

이와 같은 도시의 흐름 속에서 교회는 어떻게 반응하였는가?

조지 피터스(George W. Peters)는 "나는 정말로 도시에서 복음을 전하는 것을 전문으로 하는 선교단체를 거의 보지 못하고 있다"라고 하였다.[7]

어거스틴(Aurelius Augustinus)은 『신의 도성』이라는 책에서 도시에는 하나님을 사랑하는 도시와 자기를 사랑하는 도시가 있다고 분류하고, 인간의 도시는 결코 만족을 줄 수 없으므로 신의 영원한 도시를 소망해야 된다고 가르쳤다. 한편 하비 콕스(Harvey Cox)는 『세

---

[5] Roger S. Greenway, *Calling Our Cities to Christ* (Nutley: Presbyterian and Reformed, 1973), 65-80.

[6] *World Urbanization Prospects 1990*, 184-94.

[7] George W. Peters, *Evangelical Mission Tomorrow* (Pasadena: William Carey Library, 1977), 148.

속 도시』라는 책에서 우리는 더 이상 존재하지 않는 천상의 도시를 기다리지 말고 세속화와 도시화의 융합으로 발생한 세속 도시를 신의 도시로 수용하고 선교적 자세로 임하자고 역설하였다.[8]

그러나 복음의 관점에서 두 도시를 다 포기할 수 없다. 종말론적으로 천상의 예루살렘을 기다리면서도, 동시에 지상의 도시들을 사랑해야한다. 의인이 아니라 죄인을 위해 오셨고 죄악이 관영한 세상을 사랑하여 목숨을 바치신 예수 그리스도의 심장으로 도시와 도시인들을 사랑해야 한다. 모든 도시는 바벨론과 예루살렘의 두 가능성 사이에 존재하기 때문에, 도시의 성화를 통해 세속 도시를 그리스도의 공동체로 만드는 노력도 게을리해서는 안된다.[9]

우리는 도시를 우리의 선교적 소명으로 받아들이는 자세가 절실히 필요하다. 성경은 동산에서 시작하지만 도시로 끝난다. 성경은 가인이 지은 도시로 시작하지만 그리스도가 다스리시는 도시로 끝나는 것이다.[10]

열방에 대한 하나님의 구원 계획은 은혜로써 도시들을 포옹하는 것이다. 바벨론의 주민들까지도 "이 사람이 시온에서 났다"라고 쓴 신분증을 받을 것이다(시 87:4, 6). 애굽과 앗수르의 도시 제국들도 "나의 백성 애굽이여, 나의 손으로 지은 앗수르여, 나의 산업 이스라엘이여 복이 있을지어다"(사 19:25)라는 주님의 말씀을 들을 것이다. 다메섹도 하나님의 백성의 기업이 될 것이다(겔 47:16-18). 도래하실

---

[8] Harvey M. Cox, 『세속도시』, 구덕관 역 (서울: 대한기독교서회, 1967).
[9] 이정석, "도시인을 위한 복음," 67.
[10] 한화룡, 『도시선교』(서울: 한국기독학생회출판부, 1993), 75-76.

메시아의 사역도 도시 사역이 될 것이다.

> 하나님이 시온을 구원하시고 유다 도시들을 건설하시리니
> (시 69:35).

아름다운 소식을 전하는 자는 높은 산에 올라가 소리를 높여 다음과 같이 외칠 것이다.

> 유다의 도시들에 대하여는 이르기를 중건될 것이라. 내가 그
> 황폐한 곳들을 복구시키리라(사 44:26).

신약은 이와 같은 예언의 말씀들에 확인 도장을 찍는다. 예수의 "예루살렘아 예루살렘아"라는 외침은 도시 속에서의 하나님의 선교에 대한 예수의 관심에 의해 심오한 진술로 받아들여질 수 있다.[11] 확실한 요소들 가운데, 여기에는 도시와 관련된 하나님의 사랑의 헌신이 있다.

예루살렘이 하나님의 사랑에 대한 부정적인 반응을 보였음에도 불구하고 하나님은 주도적으로 도시에 메신저를 보낸다. 비록 예루살렘이 선지자들을 죽였지만, 하나님은 예루살렘을 포기하거나 거기서 도망하지 않는다. 도리어 하나님은 다윗왕의 자손으로, 그리고

---

[11] 바벨론과 예루살렘을 비교하면서, 그린웨이(Greenway 1992)는 도시선교학의 이미지로써, 예루살렘에대한 도발적인 해석을 제공한다. 그런데 기묘하게도, 그는 누가복음의 이 본문을 근거로 다루지 않는다.

주의 이름으로 올 그의 아들을 예루살렘으로 보낸다. 마태복음과 누가복음의 구조속에서 예수는 자신의 죽음과 부활을 통해 구속을 베풀고 옛 예루살렘을 요한계시록 21장에 언급된 새로운 하나님의 도시로 변형시켰다.[12]

예수님은 다른 도시에서도 하나님 나라의 복음을 전하기 위해 오셨다(눅 4:43). 예수님은 하나님의 종말론적 추수가 시작되었음을 선포하시면서(눅 10:2; 욜 3:13; 암 9:13) 칠십 인을 각 도시와 각 곳으로 보내신다(눅 10:1). 메시아의 은혜의 말씀으로 황폐한 도시들이 재건되고 있는 것이다(암 9:14). 주님의 잔치에 종들은 지나가는 사람들을 잔치에 초대하라는 명령을 받고 "시내의 거리와 골목으로" 달려 나간다(눅 14:21). 또 하나님 나라의 충성된 종들은 심판 날에 도시를 다스리는 권세를 받는다(눅 19:17, 19).

예수님과 그 분의 백성의 승리의 행진은 사도행전에서 도시의 행진으로 나타난다. '사마리아 시'는 빌립이 전하는 복음의 메시지를 기쁘게 받아들이고, 주님의 말씀은 이방인들에게도 전파되기 시작한다(행 8:5, 8). 가이사랴에서 로마의 백부장 고넬료는 새로운 종류의 도시 모임에 참여한다(행 10:24). 전통적인 이스라엘의 적인 다메섹은 또 하나의 적 바울을 받아들여(행 9:2) 그를 도시의 사도로 내보낸다.

성경은 최종적인 도시의 승리로 끝난다. 만국의 도시들이 무너진다(계 16:19). 부도덕한 도시와 세상의 가증한 것들을 상징하는 바벨론이 몰락한다(계 17:5). 한 순간에 권력의 도시가 멸망한다(계 18:10).

---

12 Charles Van Engen,『미래의 선교신학』, 박영환 역 (인천: 도서출판 바울 2006), 125.

그리고 우리 앞에 새 하늘과 새 땅이 나타난다. 동산이 아니라 "하나님께로부터 하늘에서 내려오는" 도시인 것이다. "남편을 위하여 아름답게 단장한" 신부가 등장하는 것이다(계 21:2). 땅의 왕들이 그들의 영광을 가지고 하나님의 도시에 들어온다(계 21:24).[13]

성경에 나타나는 도시들에 대한 연구는 한결같이 부정적이다. 가인이 세운 에녹성은 에덴동산을 대체하고, 니므롯의 도시들은 도시의 특성인 '힘의 정신'을 반영한다. 도시 문명은 전재의 문명이다. 바벨론은 도시 문명의 종합이었다. 이것은 오늘날 베니스, 파리, 뉴욕 등 대도시들이 갖는 의미이다. 이스라엘이 애굽을 거쳐 가나안의 도시들을 접수했을 때 필연적으로 이 힘의 정신에 지배된다.[14]

자크 엘룰(Jacques Ellul)은 도시의 형성 자체를 하나님에 대항하는 인간의 반역 표상으로 보고 바벨론이나 예루살렘까지도 이러한 범주 하에 집어넣고 하나님의 초자연적 능력 가운데 도래할 새 예루살렘은 인간의 손이 미치지 못하는 하나님의 절대 주권의 영역에 속한 것으로 규정한다.[15]

라틴교부 터툴리안(Tertulian)도 이러한 입장에 속했는데 그는 아

---

13 Harvie M. Conn, *A Clarified Vision for Urban Mission* (Grand Rapids: Zondervan, 1987), 57-9. 또 예수님의 행적과 사도들의 활동을 도시선교의 관점에서 고찰한 글로 idem, "Lucan Perspectives and City," *Missilogy 13*, no. 4 (October 1985), 409-27을 읽으라. 이것은 누가복음과 사도행전에 나타난 도시선교를 구속사적 관점에서 분석한 탁월한 글이다.
14 박건택, "도시의 역사와 신학적 의미," 73.
15 논지에 의하면 도시는 이미 정죄를 받았고 도시 안에서 이루어지는 하나님의 사람들의 역할은 도시변화보다 도시와는 상관없는 새 예루살렘의 영역에 속하다고 보았다. 쟈크 엘룰의 신학 경향은 바르트주의에 속하는데 그의 도시 신학에 대한 입장은 아래 저서에 잘 나타나 있다. Jacques Ellul, *The Meaning of the City* (Grand Rapids: Eerdmans, 1973)을 보라.

테네와 예루살렘, 이교도와 기독교인 간에 아무런 공통점도 찾아볼 수 없다는 확신 가운데 인간의 노력에 의하여 이루어지는 도시에 대하여 매우 부정적인 시각을 가지고 있었다.[16]

이렇듯이 도시에 대한 부정적인 시각을 가진 부류에 속한 사람들은 도시 변혁에 소극적이게 되며 구원에 대한 강한 개인주의적 성향과 보수적이고 내세 지향적인 경향을 가지게 된다.

고대세계에서 도시와 종교가 밀접하게 연결되었다. 도시는 성지(聖地)였다. 도시의 거리에서 신들과 인간이 공동체를 이루어 살았다. 도시의 문을 지나가는 시민은 "세계의 중심지"에 다가가는 것이었다. 도시의 중앙에는 땅과 하늘, 인간과 신의 연합이 의식을 통해 완성되는 성지 또는 탑이 자리하고 있다.[17]

남부 메소포타미아에 있는 우르(Ur)라는 대도시가 그와 같은 성지 도시였다. 우르는 운하, 항구 및 신전을 포함해서 약 220에이커를 차지했다. "신의 산" 또는 "하늘의 언덕"이라고 불린 지구라트 탑(ziggurat tower)은 충적 평지 위로 높이 치솟았다. 짓고 또 지은 그 탑은 신들과 사회, 하늘과 땅의 재결합을 상징하는 것이었다.[18]

하나님이 교회를 도시로 부르고 계시다는 사실에는 의문의 여지가 없다. 인구통계학적 자료를 보면, 도시가 크게 성장하고 있을 뿐

16　Tertullian, *De Praescriptione Hoereticorum*, 7, 10-4, *Adv. Hernogenem*, 8, *De Arima* 3, 23.

17　Dougherty, James, *The Fivesquare City: The City in the Religious Imagination*. Notre Dame (Ind: University of Notre Dame Press, 1980).

18　DeWitt, Dale, "The Historical Background of Genesis 11:1-9:Babel or Ur?" *Journal of the Evangelical Society* 22 (1979), 15-26.

아니라, 부자와 가난한 자들 간의 불균형도 점차 증대하고 있다는 사실을 알 수 있다.[19]

도시는 종교적 다원주의가 가장 잘 드러나고 실현되는 곳이다. 여기저기 구획을 지어 살게 될 것이며 그들의 문화가 여러 가지 모양으로 계속 유지될 것이다. 도시는 교회 개척과 선교에 가장 중요한 장소이다. 도시는 다양한 교회 개척 운동을 요구한다. 우리는 특별히 다인종적, 다종교적 현실에 관심을 가져야 한다. 그 중에서도 우리 지역사회에서 일어나고 있는 변화에 주목해야 한다.[20]

로버트 린티컴(Robert Linthicum)은 도시교회들의 사고와 행동을 필요로 하는 분야로 사회기구를 꼽는다.[21] 그동안 도시교회는 어떻게 하면 도시에 가정교회를 세우고 자라게 하는데 많은 관심을 가졌다.[22] 그러나 그들 중 대부분이 도시를 변화시키기 위한 하나님의 대행자라는 강한 선교적인 목적을 가지고 있지 않는 것처럼 보인다.

---

19 Harvie M. Conn & Manuel Ortiz, 『도시목회와 선교』, 441.
20 Mark R. Gornik, "Globalization and Urban Mission: Some Brief Reflections," (1999). 미 출간 논문.
21 린티컴(Linthicum)은 "사회 주민들이 문제를 집단적으로 해결하려는 것이 그들의 책임이라는 전제하에, 교회가 사회조직에 참여할 때 사회의 변화를 가져오게 하는 가장 성서적이며 효과적인 수단이 교회에게 제공된다"고 말한다. 알프레드 크라스(Alfred Krass)도 복음전도, 선교, 사회조직, 도시선교를 통합시키려는 의도에서 수년 동안 같은 목소리를 내왔다.
22 도시교회의 새로운 유형으로서 라틴아메리카의 기초교회 공동체 운동에 대한 연구가 흥미로울 수 있다. 그러나 이 주제는 이 책의 범위를 벗어나는 주제이다. 전 세계적으로 소형 오순절교회들이 놀랍도록 번식되고 있는 현상도 잘 알려진 현상이나 도시교회 사역을 연구하는 사람들로부터 거의 주목을 받지 못하고 있다. 1980년대에 세계적으로 일어난 대형교회들도 도시교회의 또 다른 새로운 모형이 될 수 있을 것이다. 그러나 이러한 대형교회들은 자신들이 속해있는 도시의 총체적인 변화를 위해 기여할 의사를 보인 경우가 드물다.

그동안 도시교회는 도시 속에서 어떻게 하면 생명력 넘치는 선교적인 믿음의 공동체를 세울 수 있을지를 놓고 씨름해왔다. 예수 그리스도의 교회의 도시 안에서의 삶과 사역에는 깊은 긴장이 있다.

바울의 선교가 대도시 중심으로 이루어졌다고 하는 것은 주지의 사실이다. 이것은 예수님이나 예루살렘 모교회의 선교 형태와는 다른 것이다. 바울이 다소라고 하는 대도시 출신임을 감안하더라도, 그의 대도시 중심의 선교는 보다 더 전략적인 의미를 가진다.[23] 사도행전에 묘사되고 있는 바울은 쉴 새 없이 이곳에서 저곳으로 여행하는 순회 설교자였다는 인상을 준다. 그러나 그가 몇몇 장소에서 오랫동안 머물렀다는 사실을 고려할 때, 실상은 매우 다르다.[24]

바울은 지금까지 행했던 순회 중심의 여행선교와 결별하고 세계 선교비전에 상응하는 중심도시선교, 즉 소위 중심 선교(Zentrummission)를 발전시킨다.[25] 이 대도시들은 하나같이 교통, 상업, 정치, 문화, 종교에 있어서 주요 중심지이며, 수많은 인종들이 왕래하는 인구의 유동성이 강한 지역들이다. 바울은 중심도시에 하나의 교회를 세우고, 가능하면 그 교회가 자신의 발로 설 수 있을 때까지 일정한 기간 동안 머문다. 바울은 중심도시에 교회를 세우고 기반이 다져지면,

---

[23] 권오현,『바울의 생애(상)』(서울: 대한기독교서회, 1997), 348-60.

[24] Paulus, M. Dibelius,『바울』, 전경연 역 (서울: 대한기독교서회 1991), 61-74. 디벨리우스의 바울 연구 중 큰 기여는 사도행전의 바울이 항상 여행하는 것 같이 보이지만, 실상은 한 도시에 중심지를 정하고 그곳을 중심으로 활동했다는 사실을 밝히고 있는 점이다.

[25] W. H. Ollrog, *Paulus und seine Mitarbeiter. Untersuchungen zu Theorie und Praxis der paulinischen Mission WMANT 50* (Neukirchen-Vluyn: Neukirchener Verlag, 1979), 125-9. D. J. Bosch,『변화하고 있는 선교』, 김병길·장훈태 역 (서울: CLC, 2000), 208-12.

그 도시가 속한 전 지방이 복음화된 것으로 간주할 수 있다. 한사람 한 사람에게 직접 복음을 전하는 것은 땅 끝까지 가려는 그의 계획에 적합하지 않았을 것이다. 따라서 그는 전 로마제국의 주(Provinz)의 테두리 안에서 "대표적으로",[26] "중점적으로"[27] 선교하는 방법을 택하였다.

바울의 목회와 선교전략은 더 이상 출발점으로서의 모교회를 가지고 반복해서 회귀하는 중앙집권적인 선교 방법이 아니라, 각각의 대도시에 중심 교회를 세우고 이 중심 교회로부터 복음이 주변 마을로 퍼지기를 기대하는 소위 지역 분권적인 선교전략이라고 말할 수 있을 것이다.

---

[26] D. Zeller, "Theologie der Mission bei Paulus," *in Mission im Neuen Testament* QD93, hrg.v. K. Kertelege (Freiburg: Verlag Herder, 1982), 182; H. Greeven, Die Missionierende Gemeinde nach den apostolischen Briefen, in: Sammlung und Sendung. FS H.Rendtorff, hrg. v. J. Heubach und H.H. Ulrich (Berlin, 1958), 61.

[27] H. Kasting, *Die Anfaenge der urchristlichen Mission. Eine historische Untersuchung* (Muenchen, 1969), 107.

제3부

도시의 형태론

도시는 일정한 형태와 특질과 발달된 문화적 특성을 가지고 있다. 도시를 공간적으로 설명하는 이론에는 세 분야로 나눠서 설명되어지고 있다.

① 계획 이론이라고 불린다. 계획 이론은 정치, 경제분야에서 잘 발달되어졌다.[1]
② 기능적 이론으로 도시가 형태를 이루는 이유와 그 형태가 어떻게 작용하는가를 설명한다.
③ 규범적 이론으로 인간에 대한 가치와 주거형태사이의 도시 인식 방법을 담고 있다.[2]

현재의 도시형태에 대한 올바른 이해는 복음 전파를 효율적으로 수행하는 기초가 된다.

---

1 Kevin Lynch, 『도시형태론』(서울: 지문당 1986), 55.
2 Kevin Lynch, 『도시형태론』, 55.

제1장

도시형태의 개념

도시형태(urban morphology)는 도시의 형상과 양식 등 구상적인 측면을 말하는데 특히 도시의 계획개발과 인간생활을 직접 반영하는 중요한 요소이다.[1] 좁은 의미로 도시 외형에 대한 가시적 형태를 의미하는 도시형태(urban form urban shape)에 한정할 수 있다. 그러나 넓게는 도시의 물적 비물적 요소의 입지와 배치 상태 및 이들의 상호작용을 나타내는 포괄적 개념인 도시 패턴과 도시 내부 및 도시구조, 도시 경관까지도 포함된다.[2] 도시의 형태는 외부 형태와 내부 형태로 나뉠 수 있다. 외부 형태는 도시의 윤곽을 내부 형태는 도시의 내부구조를 지칭한다.

---

1 권용우, 『도시의 이해』(서울: 박영사 2006), 49.
2 이주형, 『도시형태론』(서울: 도서출판 보성각 2001), 16.

1. 도시의 외부 형태

도시의 외부 형태를 둘로 나눌 수 있다. 평면 형태와 입면 형태로 나눌 수 있다. 평면 형태에 따라 도시의 외부 형태를 분류할 때 4가지 유형으로 나눌 수 있다. 그러나 대부분의 도시는 여러 형태의 변형이거나 혼합 형태로 발달한다. 외부형태는 집단형, 선형, 복합형, 분리형, 넷으로 나눌 수 있다.[3]

2. 도시의 내부 형태

도시 내부의 평면 형태는 가로. 세로 건물 등의 토지 이용형태, 크기 밀도 등에 따라 주로 지도상에서 파악된다. 도시 내부의 형태는 주로 가로망에 따라 결정된다. 가로는 시가지 구성의 주축이며 교통 형식을 좌우한다. 가로망에 따른 도시형태는 규칙형, 불규칙형, 혼합형의 세 종류로 나눌 수 있다.[4]

1) 규칙형(regular pattern) 도시형태

주로 계획적으로 건설된 도시로서 직교형, 방사형, 혼합형의 세 종류로 나눈다. 직교형은 가로가 직교하고 전체적으로 격자형 가로

---

3 권용우, 『도시의 이해』(서울: 박영사 2006), 50.
4 권용우, 『도시의 이해』, 52.

망을 이루는 형태이다. 장점으로는 도시관리가 효율적이며 단점으로는 도시가 단조롭고 획일적이어서 변화가 없다. 한국의 도시들 중에는 군산, 경주, 진주, 울산, 성남 등이 이에 속한다.

방사형은 주요 가로가 도심에서 주변으로 방사상으로 발달하거나 동심원형태를 갖는다. 한국의 도시 중에는 진해가 이에 해당한다. 그 밖의 직교 방사형이 있는데 한국의 도시들 중 안산과 창원이 이에 해당한다. 이와 같이 규칙형 도시는 도심까지 접근하기에 용이하며 도시의 소통이 비교적 원활하다. A. D. 1세기경 로마의 대로가 복음전파의 도구이었듯이 직선대로는 대형교회들의 역동성을 제공하고 있으며 도심에서 복음 전파에 용이하다는 장점이 있다.

2) 불규칙형(irregular pattern) 도시형태

도시의 가로가 불규칙하여 방향이나 규모가 일정한 패턴이 없는 도시 형태를 말한다. 자연발생적 취락과 막다른 골목이 많은 것이 특징이다. 한국의 대부분의 도시에 해당하며 서울, 수원, 충주 등이 해당되며 성곽으로 인한 불규칙한 패턴을 가지고 있다.[5]

3) 혼합형 도시형태

규칙형과 불규칙형이 혼합되어 있다. 대부분의 도시는 한 가지의 형태만 갖지 않는다. 원래 불규칙형에서 시작되어 후에 다른 형태가 부가되어 혼합되어진다.

5　권용우, 『도시의 이해』, 52.

제2장

도시형태의 구성요소

도시형태의 구성요소는 영향요소, 도시형태의 평가요소로 구분지을 수 있다.

1) 도시형태의 영향요소

도시공간의 변화상은 공간상의 움직임과 상호작용을 전제로 한다. 도시변화의 요인으로는 교통, 통신 기술, 사회적 이념과 목적에 따라 변화한다.[1] 변화의 동기로는 정치적 요소, 경제적인 요인과 사회 문화적인 요인이 있다.

인간은 사회생활 이후로 각종 통치 장치가 시도되었다. 이러한 이유로 중앙정부는 주어진 영토의 장악과 통제수단으로 교통이나 통신의 개발 정도에 따라 정치적 공간이 형성된다.[2] 도시는 공업화와

---

1 이주형, 『도시형태론』(서울: 도서 출판 보성각 2001), 39.
2 이주형, 『도시형태론』, 39.

전문화로 인하여 경제적 기능의 전문화됨에 따라 교통비용을 줄일 수 있는 방안으로 도시가 확대되었다. 도시는 사회문화적 요인의 하나로 도시의 폭이 늘어나고 있다.

2) 도시형태의 평가요소

케빈 린치(Kevin Lynch)는 도시형태의 평가요소로 5개의 기본 척도와 2개의 부수적 척도를 제시하였다. 기본적인 척도로는 생명력(vitality), 감각성(sense), 적합성(fit), 접근성(access), 통제성(control)등 5가지를 제시했다.

부수적 척도는 5가지 기본 척도를 달성하기 위한 비용과 배분의 문제를 다루는 것이다. 그것은 효율성(efficiency)과 공정성(justice)이다. 특히 효율성은 비용과 이익의 형평이 유지되도록 하는 기준이다.[3]

---

3 이주형, 『도시형태론』, 54.

제3장

도시형태와 성장

　도시는 출발부터 특수한 지형인 강과 구릉, 그리고 계곡에다가 고속도로와 정거장을 중심으로 해서 생겨났다. 도시가 성장함에 따라 장애물도 많아지고, 산업시설이 확장되면 공원과 공동묘지도 확대되고, 폭증하는 교통난을 해소하기 위해 고가도로가 세워진다. 이런 여러 가지 요인들로 해서 도시가 여러 가지의 "자연지대"(natural areas)로 나누어져 주택지와는 분리되며, 그것이 나아가 인구이동에 영향을 끼친다.[1]

　모든 도시는 급격히 증가하지 않는 경우가 있다고 하더라도 항상 인구가 달라지게 마련이다. 다른 도시나 시골로부터 점진적으로 주민들이 이주해 오지만 그들은 대개가 주택가나 기타 도심지 입구에 모여 살려고 한다. 도시는 마치 나무와 같다. 면적이 넓어야 급속하게 자라는 것이다.[2]

---

[1] Murray H. Leiffer, 『도시교회목회론』, 33.
[2] 보스톤과 같은 도시는 주변의 변방도시들로 둘러싸여있어 성장할 여지가 없다. 결국 인구가 중심부에서 변경지역으로 이주함에 따라 도시규모도 점차 작아진다.

제4장

도시의 문화형태

　도시에 살면서도 도시인들은 어떤 것이 '도시의 독특한 생활방식'인지 잘 모르고 살아간다. 현대 산업사회의 도시화에 따른 사회 체제의 변화는 사람들의 삶의 양식까지 변화시키고 있다.[1] 도시는 연결망들로 이루어진 총체적 체계(a holistic system of network)이다. 이러한 연결망들은 지리적, 사회적, 제도적, 정치적, 문화적, 종교적이다. 이러한 것들을 통하여 사회공동체는 새로운 형태를 취하게 된다.[2]

　그러나 도시문화의 발생과 전통적 종교의 붕괴는 우리 시대의 중요한 두 가지 특징이며 이 두 가지 사건은 밀접히 관련되어 있다. 도시화는 사람이 같이 살아가는 일에 방대한 변화를 가져온다. 그리고 한 형태의 도시화는 종교적 세계관의 파멸로부터 솟아나는 과학 및

1　정병관, 『복음혁명을 주도하는 도시교회 성장학』, 69.
2　Harvie M. Conn & Manuel Ortiz, 『도시목회와 선교』, 39.

기술 발전으로 이루어 졌다.³

도시들은 서로가 뚜렷하게 다르기는 하지만, 그러면서도 기본적으로 공통적인 특성을 지니고 있다. 이 점을 종종 간과해온 것이 사실이지만 도시의 생태를 면밀히 고찰해보고 미래를 예측한 결과 이런 닮은꼴을 찾아 낼 수가 있었다. 그러나 도시가 성장하게 된 일반적인 과정들을 모르고서는 도시교회가 당면한 문제들을 효과적으로 다루어 나갈 수가 없을 것이다.⁴

문화는 사람들이 어떻게 입고, 먹고, 주거하며, 혼인을 하며, 사회 속에서 어떻게 인간관계를 이루어가는 가에 대한 특정한 방식들의 총체를 말한다. 선교문화인류학자인 루이스 루즈베탁(Louis Luzbetak)은 선교학적 관점에서 문화에 대하여 말하기를, "문화는 보다 나은 삶을 위해서 그리고 여러 가지 삶의 요구에 대응하기 위해서 사회적으로 공유된 계획이나 규칙, 규범, 신념들로서, 배어지고 전달되는 역동적 통제체제이다"라고 보았다.⁵

문화가 사람들에게 어떻게 살 것인가에 대하여 규범이나 가치, 신념들을 제공하여, 인간관계나 사회, 경제적 삶 속에서 이를 가능케 하는 총체적인 것이라면, 문화의 가장 중심부에는 가치와 신념들을 제시하는 세계관이 있음을 알아야 한다.⁶

3　Harvy Cox, 『세속도시』, 구덕관 역 (서울: 대한기독교서회 1967), 7.
4　Murray H. Leiffer, 『도시교회목회론』, 박근원 역 (서울: 대한기독교출판사 1977), 31.
5　Louis Luzbetak, *The Church and Cultures* (Maryknoll, NY: Orbis, 1995), 156.
6　노윤식, 『중생과 선교』(안양: 성결신학연구소, 2000), 171.

제5장

한국 도시형태의 특징

　한국 도시형성 배경을 이해하려면 전통적인 한국 도시의 성장 과정을 역사적으로 분석해 볼 필요가 있다. 한국 사회는 1876년 개항 이후 급격한 사회변동을 겪게 되었으며 오늘날 대부분의 도시기반이 이미 이 시기에 형성되어 있었기 때문이다. 비록 많은 도시가 6.25 사변 이후에 성장하고 또 도시의 내부구조가 상당히 변화한 것만은 사실이지만 지금까지의 많은 변화를 자세히 관찰하면 그것은 이미 전에 이루어진 도시 하부 구조의 기반 위에서 이루어졌음을 알 수 있다.

　1960년대에 접어들면서 대부분의 선진 자본주의 국가에서 농촌은 거의 도시화되고 대도시는 거대도시(Metropolis)로 발전하였다. 거대도시 공동체에서 중심상업지역(Central Business District)의 빈곤층의 쇠퇴, 상존(常存), 공해문제, 범죄 및 폭동, 도시 재정의 위기, 주택문제 등 예기치 않게 나타나 거대도시 공동체는 사회질서 유지에 위기를 맞게 되었다.[1] 그중 서울시를 살펴보고자한다.

　개항기의 서울의 이름은 한성이었다. 인구는 약 22만 명이었고 면적은 250km였다. 그 당시는 대부분의 인구가 성안에 거주하여 고밀도 시가지가 형성되었다.[2] 그 이후부터 서울은 대한민국의 수도 서울로 그리고 오늘날에는 세계적 도시가 되었다. 1968년부터 두 차례의 토지구획정리의 3,000ha에 개발이 되었다. 1차는 제3한강교 서쪽에 1,700ha의 규모에 실시되었다. 2차로는 제3한강교 동쪽 지역에 1,300ha의 규모로 개발이 되었다. 현재의 서초구와 강남구를 이루었다. 그 이후 제2구획정리사업에 의해 60만 인구가 살 수 있는 신시가지가 조성되었다.

　당시에 개발되어진 서울 신시가지로는 영동과 잠실이다. 서초구와 강남구는 격자형 가로 체계가 시도 되었다. 뚜렷한 계획 없이 주거 단지 계획으로 만들어져 가는 양상을 보였다. 영동 신시가지의 대표적인 주거 단지는 반포 단지이다. 반포 단지는 역삼각형 모양을 취하고 있으며 내부는 격자형 가로 체계를 갖추고 있다. 잠실은 도심기능의 분산과 주택공급을 목적으로 하는 정부의 사회경제적 의도가 투영된 도시공간 개념이 사라진 것으로 평가되된다.[3]

　서울은 조선 말기 전까지는 풍수지리 사상에 의해서 원형 성곽도시를 유지하다가 일제 식민시대부터 대도시로 성장하여 오늘에 이르렀다. 1970년대 이후 서울은 상업기능이 집중되는 도심을 재개발

1　조병창, 『현대 농.도 목회론』(안양: 성결대학교 출판부, 1994), 110-1.
2　이주형, 『도시형태론』, 290.
3　이주형, 『도시형태론』, 305.

하여 고층빌딩들이 세워지게 되었다. 미아리, 청량리, 영등포, 천호, 영동 등의 부도심이 형성되고 부천, 의정부, 성남, 안양, 반월, 광명, 구리 등이 위성도시로 모습을 갖추게 되었다. 최근 들어 도심부의 전통 도시공간 형성을 위하여 청와대를 이전하고[4] 중앙박물관을 철거하고 남산 되살리기 운동을 실시하는 등 민족정기를 되살리기 위해 노력하고 있다. 현재 서울은 고도(古都)의 정취를 찾아보기 힘들 정도로 현대화되어가고 있다.

한국의 경우는 오히려 도시화가 복음화를 활성화시켜 기독교인이 급격히 증가하는 계기로 작용하였다. 1950년대에 기독교인은 5%에도 달하지 못하였으나, 산업화와 도시화가 시작된 1960년대 이후 매 10년마다 2배 혹은 3배씩 증가하여 오늘날 전 인구의 약 25%가 복음화되는 급성장을 이룩하였다. 특히, 도시가 시골보다 5% 이상 복음화율이 높게 나타나고 있다. 물론 이런 경우는 이례적이며 90년대에는 정체상태를 보이고 있으나, 도시화가 반드시 세속화를 결정한다는 주장에 하나의 강력한 반증이 아닐 수 없다.[5]

---

[4] 청와대 구본관 건물인 과거 총독부 관저를 헐고 지금의 청와대로 이전하였다.
[5] 이정석, "도시인을 위한 복음," 63.

제4부

도시 속의 목회와 선교의 성경적 이해

제1장

구약에 나타난 도시선교

구약은 선교사상을 담고 있다. 한(F. Hahn)과 겐시첸(Gensichen)은 하나님의 선교 파송에 대한 암시가 전혀 없다고 한다. 하나님의 선교는 이스라엘 백성들이 소유한 거룩함을 선교로 사용했다. 또 제한적 원심력적인 선교로 표현한다. 아브라함이 가나안으로, 모세가 이집트로 들어가고, 요나가 니느웨로 들어가 외쳤던 회심 선교는 원심력적 선교다.[1]

바빙크(J. H. Bavinck)는 "구약에는 하나님의 중요한 계획이 있다"라고 한다. 구약성경의 하나님은 이스라엘을 선택하시고, 이스라엘의 구속자이시다. 하나님은 이스라엘을 열방을 위한 선교의 도구로 사용 하신다.

하나님은 구약에서 이스라엘을 선택하시고 하나님 백성으로 삼으셨다. 이스라엘은 하나님을 섬기는 제사장직 나라로 택함을 받았으며, 하나님의 사랑을 그리스도를 통해 확실하게 계시하고 있다.

---

[1] 이광순, "요나서를 통해 본 선교," 「선교와신학」(1998): 68-69.

1. 창조 언약

창세기 1장부터 11장까지는 구약성경의 서론이다. 하나님이 하나님의 형상을 그대로 아담과 하와를 창조하셨다. 선교는 하나님의 형상으로 완전한 회복을 목적으로 한다. 하나님의 요구는 성경에 말씀하고 계신다.

> 하나님이 그들에게 복을 주시며 그들에게 이르시되 생육하고 번성하여 땅에 충만하라, 땅을 정복하라, 바다의 고기와 공중의 새와 땅에 움직이는 모든 생물을 다스리라 하시니라 (창 1:28).

존 칼빈(J.Calvin)은 인간의 재능, 의지, 이성 등이 인간이 죄를 지은 이후 상실이 아니고 무지로 둘러싸여 있지만 남아있다고 하였다. 인간의 예술, 과학 능력은 하나님의 일반 은총이라고 말한다[2]

아담의 타락으로 선교의 필요성이 절실해졌다. 인간 타락은 하나님께서 창조 언약에서 아담 언약으로 진행하도록 만들었다. 하나님은 원시 복음(protoevangelism)으로 구속 언약을 세우셨다.

조지 피터스(George Peters)는 하나님의 구원 역사에 대해 다음과 같이 말했다.

---

[2] John Calvin, *Cmmentary on the Book of Genesis Grand Rapids* (Baker, 1975), 349.

① 하나님이 구원을 계획하신다
② 하나님이 원수 사탄을 멸하신다.
③ 구원은 인간에게 영향을 준다.
④ 구원은 중보자를 통해 완성 하고 구세주의 고난으로[3] 이루어진다.

여자의 후손을 통해 구속 언약은 시작된다. 인간은 타락하였으나 하나님의 창조세계는 보존하신다. 노아 언약은 하나님께서 세상과 맺은 언약이다. 노아와 셈 그리고 야벳과 함도 포함 하셨다. 하나님께서 노아와 그 아들들에게 언약을 맺었다.

> 하나님이 노아와 그 아들들에게 복을 주시며 그들에게 이르시되 생육하고 번성하여 땅에 충만하라(창 9:1).

이 언약에는 모든 열방들을 포함한다. 창세기 10장은 노아 언약이 성취된다. 여호와 하나님은 각 족속과 방언과 민족의 하나님이시다.

2. 아브라함 언약

거룩하신 하나님은 구원 계획을 펼치시고 악을 정복하시려는 대응 문화(counterculture)를 시작하신다.[4] 아브라함 언약은 중요한 위

---

3 죠지 W. 피터스, 『선교성경신학』, 김성욱 역 (서울: 크리스챤출판사. 2004), 81-82.
4 죠지 W. 피터스, 『선교성경신학』, 83

치에 있다. 아브람 언약을 시작으로 족장들에게 선교가 시작된다. 하나님은 아브라함을 부르셔서 땅의 모든 족속이 복을 받게 하셨다. 창세기 12:1-3이 증명한다.

> 너를 축복하는 자에게는 내가 복을 내리고 너를 저주하는 자에게는 내가 저주하리니 땅의 모든 족속이 너를 인하여 복을 얻을 것이니라 하신지라 (창 12:3).

아브라함의 언약의 주된 요소는 자손, 땅 그리고 모든 민족의 축복이다.[5] 하나님께서 아브라함을 부르심은 첫 이방 선교 명령이었다.[6] 월터 카이저는 아브라함과 그 후손들이 선교사가 될 것이며 진리와 축복의 통로라고 하였다.[7] 하나님의 은혜의 말씀은 다음과 같다.

> 네게 복을 주리라…너는 복의 근원이 될지라…내가 네게 복을 주리라…땅의 모든 족속이 너를 인하여 복을 얻을 것이니라.

주목할 단어는 "복을 주다," 또는 '복'이라는 말이다.[8] 하나님의 목적은 아브라함의 복이 이방인에게 미치게 하는 것이다.

---

5   최종진, 『역구약성경신학』(서울: 생명의 말씀사. 1996), 119.
6   김성욱, "구약 모세 오경에 나타난 선교 메시지 연구," 「선교와성경」 제289권 (2006), 38.
7   월터카이저, *Israels Missionary Call, in Perspective on the World Christian Movement*. Ralph D.Winter, *Steven C.Hawthorne Pasadena: William* (Carey Library, 1981), 28.
8   카이저, 『구약 성경의 약속 중심의 선교』, 38-39.

이는 그리스도 예수 안에서 아브라함의 복이 이방인에게 미치게 하고 또 우리로 하여금 믿음으로 말미암아 성령의 약속을 받게 하려 함이니라(갈 3:14).

하나님의 백성들은 특권과 함께 선교적 책임을 가진다. 창세기 11장까지는 전 세계의 하나님 즉 세계주의가 기록되어 있다. 존 바톤 페인은 이렇게 말했다.

이스라엘을 하나님의 선택하신 백성이다. 그 이유는 다음과 같다. 첫째, 하나님을 영화롭게 하기 위함이다. 둘째, 잃은 영혼을 하나님께로 동시에 이스라엘을 통하여 메시아가 오시도록 준비하기 위한 것이다. 그러므로 하나님의 백성은 특권과 함께 봉사와 섬김에 있다.

또한 칼빈은 아브라함 언약을 구원의 언약이라하고, 그리스도 안에 이루어질 구원의 언약임을 강조하였다.[9]

3. 모세 언약

모세는 구속사의 특별한 위치에 있다. 모세는 하나님의 관계로 존귀함을 받았다(민 12:6-8; 신 34:10-12). 모세는 시내산 언약의 중보자

---

9 John Calvin, *Cmmentary on the Book of Genesis Grand Rapids*, 349.

이다. 그 언약의 본질은 "나는 너희의 하나님이 되고 너희는 나의 백성이 되리라"는 약속이다. 이스라엘은 모든 민족 중에서 '내 소유,' '제사장 나라,' '거룩한 백성'이 될 것이라는 약속이다.

이 세가지는 모세 언약의 핵심이며, 이스라엘의 정체성과 선교적인 책임을 보여 주고 있다. 곧 여호와 하나님을 섬기는 예배와 봉사의 삶과 선교적 소명을 위한 백성이다.[10]

모세가 받은 율법에 선교적 메시지가 있다. 율법은 하나님의 자기 계시의 수단이다. 이스라엘이 율법대로 하나님께 순종하며 사는 것이 하나님이 그들을 부르신 목적이다. 이스라엘이 율법에 대한 순종은 하나님의 계시가 없는 이방인에 증거하는 방법이다.

모세오경의 선교를 언약적 관점에서 보았다. 이스라엘은 하나님을 섬기며 나아가 이방에 하나님을 증거하는 사명이 있다. 아더 글라서(Arther Glasser)는 하나님의 백성이 하나님의 선교적 목적을 위해 하나님의 선택하심은 이스라엘의 선교적 역할을 보여 준다고 하였다. 이스라엘은 하나님의 언약적 관계 속에서 이방을 비추는 도구였다.

4. 역사서와 도시선교

하나님의 구속 언약을 보면 역사서 안에서 그 언약대로 선교하시고 계심을 본다. 아브라함의 구속 언약이 몇 명의 수혜자에게 있는 것을 알 수 있다. 그들은 라합, 룻, 나아만이고, 다윗에게도 하나님이

---

10 김성욱, "구약 모세 오경에 나타난 선교 메시지 연구," 214.

아브라함과 맺은 약속이 재현되고 있다. 솔로몬의 성전봉헌기도는 역사서의 핵심 선교사상이다.

하나님은 기생 출신 라합을 통해서 누구든 하나님을 인정하고 그 통치를 순종하는 사람은 하나님의 백성이 될 수 있는 것을 계시해 주셨다. 정탐꾼을 숨겨준 라합의 증언이다.

> 말하되 여호와께서 이 땅을 너희에게 주신 줄을 내가 아노라 우리가 너희를 심히 두려워하고 이 땅 백성이 다 너희 앞에 간담이 녹나니 이는 너희가 애굽에서 나올 때에 여호와께서 너희 앞에서 홍해 물을 마르게 하신 일과 너희가 요단 저편에 있는 아모리 사람의 두 왕 시혼과 옥에게 행한 일 곧 그들을 전멸시킨 일을 우리가 들었음이라 우리가 듣자 곧 마음이 녹았고 너희의 연고로 사람이 정신을 잃었나니 너희 하나님 여호와는 상천하지에 하나님이시니라(수 2:9-12).

라합의 신앙고백은 "여호와는 하나님이시다," 즉 메시아의 오심을 기대하는 것이다. 하나님은 메시아의 씨를 보낼 것을 약속하신 하나님이시다. 룻은 이스라엘의 위대한 왕의 증조모이고 예수님의 조상이다. 룻은 나오미에게 말했다.

> 룻이 가로되 나로 어머니를 떠나며 어머니를 따르지 말고 돌아가라 강권하지 마옵소서 어머니께서 가시는 곳에 나도 가고 어머니께서 유숙하시는 곳에서 나도 유숙하겠나이다 어머니의 백성이 나의 백성이 되고 어머니의 하나님이 나의 하나님이 되

> 시리니 어머니께서 죽으시는 곳에서 나도 죽어 거기 장사될 것
> 이라 만일 내가 죽는 일 외에 어머니와 떠나면 여호와께서 내
> 게 벌을 내리시고 더 내리시기를 원하나이다(룻 1:16-17).

이방사람인 룻이 하나님의 은혜 안에 들어와서 계시의 진리를 체험하고 있다. 하나님께서는 모압 여인 룻을 통해서 하나님의 구속이 이방인에게도 있음을 보여주신다.

이방인 시리아 장군 나아만은 하나님의 구속사에서 평신도 선교의 모델이다. 나아만은 "내가 이제 이스라엘 외에는 온 천하에 신이 없는 줄을 내가 아나이다"(왕하 5:15)라고 고백했다. 나아만은 이스라엘의 주인이신 하나님이 엘리사를 통해 자신을 고치셨음을 확인하였다. 이방에 대한 구속 언약을 보여주고 있다.

다윗에게 보여준 구속 언약은 다윗은 주를 위하여 집을 지을 때 하나님의 계시를 받았다. 다윗이 짓고자 했던 집은 성전이다. 하나님께서 이루실 집은 왕조이다. 다윗이 이룩한 왕조를 통치하게 될 열왕의 혈통을 완전히 보장받는 것이다. 다윗에게 주어진 약속은 아브라함 약속과 유사하다. 역사서에서 이방 선교에 대한 구속 언약 사상은 솔로몬의 봉헌기도에서 나타난다. 솔로몬은 다윗이 이루지 못한 성전건축을 완성하였다. 솔로몬의 기도는 아래 글에 있다.

> 주의 백성 이스라엘에 속하지 않은 이방인에게 대하여도 저
> 희가 주의 큰 이름과 능한 손과 펴신 팔을 위하여 먼 지방에
> 서 와서 이전을 향하여 기도하거든 주는 계신 곳 하늘에서
> 들으시고 무릇 이방인이 주께 부르짖는 대로 이루사 땅의 만

민으로 주의 이름을 알고 주의 백성 이스라엘처럼 경외하게
하옵시며 또 내가 건축한 이전을 주의 이름으로 일컫는 줄을
알게 하옵소서(대하 6:32-33).

이 기도에 나타난 솔로몬의 성전에 대한 태도나 기능은 성전이 이스라엘에게만 허용 된 것이 아니라 이방인에게도 개방됨을 암시한다. 솔로몬은 그의 백성들의 필요를 열거 하면서 여호와께 간구하였다.

이에 세상 만민에게 여호와께서만 하나님이시고 그 외에는
없는 줄을 알게 하시기를 원하노라(왕상 8:60).

이 말씀은 성전의 선교적인 의미를 보여준다. 열방 구원에 대한 아브라함 언약을 상기시켜준다.

5. 구약의 선교 도시 니느웨

구약성경에서 하나님께서는 선지자 요나를 부르셨다. 니느웨 성에 도시선교를 위해 선지자 요나에게 니느웨 성에 가서 하나님 말씀을 전하라고 부르셨다.

너는 일어나 저 큰 성읍 니느웨로 가서 그것을 쳐서 외치라
그 악독이 내 앞에 상달하였음이니라 하시니라(욘 1:2).

> 일어나 저 큰 성읍 니느웨로 가서 내가 네게 명한 바를 그들
> 에게 선포하라 하신지라(욘 3:2).

　니느웨 성은 앗수르의 거대한 도시이며 왕국의 수도로 아름다웠다. 또한 거대하고 강력한 왕국이었다.[11] 니느웨 성은 외성벽의 길이가 961km, 내성벽 높이는 30.5m이고, 성벽 위로의 길은 말전차 3대가 나란히 가고, 거대한 왕궁은 10,000명의 노예가 12년간 지었다.[12] 니느웨 성은 1,500년의 역사가 있으며 아름답고, 거대하고, 위대한 도성이다.
　니느웨 성은 하나님의 심판이 기다리고 있었다. 나훔 선지자는 이 성을 "이는 마술의 주인 된 아리따운 기생이 음행을 많이 함을 인함이라 그가 그 음행으로 열국을 미혹하고 그 마술로 여러 족속을 미혹하느니라"(나 3:4)라고 꾸짖었다. 악함과 저속하고 우상숭배로 더럽혀졌다. 또 이 도시의 약탈과 폭력 때문에 나훔은 이 도시 니느웨 성을 "피의 성"이라 불렀다. 하나님은 요나 선지자에게 니느웨 성의 사악함이 자기 앞에까지 상달되었다고 말씀 하셨다.

> 화 있을진저 피 성이여 그 속에서는 궤휼과 강포가 가득하며
> 늑탈이 떠나지 아니하는도다(나 3:1).

11　Roger S. Greenway & Timoth M.M onsma, *Cities: Missions New Fronties* (Baker Books, 1994), 9.
12　RogerS. Greenway, 『도회지 복음화의 성경적 전략』, 이재범 역 (서울: 여수룬, 1998), 26.

니느웨 성 백성들의 삶이 사악함에 젖어있었기 때문에, 그래서 부패가 극에 달하였기 때문에 이 성을 살리는 유일한 길은 회개뿐이었다. 요나의 물고기 속에서의 선언은 구원은 하나님께로부터 온다였다.

> 나는 감사하는 목소리로 주께 제사를 드리며 나의 서원을 주께 갚겠나이다. 구원은 여호와께로서 말미암나이다 하니라 (욘 2:9).

요나서는 하나님께로부터 임한 말씀으로 시작된다.

> 너는 일어나 저 큰 성읍 니느웨로 가서 그것을 쳐서 외치라 그 악독이 내 앞에 상달 하였음이니라 하시니라(욘 1:2).

요나서의 마지막 말씀도 또한 하나님께서 하신다.

그 주도권은 하나님이 갖고 계신다. 하나님은 니느웨 성에 대한 심판을 경고하시고, 니느웨 거리에서 외치도록 요나 선지자를 보내셨으며, 요나가 도망하자, 바다의 폭풍우로 막고, 물고기를 통해 요나를 구출하시고, 회개하는 니느웨라는 도시를 연민과 은혜로 살리셨으며, 박넝쿨을 마련하시며, 벌레를 지명하시고, 무더운 동풍을 보내시며, 또 요나 선지자를 꾸짖으신다.

요나서는 더 나아가서 이스라엘의 사명을 인식시켜주고 있다. 이스라엘은 이방인들에게 하나님을 알도록 선교해야 할 사명이 있다. 이스라엘을 통해서 세계 만민이 축복을 받도록 하는 것이다. 하나님의 말씀을 받고 메시아를 탄생시켜 모든 인류를 구원의 길로 인도하는 것이다. 요나에 나타나는 이방인은 하나님의 진노의 대상이 아니라 구원의 대상인 것을 일깨워주고 있다.

6. 예레미야와 바벨론

예레미야서는 구심적, 원심적 선교가 모두 나타나있다.[13]

> 그 때에 예루살렘이 여호와의 보좌라 일컬음이 되며 열방이 그리로 모이리니 곧 여호와의 이름으로 인하여 예루살렘에 모이고 다시는 그들의 악한 마음의 강퍅한 대로 행치 아니할 것이며(렘 3:17).
> 이 성읍이 세계 열방 앞에서 내게 기쁜 이름이 될 것이며 찬송과 영광이 될 것이요 그들은 나의 이 백성에게 베푼 모든 복을 들을 것이요 나의 이 성읍에 베푼 모든 복과 모든 평강을 인하여 두려워하며 떨리라(렘 33:9).

예레미야와 바벨론의 상관성을 보면 도시 속의 목회와 선교에 대한 통찰력을 얻을 수 있다. 공의의 하나님은 이스라엘의 죄로 이방 나라의 도시에 포로되게 하셨다. 포로가 되어 끌려간 땅 바벨론은 사악하고, 우상숭배하는 도시였고, 끝내 훼파될 도시였다. 그러나 이스라엘 백성들은 그곳에서 집을 지으며 농원을 가꾸며 자녀를

---

13 RogerS. Greenway, 『도회지 복음화의 성경적 전략』, 24-27.

낳아야 했다. 포로된 도시의 샬롬을 추구하는 것이 하나님의 준엄한 명령이었다. 그들은 따로 구별된 백성이 되도록 부름을 받았으나 빛을 발견해야 했다. 이스라엘 백성은 사명이 있었다. 이스라엘 백성은 바벨론에서 선교의 사명을 다하고 샬롬을 말로서 전해야 했다.

> 너희는 내가 사로잡혀 가게 한 그 성읍의 평안하기를 힘쓰고 위하여 여호와께 기도하라 이는 그 성이 평안함으로 너희도 평안할 것임이니라(렘 29:7).

기도를 통해서 하나님의 백성들은 자신들을 악한 자들로부터 구별짓는다. 도시를 위한 기도는 선교적인 기도로서 도시에 그리스도의 통치권이 확립하도록 탄원하는 것이 된다.

오늘날의 도시교회가 실행해야만 하는 도시선교의 모델이 바로 예레미야 모델이다. 도시교회의 도시목회 선교전략은 지교회가 지역사회의 온전히 성육신하여 샬롬을 구하는데서부터 출발해야 한다. 지역사회의 상황에 온전히 성육신하는 것이 도시선교에서 필수 요소이다.

7. 느헤미야와 예루살렘

느헤미야는 하가랴의 아들이다. 바사왕 아닥사스다(Artaxerxes) 1세의 수산 궁에서 술 따르는 일을 맡은 관원이다. B.C. 444년 예루살렘의 유대인이 고난을 겪고 있는 것을 듣고 슬퍼하며 수심에 찬 얼굴로 왕의 허락을 받아 총독이 되어 예루살렘에 가게 되고 무너진 예루살렘 성벽의 재건을 위해 백성들과 함께한 사람이다.

느헤미야를 통해서 도시 정화라는 변혁을 하게 된다. 느헤미야서는 바벨론의 포로에서 돌아온 이스라엘 백성들이 예루살렘 성전 수문에 모인 상황에 대해서 이야기하고 있다. 당시 성은 황폐하고 폐허가 된 상황에 직면해 있었다. 느헤미야의 예루살렘 귀환은 에스라가 귀환 한지 13년 후요, 스룹바벨이 백성을 이끌고 귀환한 이후 94년이 되는 때였다.

> 그 밤에 골짜기 문으로 나가서 용정으로 분문에 이르는 동안에 보니 예루살렘 성벽이 다 무너졌고 성문은 소화되었더라 성벽이다 무너졌고 성문은 불탔더라(느 2:13).

여기서 느헤미야의 리더십이 나타난다. 그는 황폐한 도시에 물질적, 영적 원동력을 공급하는데 노력하였다. 영적 기반은 영적 쇄신이 일어나야 한다. 느헤미야는 성벽 수축과 영적 기반을 세우기 위해 도덕적, 종교적 개혁을 이루어야 한다는 것을 깨달았다.[14] 그래서 에스라가 모세의 율법을 가져다가 예루살렘의 시민들에게 낭독하라고 요청을 하였다. 이것은 7년마다 사람들에게 공개적으로 성경을 낭독해 주는 것으로 모세의 율법에 의해 요구되어진 것이었다.

> 모세가 이 율법을 써서 여호와의 언약궤를 메는 레위자손 제

---

[14] RogerS. Greenway, 『도회지 복음화의 성경적 전략』, 5

> 사장들과 이스라엘 모든 장로에게 주고 그들에게 명하여 이르기를 매 칠년 끝 해 곧 정기 면제년의 초막절에 온 이스라엘이 네 하나님 여호와 앞 그 택하신 곳에 모 일 때에 이 낭독하여 온 이스라엘로 듣게 할찌니 곧 백성의 남녀와 유치와 네 성 안에 우거하는 타국인을 모으고 그들 로 듣고 배우고 네 하나님 여호와를 경외하며 이 율법의 모든 말씀을 지켜 행하게 하고 또 너희가 요단을 건너가서 얻을 땅에 거할 동안에 이 말씀을 알지 못하는 그들의 자녀로 듣고 네 하나님 여호와 경외하기를 배우게 할찌니라(신 31:9-13).

그러나 바벨론 포로기간에는 관행이 지켜지지 않았다. 그래서 예루살렘 도시인들은 말씀 듣기를 갈망했다. 이러할 때에 백성들은 하나님 말씀에 대한 경의를 표하는 행동으로 일어섰다. 느헤미야와 에스라의 목표는 하나님 말씀에 따라 유대인 사회를 전면적으로 개조하는 것이었다.

> 모든 백성이 곧 가서 먹고 마시며 나누어 주고 크게 즐거워하니 이는 그들이 읽어 들려 준 말을 밝히 앎이라(느 8:12).

느헤미야의 의도는 하나님의 율법에 대한 참된 지식을 유포하는 것이었다. 오늘날도 침체된 목회의 현장과 도시선교에서 말씀으로 인한 영적인 갱신이 일어나야 한다.

제2장

신약에 나타난 도시선교

1. 신약의 도시

　신약시대의 도시들은 기본적으로 농업에 기반을 둔 공동체였으며 도시와 그 주변의 촌락들이 상호의존되어 있었다. 도시는 이층 제도(a two-tiered system)의 중심이었다. 촌락은 도시 주위의 두 번째 층이었다. 이러한 도시-촌락들은 매우 작은 영역을 지배했다.[1] 이 이층 제도가 확대되면서 그것은 이웃에 있는 다른 도시-촌락들을 침해하기 시작했다. 마찰이 생기면서 경쟁을 하거나 권력 동맹을 맺거나 전쟁을 하게 되었다. 아브라함이 네 왕과 싸우기 위해서 평원의 다섯 왕과 동맹한 것이 메소포타미아의 권력정치의 한 모범이다.

---

[1] Frank Frick, *"Cities : An Overview,"* in the Oxford Encyclopedia of Archaeology in the Near East, vol 2, edited by Eric M. Meyers (New York : Oxford University Press, 1997), 15

도시-촌락 제도가 확대되면서 이층 구조가 삼층 도시 동맹으로 바뀌었다. 즉 한 중심도시가 여러 개의 도시-촌락을 연결해서 다스리는 제도이다. 이렇게 도시가 지역적으로 확대되면서 도시의 역할은 넓어진 군사적, 정치적 기지를 다스리는 행정으로 바뀌었다.

도시-촌락은 도시에 기반을 둘 뿐만 아니라 또한 세습군주제를 통해 지역을 지배하는 대규모 국가로 바뀌었다. 한 도시에서 통치자가 작은 지역을 지배하는 초기의 도시는 결국 이런 변화의 과정을 거쳐 제국이 되었다. 이 유형이 신약의 도시 배경에도 그대로 나타난다. 정복을 공고히 하고 그리스의 영향력을 확대하기 위하여 알렉산더와 그의 후계자들은 새로운 도시들을 건설하고 기존의 도시들을 재건했다.

그 후 여러 세기 동안 헬라화는 도시화와 긴밀하게 연결되었다. 도시들은 식민 제도 내에서 지역행정중심지들이 되었다. 그리스 제도 위에 만들어진 로마의 주들은 이러한 기본 유형들을 그대로 따랐다. 왕들은 군주제에서 로마제국이 임명하는 이름뿐인 통치자가 되었다. 또 그 뒤에는 총독으로 이루어진 명목상의 로마 정부와 분봉왕들이 있었다. 마태복음 2:1에 "헤롯 왕 때에 예수께서 유대 베들레헴에서…"라고 했다. 예수님은 로마인들이 임명하고 후원하는 그리스 이름을 가진 이두매 왕이 다스리는 유대인 왕국에 태어나신 것이다.[2] 도시와 촌락은 통합된 전체이다. 신약시대의 도시와 촌락은

---

[2] Conn & Ortiz, Urban Ministry, J. Mayone Stycos, *Introduction to Demography as an Interdiscipline, edited by J. Mayone Stycos* (New Brunswick, N.J.: Transaction. 1989), 116-118.

긴밀하게 연결되어 있었고 그로 인해 도시에서 촌락으로 촌락에서 도시로 복음이 전해질 수 있었다.

2. 복음서에 나타난 도시선교

1) 마태복음과 도시선교

마태복음에서 예수님의 명칭은 예수 그리스도, 다윗의 아들, 아브라함의 아들이다. 마태는 이런 명칭을 사용함으로서 구약의 약속의 성취로 선교하시기 위해 보냄을 받은 '기름부음을 받은 자'라는 사실을 말씀하고 있다. 특히 '아브라함의 자손'이라는 명칭은 신약에서 유일하게 사용된 경우이다. 이 명칭은 구약의 아브라함 언약과의 연관성을 보여준다.

창세기 12:1-3에서 아브라함은 이스라엘의 아비가 되라고 부름을 받았다. 마태가 이 명칭을 사용한 것은 아브라함에게 약속하신 우주적 축복을 생각한 것이다. 이방인들을 향한 보편적 축복을 지적한 것이다.

마태는 예수님의 선교 범위에 대해서도 언급한다. 마태복음에서 예수님의 선교 범주는 다음과 같다.

첫째, 예수님의 족보(마 1:3-6)에 등장하는 네 여자들의 언급이다. 이것은 예수님의 '백성들'은 죄가 있고 무력한 비유대인들을 포함하고 있음을 가리킨다.

둘째, 동방 박사(마 2:1-12)방문이다. 여기에서 마태는 비유대인들

의 예배와 유대인 지도자들의 적대를 날카롭게 대조하고 있다.[3]

셋째, 예수님의 선교 범위는 유대인을 넘어서서 이방에까지 퍼짐을 알 수 있다.

마태복음에서 빠뜨릴 수 없는 선교의 주제는 대위임령(The Great Commission)이다. 예수님께서 열 한 제자에게 맡기신 선교 과업은 '제자들을 삼는'일이다.[4] 마태가 사용하는 '제자삼다' 라는 동사 '마테튜오'(μαθητευω)는 신약성경에서 오직 4번 언급된다. 그 중 세 번을 마태가 사용하고 있다. 제자 삼는 과업은 가는 것, 세례 주는 것, 가르치는 것이다.[5]

열한 제자들의 선교의 범주는 '모든 족속들'이다. '모든 족속들'이란 문구는 마태복음 1장과 2장에서 시작된 우주적인 축복과 관련이 있다. 마태복음 1장과 2장을 보면 예수님께서 아브라함의 아들로 불리며, 족보에 비유대인들까지 포함되어 있으며 나아가 동방박사의 방문이 기록되어있다. 또한 마태는 예수님의 사역이 이방인들의 갈릴리에서 시작하실 것을 말한다. 이 모든 것은 선교가 도시에 거주하는 이방인들에게 확장되리라는 마태의 관심사를 나타내고 있는 것이다.

---

[3] John D. Harvey, "마태복음에 나타난 선교," *Mission in the New Testament,* edited by William J., 213-214.
[4] Harvey, "마태복음에 나타난 선교," 220.
[5] 정경호, 『바울의 선교신학』(서울: CLC, 2009), 189.

2) 마가복음과 도시선교

마가복음 13:17은 선교의 범주를 보여주고 있다. 선교의 범주는 모든 족속들과 이방인들에게 확대된다. 예수님께서는 비유대인들에 대한 전도를 목표로 하시지는 않았다. 왜냐하면 예수님의 사역은 먼저 충족되도록 되어있는 이스라엘을 지향하셨기 때문이다. 그러나 그는 갈릴리를 벗어나 지배적으로 이방인들이 사는 지역으로 여행을 하시고 거기 계시는 동안 자기에게 도움을 받으러 나오는 자들을 향해 긍정적으로 응답하셨다.[6] 그리고 이스라엘 백성의 한계선을 뛰어넘는 미래 선교를 예견하시기도 하셨다.[7]

3) 요한복음과 도시선교

요한복음의 기록목적은 20:31에 분명히 나타나 있다.

> 오직 이것을 기록함은 너희로 예수께서 하나님의 아들 그리스도이심을 믿게 하려 함이요 또 너희로 믿고 그 이름을 힘입어 생명을 얻게 하려 함이니라(요 20:31).[8]

---

6 Willams, Joel F. "마가복음에 나타난 선교." Mission in the New Testament. edited by William J, 236.
7 막 7:27; 12:9; 13:10; 14:9
8 Williams. 홍용표 · 김성욱 역.『성경의 선교신학』(서울: 이레서원, 2001), 247.

이 목적 구절은 요한의 의도가 성도들의 믿음을 더해주는 측면도 있지만 불신자에게 신앙을 더해주기 위함에 더 강조점이 있다. 요한복음은 예수를 믿게 된 사람들에게 그리스도의 계속적인 약속을 나타내고 있다. 또한 요한복음은 예수님이 세상의 구주시라는 구원의 보편성을 계속적으로 강조한다. 그 증거는 다음과 같다.

> 하나님이 세상을 이처럼 사랑하사(요 3:16), 그는 세상의 죄를 지고 가는 하나님의 어린 양(요 1:20), 그는 세상의 빛(요 8:20), 그는 모든 사람에게 비춰는 참 빛(요 1:9), 아들을 믿는 자는 영원히 죽지 아니하리라(요 3:36) 등.

요한복음 20:21에 "아버지께서 나를 보내신 것 같이 나도 너희를 보내노라"는 말씀에서 볼 수 있듯이 아버지께서 이 세상을 구원하시려 아들을 보내셨다는 것은 요한복음에서 계속 말하고 있는 선교의 주제이다. 특히 요한복음에만 언급되고 있는 야곱의 우물에서 만난 사마리아 여인의 이야기는 하나님의 구원은 유대 나라 밖에 있는 많은 인류 공동체들에게도 유효하다는 구원의 우주성을 보여준다고 할 수 있다.[9]

사마리아 여인이 그 마을 사람들에게 자신에게 일어난 놀라운 소식을 전하려 하는 바로 그때, 제자들이 우물가에서 예수님을 만났다. 여기에서 제자들과 대화를 나누는 예수님의 말씀은 구원의 우주적

---

[9] Martin Erdmann, "요한복음과 요한서신에 나타난 선교," *Mission in the New Testament*, edited by William J, 456.

인 성격에 대해 빛을 더한다. 구원은 모든 종족들 즉 유대인들, 사마리아인들, 이방인들, 예수님을 믿는 모든 사람을 위한 것이다.[10]

복음서는 선교적 목적을 가지고 기록되었다. 그리고 성경의 중심인물이며 완성이신 예수 그리스도를 증거하고 있다. 복음서 저자들이 특별히 강조하고 있는 것은 예수님의 도시에 대한 각별한 사랑이다. 예수님의 주요 사역지인 나사렛과 가버나움을 복음서에서는 둘 다 도시로 지칭한다.

마태복음 2:23에 보면 "나사렛이란 동네에 가서 사니 이는 선지자로 하신 말씀에 나사렛 사람이라 칭하리라"고 기록되어 있다. 여기에 사용된 동네가 헬라어에는 '폴리스'(πολις)의 목적격인 '폴린'(πολιν)으로 사용되었다. 누가복음 1:26에서도 "여섯째 달에 천사 가브리엘이 하나님의 보내심을 받들어 갈릴리 나사렛이란 동네에 가서" 여기서도 역시 동네를 πολις의 목적격 πολιν으로 사용하고 있다. 예수님의 주 사역지인 갈릴리는 예수님 당시에 이미 도시화가 이루어져 있었던 것으로 여겨진다.

당시의 갈릴리 지방은 헤롯 안티파스가 통치할 동안 약 750 평방마일의 면적에 약 20만 명의 인구가 살고 있었다. 로마의 도로망이 이 지역에 연결되어 있었기 때문에 이 지역은 교역과 여행의 중심지역할을 했다. 이 도로들을 통해서 로마 권력과 문화적 영향의 지역 중심지들, 즉 가버나움, 성곽 도시 막달라, 데가볼리 지역에서 가장 큰 도시인 스키도폴리스 또는 벧스안, 디베랴, 그리고 갈릴리의 수도요 '광채'이면서 산헤드린이 자리 잡고 있었던 셉포리스가 연결되

---

[10] Erdmann, "요한복음과 요한서신에 나타난 선교," 459.

어 있었다.¹¹ 갈릴리 저지대에 있는 어떤 촌락에 살면서 도시화의 영향과 결과를 피할 수 있는 사람은 아무도 없었다.¹² 이 지역에서 주로 사역하셨던 예수님과 그분의 제자들이 이러한 도시들의 영향을 모른 채 넘어갈 수 없었다. 재판소(마 5:25), 시장(마 23:7)과 같은 도시 기관들과 이자들을 주고받는 신용거래에 근거한 재정 비유(마 25:27; 눅 19:23)를 보면 예수님이 도시를 배경으로 사역하셨다는 사실들을 알 수 있다.¹³

4) 누가복음과 도시선교

예수님의 도시선교에 대한 강조는 특히 누가복음과 사도행전에서 많이 등장한다. 도시를 가리키는 'πολις'라는 단어가 신약에 약 160번 나오는데, 이 가운데 절반이 누가가 쓴 글에 나온다. 그리고 그중에서 39개절이 누가복음에 나타난다.

누가의 도시 강조는 누가복음과 사도행전에서 폴리스라는 단어에 종종 지역의 고유명사가 덧붙여진다는 것을 보면 알 수 있다. 예를 들어, 누가복음 1:26에 보면 "여섯째 달에 천사 가브리엘이 하나님의 보내심을 받아 갈릴리 나사렛이란 동네에 가서"라고 기록하고 있는데, 천사 가브리엘은 나사렛이 아니라 '갈릴리 나사렛이란 도시'

---

11 Conn & Ortiz, *Urban Ministry*, 120-121.

12 Andrew J. Overman, "Who Were the First U rban Christians? Urbanization in Galilee in the First Century," in *SBL Seminar Paper*s, edited by David Lull (Atlanta : Scholars Press, 1988), 165.

13 Conn & Ortiz, *Urban Ministry*, 121.

에 보냄을 받았다.¹⁴ 마가복음에도 보면 예수님은 회당에서 악령에 사로잡힌 사람을 치유하셨다. 이것은 마가복음 1:21에서는 가버나움에서 일어난 사건이다. 그러나 누가는 이 지명을 '갈릴리의 한 도시'로 표현한다(눅 4:31).¹⁵ 과부의 독자가 살아난 곳도 단순히 나인이 아니라 '나인이란 도시(πολιν)'이다. 누가복음 23:51에 "하나님의 나라를 기다리는 자"로 표현되고 있는 요셉조차도 단순히 아리마대 사람이 아니고 누가에게는 '유대인의 도시'(πολεως)인 아리마대 사람이 된다. 다른 복음서가 촌락이라고 부르는 것을 누가는 폴리스라고 지칭한다. 요한복음 7:42에서 촌락인 베들레헴은 누가복음 2:3-4, 11에서는 도시로 불린다. 벳새다는 마가복음 8:23에서는 촌락이지만 누가복음 9:10에서는 도시이다.

복음서가 가장 관심을 갖는 것은 그리스도의 선교이다. 누가는 그리스도의 선교가 위대한 왕의 도시 예루살렘을 향하여 이루어짐과 또 예수님의 도시 순례가 그분의 속죄의 죽음과 부활을 향하여 이루어짐을 강조했다.¹⁶ 십자가와 부활을 향한 예수님의 행진은 예루살렘 도시를 향한 행진이었다. 누가복음은 왕의 도시에 요한이 출생할 것을 예언하는 천사의 이야기로 시작하고 부활하신 주님으로부터 "너희는 위로부터 능력을 입히울 때까지 이 성에 유하라"는 명령을 받은 후에 예루살렘과 성전으로 돌아가는 제자들의 즐거운 모습으로 끝난다.

---

14 Conn & Ortiz, *Urban Ministry*, 124.
15 갈릴리 가버나움 동네에 내려오사 안식일에 가르치시매. Και κατηλθεν ειςΚαφαρναουμ πολιν τηςΓαλιλαιαςκαι ην διδασκων αυτουςεν τοιςσαββασιν.
16 Conn & Ortiz, *Urban Ministry*, 125.

예수님의 선교는 예루살렘에서 완성되며 누가복음은 메시아로서 예수님이 예루살렘과 그 성전을 향하여 나아가는 과정을 비교적 상세하게 묘사하고 있다. 누가복음 13:34-35에 나오는 "예루살렘아 예루살렘아"라는 탄식은 도시 안에서 하나님의 선교와 깊은 관련이 있다. 이것은 하나님의 사랑이 도시를 포함하고 도시와 관계되어 있음을 명백하게 보여주고 있다. 예수님의 예루살렘을 향한 사랑은 도시 구원에 대한 성경적 기초의 중요한 통찰력을 준다.

① 예수님의 예루살렘에 대한 사랑은 끝까지 참으시는 사랑이었다.
② 예수님은 예루살렘이 하나님의 도시가 되기를 간절히 바라셨다.
③ 예루살렘은 하나님의 도시가 되기를 거부했다.
④ 그리스도를 거부한 예루살렘은 그 대가를 치러야 했다.

예루살렘은 그 안에서 일어나는 구속적인 사건들을 인정하려 하지 않았기 때문에 결국은 파괴되고 말았다.[17] 예수님께서는 도시와 그 체제, 그리고 그 주민들을 위해 죽으려고 도시로 들어가셨다. 예수님께서는 오늘날 우리가 그분이 하신 일에 참여하기를 원하신다. 우리는 자신의 십자가를 지고 그분을 따라 도시로 들어가야 한다. 그리고 거기서 사역을 행하고 고난을 당하고 필요하다면 죽음까지

---

[17] Robert C. Linthicum, *City of God, City of Satan : A Biblical Theology of the Urban Church*, 명성훈 역『하나님의 도시 사탄의 도시』(서울: 나단, 1993), 187-190.

도 감수하여야 한다. 예수님의 죽음은 인간이 이해할 수 없는 어떤 신비에 가득찬 죽음이 아니라 도시와 그 체제 그리고 그 주민들에 대한 위대한 사랑과 지극한 헌신에서 나온 것이다.

5) 사도행전과 도시선교

사도행전 1:1에 보면 "데오빌로여 내가 먼저 쓴 글에는 무릇 예수께서 행하시며 가르치시기를 시작하심부터"라고 언급되어 있는데 이것은 단순히 사도행전의 저자가 누가복음의 저자와 같다는 의미만을 가리키는 것이 아니다. 누가의 말의 의미는 두 번째 책인 사도행전이 예수님이 승천하신 후 그분의 제자들을 통해서 그분의 성령에 의해 계속해서 행하시며 가르치신 일에 대한 설명이 될 것이라는 사실이다.

누가는 누가복음과 같이 사도행전에서도 지명을 가리킬 때 단순히 욥바, 루스드라, 더베, 두아디라, 라새아라고 말하지 않았다. 그는 '욥바 성'(πολει, 행 11:5), '루스드라와 더베 성'(πολεις, 행 14:6), '두아디라 성'(πολεως, 행 16:14), '라새아 성'(πολις, 행 27:8)이라고 말했다. 다른 복음서 기자들이 구역과 지역이라고 말하는 것을 누가는 도시라고 말했다.

바울서신에서 바울은 자신의 선교사역이 로마의 여러 주인 갈라디아, 아시아, 마게도냐, 아가야, 일루리곤과 서바나에서 이루어진 것으로 보는 반면에, 바울의 선교를 기록한 누가는 도시 또는 도시 국가라는 관점에서 기록을 했다.

따라서 예루살렘에 있는 사도들은 "사마리아도 하나님의 말씀을 받았다"는 소식을 듣고 기뻐한다. 여기에서도 누가는 빌립이 간 곳이 '사마리아 성'(πολιν, 행 8:5)이라고 강조하고 있다.[18] 사도행전이 거의 전적으로 도시들만을 다루고 있다고 말해도 지나치지 않다. 사도행전의 선교사역은 거의 도시에 국한되어 있다. 복음서에서와 마찬가지로 사도행전에서도 예루살렘의 중요성은 빠지지 않는다. 누가복음에서처럼 사도행전에서도 누가는 예루살렘에 신학적 중요성을 부여한다. 부활과 승천, 오순절 성령 강림이 일어난 장소인 예루살렘은 사도들의 모든 선교 사역의 출발점이자 측정자가 된다.

탈버트(Charles Talbert)는 예루살렘을 이렇게 말한다.

① 온 세상에 복음 선포가 시작되는 곳이다.
② 사도시대에 교회가 새롭게 확장될 때마다 예루살렘의 재가를 받아야 했다.
③ 바울의 모든 사역은 예루살렘과의 관계 가운데 이루어진다[19]

이와같이 그는 예루살렘의 중요성을 언급하였다. 폴리스는 사도행전에서 예루살렘을 지칭하는 용어로 특별한 언급이 없으면 그 도시는 예루살렘이다.

사도행전에 나타난 도시선교의 유형은 복음서에서는 갈릴리에서 사마리아를 거쳐 유대와 예루살렘으로, 즉 안으로 움직인다. 반면에

---

[18] Conn & Ortiz, *Urban Ministry*, 128.
[19] Charles, Talbert, *Reading Luke: A Literary and Theological Commentary on the Third Gospel* (New York: Crossroad, 1982), 100.

사도행전에서는 예루살렘에서 유대와 사마리아를 거쳐 땅 끝까지, 즉 밖으로 움직인다. 누가복음의 경우 예루살렘에서 이스라엘이 복음을 거부하면서 세상에서 버림받은 자들에게 구원의 기회가 주어진 것처럼, 사도행전의 경우 유대인들이 복음을 거부하면서 이방인들에게 복음이 전파되었다.

6) 사도 바울의 도시선교 배경

사도 바울은 도시 속의 목회와 선교를 위해 하나님께서 택하셨다. 사도 바울은 당시 세계를 통치하는 로마라는 나라의 시민권을 가진 사도였다.

(1) 로마 대제국의 배경

로마는 유브라데스 강과 북해에서 사하라 사막까지 125만 평방 마일의 광활한 땅을 통치하였다. 로마 도시는 B.C. 753년 일곱 개의 언덕위에 세워진 로마는 원주민의 거주지보다는 일종의 회합장소였으며 지중해 전역으로 부터 드나들던 곳이었다. 신약시대 로마는 번창한 도시였다. 고층건물이 늘어선 로마의 인구는 백만 명이 넘었다. 귀족들은 교외의 별장과 전원지역에 살았다. 로마의 황제들은 이 도시의 중심부를 다른 도시에서 찾아 볼 수 없는 장엄한 공공건물들로 장식했다.

로마는 경제, 상업, 문학, 예술, 행정의 중심지였다. 로마로부터 온 유대인이 오순절에 그리스도인으로 개종하였을 수도 있고, 혹은 그리스도인 여행자들이 복음을 로마에 전했을 가능성도 있다. 사도 바울이 로마교회와 처음 관계를 맺은 것은 글라우디 황제가 유대인을 추방했을 때 로마로부터 고린도로 피신했던 브리스길라와 아굴라를 통해서였다(행 18:2). 훗날 사도 바울는 스페인으로 여행하는 도중에 (롬 15:24) 로마를 방문할 것을 결심했다(행 19:21).

로마서 16장에서 사도 바울이 문안했던 사람들은 여행 도중에 타 지방에서 만났던 동료들이었으며, 그들은 사도 바울를 지도자로 생각했다. 몇몇 언급들은 가정 교회들에게 전하고자 한 것이었다(롬 16:5, 10-11, 14-15). 그는 마침내 죄수의 몸으로 로마에 도착했으며, 그 이후의 행적에 관해서는 알 길이 없다(행 28:30-31). A.D. 64년경에 네로 황제가 로마 내의 그리스도인들에게 큰 핍박을 가하도록 명령한 것으로 보아 로마 내의 기독교 공동체는 그 규모가 컸음을 알 수 있다.

(2) 사도 바울의 유년기

유년시절의 성명은 사울이다(행 13:9). 베냐민 지파(행 3:5)의 유대인이고 바리새파 집안이다. 로마식 발음은 사도 바울(뜻:작은)이고, 히브리식으로는 사울(뜻:구했다)이다. 사울의 고향은 길리기아 다소이다(행 9:11; 21:39; 22:3).

제롬의 전승에 따르면 사울의 부모는 기살라에서 왔으며 B.C. 1세기 로마가 팔레스타인으로부터 공격받았을 때 다소로 피난을 갔다. 사도 바울의 가정은 유복하였다(행 16:37, 28; 22:25-29). 사회적 지위가 상당했다. 태어날 때 부유층이었고(고전 4:14-19), 감사의 표시는 부유했음을 보여준다. 그 당시 유대법은 자녀가 5살이면 성경 공부를 하고 10살이 되면 율법 전승을 공부하도록 하였다.

사도 바울의 교육 관점은 유대인의 전통적 교육방식에 따라 손목이나 이마에 성구를 기록한 것과 매일 되풀이되는 기도, 주례적인 의식, 유월절, 초막절, 하만의 계교로부터 유대인들이 구원받은 부림절이 있다. B.C. 164년 유다 마카비가 성전을 재건한 것을 기념하는 수전절이다(요 10:22).

유대인들에게는 가장 오래된 교육장소는 가정이다.[20] 루포의 모친은 사도 바울에게 어머니 역할을 했다(롬 16:13). 사도 바울은 다소에 피난을 하였고 사도 바울은 태어나면서 로마 시민권이 있었고 집안은(행 16:37-38; 22:25-29) 부유층에 속해 사회에서 높은 지위를 가졌다.

(3) 사도 바울의 청년기

사도 바울의 청년 시절은 예수님처럼 기록이 남겨진 것이 적다. 유대 소년은 열 살이 되면 '바르미츠바'(계명의 아들)의 소년이 된다.[21] 이 무렵 사도 바울은 율법을 지키고, 랍비회당에서 수업한다. 사도 바울이 많은 학식을 배우려고 예루살렘에 온 것은 바로 이때다. 이 무렵 사도 바울은 결혼한 누나와 같이 살았다고(행 23:16) 기록하고 있다.

---

20 W. Barclay, *Educatinal Ideals in the Ancient World London* (Conrad: Diejunge Generation Aten Testmentathl, 1959), 14-17.

21 편집부,『기독교 백과사전 6』(서울: 서울기독문화사, 1994), 1196.

> 나는 이 성(예루살렘)에서 자랐다. 그리고 가말리엘의 문하에
> 서 우리 조상들의 율법의 엄한 교훈을 받았다(행 22:3).

랍비 수업을 시작하기 전부터 사도 바울은 예루살렘에 살고 있었다. 대도시 예루살렘에서 생활과 교육을 받았다. 사도 바울의 고향 다소는 유년기였고 당시의 저명한 학자들로부터 교육을 받았다.

사도 바울은 전통에 충실 하고 유대교를 고수하고 수련을 쌓았다. A.D. 30년에 유대사회에 진출하여 교회를 박해하는데 앞장서고 있었다. 그때 스데반 집사의 순교에도 사도 바울은 핍박자로 참여했다.

여기서 렌즈를 통해서 사도 바울을 들여다본다. 사도 바울은 진공 속에서 살지 않았다. 예수님께서 이 땅에 오셔서 활동하였던 이야기가 유행했던 때에 청년기를 살고 있었다. 사도 바울은 전문적인 최고 학문을 하였다. 사도 바울은 '배우고 확신한 일에 거하라'고 도시선교사역에 온 힘을 다하였다(딤후 3:14).

(4) 사도 바울의 도시목회와 선교 모델

사도 바울은 도시목회와 선교의 모델이다. 사도 바울은 헬라철학과 로마의 영향으로 기독교를 세계화시켰다. 하나님이 택하신 사도 바울는 헬라의 도시를 예수님의 복음이 세계로 퍼져나가는 중심지로 삼았다. 사도 바울이 교회를 세운 도시들은 헬라 문명, 로마의 문명, 유대인의 문명으로 중심지였다. 데이빗 보쉬(David Boschs)는 사도 바울이 지역이나 주의 수도들에 집중하였다고 말한다. 그것들은 하나 같이 그 지역 전체를 대표하는 곳이다. 마게도냐에는 빌립보를,

마게도니아와 아가야에서는 데살로니가를, 아가야에서는 고린도를, 아시아에서는 에베소에서 사역하였다.

사도 바울의 목회와 선교는 십자가의 복음이 중심이다. 키리오스의 용어는 도시 세계에서는 존경받는 존재라는 뜻으로 통치자들에게 사용되었다. 70인 역에는 여호와 하나님을 가리키는 용어이다. 사도 바울의 도시목회와 선교는 하나님이 창조하시고 사랑받는 새로운 곳에 도시교회가 탄생한다. 그래서 사도 바울의 도시선교는 하나님께 영광이 되면서 모든 족속과 민족이 예수님을 믿어 복음을 받아들이는 것이다.

첫째, 사도 바울의 도시목회와 선교의 목표는 예배이다. 예수님이 오시면서 예루살렘 성전은 희생적 죽음을 통해 하나님 앞에 나아가는 예배를 드렸다. 그리스도가 이 땅에 오심으로 믿는 자들이 하나님의 은혜에 들어갈 수 있는 새로운 길이 열렸다.

> 그러므로 우리가 믿음으로 의롭다 하심을 얻었은즉 우리 주 예수 그리스도로 말미암아 하나님으로 더불어 화평을 누리자 또한 그로 말미암아 우리가 믿음으로 서 있는 이 은혜에 들어감을 얻었으며 하나님의 영광을 바라고 즐거워하느니라 (롬 5:1-2).

둘째, 사도 바울의 도시목회와 선교의 중심은 교회이다. 교회는 그리스도의 몸이요 그리스도가 거하시고 성령님이 계시는 공동체이다.

셋째, 사도 바울의 도시목회와 선교는 교회 중심 선교의 모체이다. 오늘 도시선교가 사도 바울의 도시선교를 모델로 하여 교회 중심으로 해야 한다. 선교본부와의 유대관계의 유지도 사도 바울의 도시선교 특징이다.

사도 바울의 선교사역은 예루살렘교회와 안디옥교회의 친밀한 관계를 항상 유지하였다. 사도 바울은 행정도시인 빌립보, 에베소, 상업, 교통의 중심지 데살로니가 등의 도시에서 교회를 설립한 후 변두리 지역에 교회를 세웠다(행 17:1-5). 교회는 유대인 중심과 회당예배로 도시와 농촌으로 확장되어 갔다.

사도 바울의 타문화권 교회 창립은 성령의 인도하심이었다(행 13:1-4; 15:15). 그는 기도와 예수님의 말씀에 전념하였다. 사도 바울의 도시목회와 선교전략은 교회를 창립하여 각각의 교회를 중심으로 그 지역을 선교하는 사역이었다. 사도 바울이 창립한 도시교회들은 자립, 자치, 자전의 도시교회이다. 도시교회의 목회와 선교를 주도하시는 분은 주 예수님이시며 또한 보내주신 불같이 뜨거운 성령의 일하심이었다.

(5) 도시교회 설립

초대교회의 배경을 보면 상업도시가 발달되었다. 언어가 광범위하게 소통되고 여행을 할 수 있었다. 사도행전 18장에 브리스길라와 아굴라는 평신도로서 바울과 같은 천막을 만드는 직업을 가졌다. 아굴라는 유대인으로서, 글라우디오가 모든 유대인은 로마를 떠나라고 하는 명령을 받아, 이탈리아로 이주했고 그곳에서 도시교회 설립 사역을 하였다. 이들은 바울을 도와 교회 설립 사역을 하였다. 아볼로는 지적인 역량으로 초대교회의 뛰어난 일꾼으로 성장하였다

(행 16:13-14). 또한 자주 장사 루디아 역시 하나님을 경외하는 자였고 그리스도를 영접한 후 교회 설립 선교사로 활동하였다.

브리기스 길라와 아굴라의 사역을 통해서 그들은 직업을 가졌지만 복음을 위해 헌신하였다. 안식일에 회당에서 바울과 같이 사역을 수행한 에라스도와 드로비모도 바울과 동행하며 도시교회 설립을 통해 선교하는 사역자들이었다.

(6) 문화적 개방성의 관점

바울의 도시선교에서 그의 가치관과 세계관은 도시 선교사로서 선교 활동에 큰 영향을 미쳤다. 그는 출생할 때 헬라문화와 접했고 디아스포라 유대인으로 유대 가문이었고 그리스도 중심의 사람이었다. 그는 자신의 신학과 삶에 도시의 제도를 동화시켜 접근하는 방식으로 복음을 전하였다.

동화는 형태적 일치를 말한다(고전 9:1-23). 고린도전서 9:19-23에서 그는 모든 사람에게 자유하였으나 스스로 모든 사람에게 종이 되었다. 그리스도 안에서 자유의 특권을 가졌음에도 종의 자세를 취하였다(고전 9:20). 바울은 그리스도의 사역으로 유대의 의식법들로부터 자유했다(갈 5:2; 골 2:11-12). 의식법을 지키고 할례자들과 적응하였다(행 16:3). 그래서 디모데에게 할례하도록 하였다.

바울은 유대인과 같이 된 것을 말하면서 율법있는 자들에게는 내가 율법 아래 있지 아니하나 율법있는 자 같이 된 것은 유대인들에게 자신을 적응하였다고 고백하였다.

바울은 율법에 얽매일 필요가 없는 선교사역을 위하여 율법에 자신을 복종시켰다. 고린도전서 9:20-22의 자세는 그가 저들의 문화상황을 학습하였고, 이해했으며 다른 문화에 자신을 적응하여 복음을 이방인들의 문화에 합하여 복음을 전파하였음을 보여준다. 바울은 헬라와 유대문화 요소를 습득하고 그리스도 안에서 그 문화를 이해하였다.

(7) 도시인들과의 효과적인 복음 소통의 관점

우리는 21세기의 도시에서 살고 있다. 도시는 사람들에게 문화적이며 나아가 많은 혜택을 주고 있다. 도시는 그 도시 속에 사는 사람에게 삶도 제공하지만 반대로 항상 범죄가 늘어가고 있는 실정이다. 우리가 부담하는 세금들과 생활 필수품들에 대한 치솟는 물가의 오름은 넘어야 하는 과제이기도 하다.

역사적으로 도시는 약 7,000년 가량의 나이가 된다. 인류 역사에 비한다면 매우 짧은 역사이기도 하다. 역사적 관점에서 도시 속의 교회 앞에는 언제나 새로운 도전들이 시작되고 있다. 도시의 문화는 인류 역사상 강력한 영향력을 행사하고 있다. 그런 상황에 직면하여 도시 속의 교회는 더 이상의 영향력을 포기하고 농어촌을 선택해 사역하면서 스스로를 합리화하고 있다.

한국의 실정은 사역자들이 대부분 도시를 자신의 복음선교지역으로 택하고 있다. 도시 사역자들의 번민은 세계도시교회들에서 나타나고 있다. 하나님이 원하시는 도시를 그리스도의 이름으로 회복하기를 기대한다.

7) 사도 바울의 도시선교

도시선교에 있어서 핵심 모델은 바울이다. 바울은 도시 사람이었다.[22] 바울의 삶은 도시에서의 삶[23]이었다. 바울은 히브리의 종교적 전통, 헬라의 철학, 그리고 로마의 정치적 영향력 속에서 기독교를 체계화시키고 세계화하는데 크게 기여하였다.

사도 바울의 선교방법 핵심에는 그의 구속사관이 자리하고 있다.[24] 에세네파에게 헬라 도시들은 전염병균으로 간주되었다. 도시들은 피해야 할 부정한 세계였다. 예루살렘은 무자격 제사장들에 의해 강탈당하고 더럽혀진 제물만 드려지는 곳이 되었다. 그 당시의 자민족 중심주의에 입각해 싸우는 저항 투사들인 열심당원들은 아예 도시에 들어가지도 않았다.[25]

그러나 하나님의 택하신 선교 전략가 바울에게 헬라 도시는 문제가 되지 않았다. 헬라 도시들은 외딴 섬이 아니라 복음이 그곳으로부터 퍼져나가는 전략적 중심지였다. 바울이 교회를 세운 모든 도시 또는 읍들은 로마행정, 헬라문명, 유대인의 영향력 또는 상업적으로 상당히 중요한 중심지들이었다.[26] 데이비드 보쉬(David Bosch)는 이렇게 말했다.

---

[22] Wayne A. Meeks, *The Frist Urban Christian: The Social World of the Apostle Paul* (New Haven: Yale University Press, 1983), 9.

[23] 바울의 주 사역 무대가 되었던 6개 도시가 있다. 즉 예루살렘, 안디옥, 에베소, 빌립보, 고린도, 로마이다.

[24] Conn & Ortiz, *Urban Ministry*, 139.

[25] Conn & Ortiz, *Urban Ministry*, 138.

[26] Roland, Allen, *The Spontaneous Expansion of the Church and the Causes Which Hinder It* (Grand Rapids, Mich.: Eerdmans, 1962), 13.

바울은 지역이나 주의 수도들에 집중한다. 그것들은 하나같이 그 지역 전체를 대표하는 곳이다. 마게도냐에서는 빌립보를, 마게도냐와 아가야에서는 데살로니가를, 아가야에서는 고린도를 그리고 아시아에서는 에베소를 선택해 사역했다. 바울은 이러한 도시들에 그리스도인 공동체를 세운 다음에 이 전략적 중심지들로부터 복음이 주변의 시골과 읍들에 전파되기를 소원했다.[27]

바울에게 도시는 세계 전체를 대표하는 곳이다.[28] 이러한 도시들에 교회를 세우면서 바울은 하나님에 의해 창조되고 그분의 사랑을 받는 새로운 도시 공동체가 형성되는 것을 보았다.[29]

(1) 바울의 선교 방법론

바울 선교의 근원은 하나님의 영광이요 또 세계가 하나님을 믿고 그분을 예배하도록 하는 것이었다.

첫째, 바울 선교의 궁극적 목표는 예배이다. 바울이 이방인에게 복음을 전하는 것은 예배행위이며 이방인을 제물로 드리는 제사이다. 바울이 예루살렘 성도를 위해 헌금을 모은 것은 이방인들이

---

[27] David, Bosch, *Transforming Mission: Paradigm Shifts in Theology of Mission* (Maryknoll, N.Y.: Orbis, 1991), 130.

[28] Gerd Theissen, *The Social Setting of Pauline Christianity* (Philadelphia: Fortress, 1982), 38.

[29] Francis Lyall, Citizens, *Song: Legal Metaphors in the Epistles* (Grand Rapids, Mich.: Zondervan, 1984), 60-66.

드리는 예배행위가 된다.

> 예수님이 이 세상에 오시면서 예배가 바뀌었다. 예루살렘 성전은 희생적 죽음을 통해 하나님 앞에 나아가는 예배를 드렸다. 그러나 그리스도가 오심으로 신자들이 하나님의 은혜에 '들어갈'수 있는 새로운 길이 열렸다(롬 5:1-2). 그것은 예수의 '피'를 통해 '믿음'으로 말미암아 하나님 앞에 직접 나아가는 길이 열린 것이다. 이제 예배 행위는 거룩한 삶을 통해 하나님께 매일 드리는 '산 제사'가 된다.[30]

둘째, 바울의 선교 방법론의 궁극적 중심은 교회였다.[31] 교회는 그리스도의 몸이다. 그리스도가 거하시며 세상을 향해 외향적으로 행동하는 공동체이다. 교회는 성령으로 활동하시는 그리스도가 우리 시대의 모든 도시, 촌락 및 읍에서 사람들을 하나님과 서로에게 화해시키는 그분의 사역을 계속하도록 만드신 종말론적 공동체이다. 이런 교회의 정체성을 인식한 바울은 도시 세계를 다니면서 교회를 세웠다.

교회는 그 주변에 있는 사회에 침투해서 세상과 다른 생활 방식을 보여주는 수많은 '아성'들이다.[32] 바울의 선교는 교회 중심 선교의 모델이라고 할 수 있으며 오늘날의 도시선교도 교회를 중심으로

---

[30] Conn & Ortiz, *Urban Ministry*, 141-142.
[31] Conn & Ortiz, *Urban Ministry*, 142.
[32] Bosch, *Transforming Mission: Paradigm Shifts in Theology of Mission*, 150.

이루어져야 한다는 것을 보여준다.

(2) 바울과 도시선교 기지

① 안디옥교회

안디옥은 수리아 지방의 수도였고 휘하에 2군단을 둔 지방 총독에 의해 다스려진 곳으로 제국에서 세 번째 대도시로 동쪽 속국들과의 외교관계를 위한 중심지였고 잡다한 민족들이 서로 만나는 곳이기도 하였다. 그리하여 유대인들과 이방인들 사이의 장벽이 매우 가벼웠고 유대교로 회심하는 개심자들이 아주 많았다. 그리고 유대인들의 지위 또한 높이 인정되어 시민의 권리를 마음껏 행사했다.[33]

스데반의 순교에 이어 예루살렘에서 박해가 시작되자 예수를 따르는 자들의 일부가 베니게, 구브로 및 안디옥으로 도피하여 유대인들에게만 복음을 전했다. 그러나 안디옥에서 구브로와 구레네 출신의 희랍어를 말하는 '헬라파 유대인들' 중 몇 사람이 헬라인들에게 복음을 전파하기 시작했다(행 11:20). 그로 인해 많은 사람들이 개종을 하였다(행 11:21).

이 소식을 접한 예루살렘의 사도들은 바나바를 보내 안디옥의 선교를 보고하게 하였다(행 11:22). 바나바는 안디옥교회의 복음선교의 역사가 잘 되어가는 것을 보고 다소에서 바울을 데려왔다(행 11:26). 이 일은 지금까지 교회에 토대 없이 선교하던 바울이 이제 교회를

---

[33] Michael Green, *Evangelism-Now and Then*, 김경진 역 『초대교회의 전도』 (서울: 생명의 말씀사, 1984), 113.

배경으로 선교할 수 있게 되었다는 면에서 중요한 의미가 있다.

'그리스도인'이라는 호칭도 이 도시에서 시작되었다.[34] 이후 바울과 바나바는 1년 이상 안디옥에서 사역했다. 그런데 성령님께서는 그들이 안디옥교회의 사역에서 벗어나 보다 넓은 일터에서 일하게 될 것이라고 지시했고, 교회는 성령의 지시를 따라 기도와 금식 후에 두 사람에게 안수하고 파송하였다(행 13:2-3).

선교기지와의 지속적인 관계에 대하여 바울은 큰 비중을 두었는데 그것은 그가 선교여행을 마치고 나서는 항상 안디옥으로 귀환했다는 사실만 보아도 잘 알 수 있다.[35] 바울과 바나바는 안디옥에의 귀환 후 전 교회 회의를 소집하여 그간 하나님께서 그들을 통해서 성취하였던 바를 소상하게 보고했고, 특별히 이방인들에게 믿음의 문을 열어주신 일에 관하여 자세히 보고했다(행 14:27).

그리고 그들은 그곳에 오래 머물렀으며, 그 후 안디옥은 바울선교의 근거지가 되었다. 초기 기독교 역사에서 안디옥교회의 의의에 대해서 앤드류 월스(Andrew F. Walls)는 사도행전 11:19에 기술된 베니게, 구브로를 비롯하여 안디옥으로의 말씀전파는 기독교 신앙이 처음으로 이방세계와 실질적으로 충돌하는 지점으로, 기독교 역사에 있어서 분수령을 이루는 '가장 중대한 사건'이라고 평가했다.[36]

---

[34] Mehmet Tekin, *Habib Neccar of Antakya* (Esentepe Mah, 1998), 21.
[35] H erbert Kane, 『선교신학의 성서적 기초』, 이정배 역 (서울: 나단, 1991), 108.
[36] Andrew F. Walls, *The Missionary Movement in Christian History* (Maryknoll: Orbis Books, 2006), 52.

② 예루살렘교회

예루살렘은 유대 종교의 중심지이다. 예수님의 십자가 고난과 부활을 통해 만민을 구원하는 복음이 시작된 곳이다. 예루살렘은 지리적 여건으로 보면 도시로 발전될 수 없는 열악한 산악도시였다. 물이 부족했고 수공업의 원료도 모자랐으며 교통망도 발달할 수 없는 곳이었다. 그러나 예루살렘은 오랜 역사와 유대교에서 차지하는 위치와 역할로 인해서 그 당시 경제, 정치, 사회, 종교 등의 모든 면에서 중심지였다.[37]

바울은 이방인에 대한 그의 선교가 선교의 발원지가 되는 예루살렘교회의 축복이 없이는 위태로운 처지에 놓일지도 모르기 때문에 예루살렘교회와 접촉을 공고히 하였다. 사실 예루살렘교회는 20년 이상을 다른 교회들에 대한 모교회로 간주되었으며 열두 사도들 중의 몇 사람은 아직도 그곳에 있었고 최초의 교회 지도자 중의 많은 사람도 그곳에 있었다.

바울은 모교회와의 접촉을 유지하는데 있어서의 중요성을 잘 알고 있었고 적어도 다섯 번이나 예루살렘교회를 방문했는데 그때마다 그곳에 있는 지도자들과 협의했다. 이것은 점점 더 확장되는 교회내의 유대인과 이방인 사이에 의견의 충돌이 있었기 때문이다. 그 대표적인 예로서 바울의 제1차 선교여행 이후 열렸던 예루살렘 종교회의를 들 수 있다(행 15장). 유대민족 속에 남은 예루살렘교회는 기독교 선교가 구약에 나타난 대로 "이방인에게 할례를 주고 모세의 율법을 지키라 명하는 것이 마땅하다"(행 15:5)고 생각했고 그

---

[37] 정경호, 『바울의 선교신학』, 247.

렇게 진행되기를 원했다. 그러나 바울과 바나바는 이방인에게 직접 선교한 결과 할례 없이도 그들이 개종했다는 사실을 분명히 했고 그에 대하여 베드로는 고넬료의 개종을 들어 이방인 구원을 향한 하나님의 입장을 밝혀 바울의 새로운 선교전략의 선례였음을 지적했다. 이것은 바울의 선교정책이 원칙적으로 보아 혁명적인 이탈행위가 아니었음을 증명하는 것이었다.

이로써 야고보는 이방 기독교들에게 우상숭배를 버리고 부도덕은 모양이라도 버려야 하며 목 졸라 죽인 동물을 먹지 말고 피도 먹지 말 것을 제안했다(행 15:20-29). 이 예루살렘 종교회의의 결정은 바울과 그 후의 이방선교에 지대한 중요성을 지녔고 그 영향이 광범위했다. 그리고 바울은 그의 마지막 예루살렘 방문 시에 마게도냐와 아가야 지방에 있는 이방인교회에서 사랑의 헌금을 가지고 왔다. 그 헌금의 직접적인 이유는 예루살렘에 있는 가난한 성도들의 경제적 문제였지만 또 다른 목적은 교회의 두 지류인 유대인과 이방인이 그리스도의 사람으로 하나 되는데 도움이 되기를 바랐기 때문이었다. 바울은 기독교가 세계적인 선교를 하기 위해서는 그 발원지에 기초를 둔 강력한 후원이 뒤따라야 한다는 확신을 가지고 예루살렘교회와 밀접한 접촉을 가졌다.

③ 로마교회

로마는 제국의 수도로서 모든 것의 중심이 된 도시였다. 제국의 모든 지역을 관할하고 있던 로마의 행정은 지방관청에 자치권을 부여하였다. 로마의 총독은 지방관청에 대하여 감독권을 행사하였으며 최고의 권력은 황제에게 있었다. 로마에는 황제가 직접 관리하는 법정이 위치하고 있었다.

　로마의 유대인 사회는 대체로 가난했다. 서로 다른 그룹들이 도시의 다른 지역에 살았으며, 각 그룹마다 지도자가 있었다. 유대인이 다수를 구성하고 있던 로마의 가정교회는 대부분이 티베르(Tiber)강 건너 유대인 촌락에 위치했다. 유대인 사회에서 가장 널리 쓰이는 언어는 헬라어였다. 바울도 헬라어로 서신을 기록했다.

　로마의 유대인 인구는 5만 명은 족히 되었다. 로마교회를 세운 대부분의 사람들은 유대인 그리스도인이었다. 글라우디오 황제 때 유대인들이 로마에서 추방되었고 황제가 죽은 후 칙령이 소멸되어 다시 로마로 돌아왔을 때 로마교회는 이방인들로 구성되어 있었다. 유대인 그리스도인들과 이방인 그리스도인들이 로마교회에 공존하게 되었으며 이들의 신앙 역시 서로 다른 문화적 방법으로 표현되었다. 바울은 기독교 신앙에 대하여 갈등을 겪고 있는 교회에 서신을 보내야 했던 것이다. 바울은 로마제국 동부에서의 선교활동을 마무리 질 무렵에 로마에 있는 교회에 편지를 보내어 그의 스페인 선교에 대한 지원을 요청했다(롬15:15-24). 이는 로마제국 서부에서의 선교활동을 위해서는 이탈리아에 선교기지가 필요했기 때문이다.

　그런 면에서 보면 바울이 로마서를 쓴 참된 이유는 신학적이라기 보다는 선교적인 것이었다고 볼 수 있다. 바울은 선교전략에 있어서 선교기지의 강력한 선교적 지원이 필요함을 깨닫고 밀접한 관계를 유지하려고 했다.[38]

---

[38] Eduard Lohse, *Umwelt des Neuen Testaments*, 박창건 역, 『신약성경배경사』(서울: CLC, 1983), 182.

제5부

도시 속의 목회와 선교의 신학적 이해

기독교는 지금까지 지역사회보다는 개교회 중심의 사역으로서 개(個)교회와 성도들에게만 정성을 기울여 왔다. 그 대표적인 예로 수양관, 기도원, 교회묘지까지 만드는 것이다. 그래서 결국 '교회왕국'만 제일로 여기는 '집단적 이기주의'라는 오명을 쓰기까지 하였다.[1]

세계적인 기독교 미래학자인 하워드 스나이더(Howard A. Snyder)는 미래교회에 대하여 말하기를, "급변하는 사회를 연구함으로써 교회의 효과적인 사역을 이루어 나갈 수 있다"라고 하였다.[2] 그리고 이성희는 21세기 도시교회에 대하여 말하기를, "교회는 사회와 함께 할 때에 생존가치가 있으므로 교회는 사회에 대하여 철저하게 책임적이어야 한다"라고 방향을 제시하였다.[3] 이러한 말은 21세기 교회가 사회와 도시를 향해 사역을 넓혀가야 한다는 것을 시사한다.

현대는 도시화 시대이다. 1900년대의 세계의 도시인구비율이 9%, 1990년대에는 50%, 2004년에는 70%가 예상되고 있다. 이러한 도시화는 선교역사를 보더라도 현대 선교의 아버지인 윌리엄 캐리(William Carrey, 1761~1834)는 해안 중심의 선교(coastal mission)를 하였고, 중국 선교 선구자인 허드슨 테일러(J. Hudson Taylor, 1832~1905)는 내지 중심의 선교(inland mission)를 하였다. 그러나 현대는 도시선교(urban mission)가 중심이 되고 있다.[4]

---

1 박영환, "21세기 평신도 선교전략," 「선교신학」 제2호 (1998, 10월), 135.
2 Howard A. Snyder, 『21세기 교회의 전망』, 박이경·김기천 역 (서울: 아가페출판사, 1996), 7-12.
3 이성희, 『미래사회와 미래교회』(서울: 대한기독교서회, 1997), 20.
4 소강석, 『신도시 목회의 키를 잡아라』(서울: 쿰란출판사, 2004), 159.

21세기 선교의 승부는 대도시에서 판가름 날것이다.[5] 만약 우리가 도시를 복음화하지 못한다면 미래의 기독교는 주변 세력으로 전락할 것이다.[6] 바로 여기에 도시선교의 역사적 중요성이 있는 것이다.

농촌과 도시의 선교와 목회는 분명 차이가 있으며, 이러한 차이를 인식하지 못하는 한, 교회는 도시에서 특정 계층과 사람들에게 한정된 작은 집단으로 머무를 수밖에 없고, 농촌에서 올라오는 그리스도인에 의존하는 교회성장은 수명이 오래 갈 수 없다는 사실이다. 결국, 보다 많은 사람들에게 복음을 효과적으로 전달하려는 선교적 과제는 실종될 수밖에 없는 것이다.[7]

빠른 도시화 과정에서 교회가 역할을 하지 못한다면 교회는 더 이상 인간들을 구원하는 구속의 능력으로 하나님의 종이 되지 못하고 도시사회의 세속적인 사고와 생활방식의 노예가 되고, 서유럽의 교회와 같이 무능력한 교회로 남을 수밖에 없다는 사실이다.

교회의 영향력 행사란, 어느 한곳에 치우친 것이 아닌, 총체적 의미를 갖는다. 총체적 의미에서의 교회의 적극적 역할은 성경의 선교적 명령이며, 구세주이며, 구속자이며, 왕이신 총체적 그리스도(the Whole Christ)의 복음을 전인격적으로 전하는 일이다.[8]

---

[5] James A. Scherer, *Gospel, Church and Kingdom* (Minneapolis: Augsburg, 1987), 47.
[6] Paul G. Hiebert, "World Trends and Their Implications for Mission," *Trinity World Forum* (Winter 1990), 2.
[7] 정병관, 『도전받는 현대 목회와 선교』, 159.
[8] 정병관, 『도전받는 현대 목회와 선교』, 159.

제1장

도시의 영적 전쟁

　　그리스도인들이 현대문화의 영향을 받아 지성주의에 매력을 느끼고, 그 결과 물질주의 사고방식을 따르는 것을 힘의 근원이라고 생각하는 것은 슬픈 일이다. 도시교회들이 영적인 문제에 대처할 수 있는 능력을 상실하였고, 이로 인해 깊은 속박과 어려움에 처한 대도시에서 그 주된 역할을 감당하지 못하고, 어떤 돌파구도 찾지 못하는 무능한 상태가 되었다.

　　성 어거스틴은 모든 도시 안에는 두 도시가 있는데, 그것은 하나님의 도시와 사단의 도시이며, 그 두 도시들은 끊임 없이 서로 충돌하고 있다고 말한다. 도시 안에는 복음의 전파에 저항하고 사회 안에 불의를 증진하는 사단적 권세의 견고한 진들이 포함되어 있는 것은 부인 할 수 없는 사실이다.

　　도시는 도시이기 때문에 악한 것이 아니다. 도시는 선과 악 둘 다에 대한 인간의 잠재력을 극대화한다. 도시 안에는 아름답고 선한 것들이 많다. 도시는 학교와 병원과 생산성 등으로 인간의 삶의 질을 높인다. 하지만 동시에 악의 세력도 분명하게 나타난다. 죄는 개

개인들의 악행에서만 표현되는 것이 아니라 착취하고 억압하는 정책 및 조치를 보이는 제도들에서, 또한 도시의 운영체계를 잘못 이용한 것에서도 표현된다. 우리가 많은 것을 성취할 수 있다고 너무 낙관하거나 여러 가지 방해들이 올 때 너무 의기소침하지 않도록 도시 사역자는 도시에서 벌어지고 있는 영적 전쟁에 대한 성경적 인식을 가지고 있어야 한다.

영적 전쟁에 대하여 신학적 요소와 인류학적 요소를 둘 다 검토해 보고, 편협한 한 가지 주장을 진술하기보다는 영적 전쟁에 대한 다양한 실례와 의견들을 제시하고자 한다. 그렇게 하면 영적 전쟁의 본질이 무엇인지 분명하게 드러날 것이다.[1] 영적 전쟁은 하나님의 주신 사명(mission)을 이루는 데 필요 불가결한 핵심 요소이다. 악한 영의 세력은 우리가 하나님의 사명을 완수하지 못하게 하려고 우리 내부에서 공략을 가하고 있다. 하나님의 영으로 충만하여 선교사역을 감당할 때에 영적 전쟁에서 승리할 수 있다.[2]

영적 싸움(spiritual conflict)은 인류가 타락하면서 처음으로 시작된 것이 아니다. 영적 싸움은 창세기 1:31과 창세기 3:1의 사건 사이에서 일어난 것이다.[3] 사단은 천사와 같은 존재로서 죄의 창시자이며 하와의 유혹자이다(창 3:1-6; 고후 11:3). "마귀의 특성은 죄를 만들어 내고, 다른 사람들을 죄에 빠지게 시험하는 것이다."[4] 마귀는 선한 일

---

1 Harvie M. Conn & Manuel Ortiz, 『도시목회와 선교』, 446.
2 노윤식, 『성경에 선교가 있는가』(서울: 한들출판사, 2005), 107.
3 Grudem, Wayne. *Systematic Theology: An Introduction to Biblical Doctrine* (Grand Rapids: Zondervan. 1994), 412.
4 Grudem, Wayne. *Systematic Theology: An Introduction to Biblical Doctrine*, 415.

을 반대하지만 하나님의 허락 없이 제멋대로 활동하지는 못한다(욥 1:12; 2:6). 이것은 매우 단순화해서 말한 것이지만, 우리가 영적 전쟁을 좀 더 잘 이해하려면 중요한 사실이다.

사단은 사람들의 영혼을 빼앗으려고 싸우고 있으며 속임수로 사람들을 유혹하고 있고(계 12:9), 시험에 빠지는 환경을 만들고 죄를 범하도록 사람들을 부추킨다(살전 3:5). 그렇게 하기 위해 사탄이 행하는 한 가지 놀라운 일은 고소하여 죄책감을 불러 일으키는 것이다(계 12:10). 사단은 인간이 타락함으로써 이 세상의 신으로 군림할 수 있는 권한을 부여받았다(고후 4:4). 그러나 오순절 사건을 통해 교회가 탄생한 후에는 사탄의 세력이 특정한 지역이나 시간을 따라 바다의 밀물과 썰물처럼 흥하기도 하고 쇠하기도 하게 되었다. 사탄은 건물의 법적 주인을 몰아내는 불법 거주자와 같다.[5] 영적 전쟁은 종종 세 가지 영역에서 일어난다.

① 내부의 악, 또는 우리의 범죄상태이다.
② 외부의 악, 또는 제도적 부패, 하나님과 그분의 통치에 반대하는 세계 체제와 세계관들이다.
③ 사탄과 그의 권세 및 제도와 대결하게 만드는 우주적 악 등이다.

이러한 싸움의 영역은 우리 안에 있는 악, 우리의 범죄 상태이다. 모든 악과 죄가 다 사단과 그의 군대 때문에 생기는 것은 아니다. 하

5　John Dawson, 『하나님을 위하여 도시를 점령하라』, 유재국 역 (서울: 도서출판 예수전도단 1992), 155.

지만 분명히 일부는 사단과 그의 군대 때문에 생긴다. 사단은 패배한 적군이다(골 2:15). 그는 영원한 사슬에 묶여있다. 하지만 그는 우리가 가장 취약한 상태에 있을 때에 우리에게 영향력과 권세를 행사한다.

가난한 도시 지역에서 자라면서 여러 가지 어려움을 겪은 많은 사람들은 그리스도인이 되는 것이 끊임없는 영적 전투라는 사실을 알게 된다. 그들이 자신들의 취약점에 직면하게 되기 때문이다. 사람들이 상처 입은 영혼과 범죄 사태를 해결해야 한다는 점을 염두에 두고, 계속 발생하는 문제들을 해결해 나가야 할 것이다.

주님은 모든 신자들에게 마귀와 싸워 이길 권세를 주셨다(눅 9:1; 10:19; 행8:17). 그러므로 성경에 근거한 제자훈련을 통해 취약한 부분에서 일어날 전투에 대비하도록 늘 준비해야 한다. 또한 외부와의 전쟁은 인본주의적인 반(反)신적 제도, 성경적 헌신과 기준들을 상대화하고 교회에 침투하는 교묘한 사회적 권세와 싸우는 것이다.[6]

교회는 기도를 통해 이러한 악한 영에 맞서며 전쟁이 일어나기 전에 그들을 신속히 쫓아 버려야 한다. 육신적인 폭력은 영적인 폭력이 물질계에 침략하여 나타나는 현상이다. 성도들이 깨어 기도하기를 잊거나 온 세계의 교회들이 사소한 문제로 심각하게 분열될 때 세계정복을 꿈꾸는 악한 영이 활개칠 수 있다.[7] 폴 히버트(Paul G. Hiebert)는 이 전투의 본질을 또 다른 각도에서 볼 수 있도록 도와준다.

성경은 우리가 보이지 않는 영적 전쟁의 소용돌이 속에 살고 있다고 말씀한다. 이러한 성경의 진리를 무시하는 것은 위험한 일

---

6 Harvie M. Conn & Manuel Ortiz, 『도시목회와 선교』, 448-449.
7 John Dawson, 『하나님을 위하여 도시를 점령하라』, 156.

이다. 성경을 진리로 받아들인다고 하면서도, 영적 전쟁에 대해서는 아주 먼 선교지에서만 일어나는 일로 여기며 실제 삶에 적용하지 않는다. 우리 개인의 무지와 악한 행실은 도시의 문화속에서 일반적으로 흔하게 드러난다.

이런 세속적인 문화를 성경에서는 정사와 권세라고 부르는 영들에 의해 영향을 받고 있다. 영적 전쟁에서 기억해야 할 것은 개인적 차원에서 시작하여 개인과 가정과 교회생활의 영역, 도시와 국가와 세계의 교회 공동체 차원으로 어려움이 가중된다.

성경은 영적 전쟁에 대하여 말한다(엡 6:10-20; 계 19:19-20). 그러나 그 전쟁은 인도 유럽 신화와 전혀 다르다. 성경적 전쟁에서 중요한 문제는 능력이 아니라 신실함이다. 구약에서 이스라엘의 승리와 실패는 모두 하나님에게 달려있다. 이스라엘이 승리한 이유는 그들이 하나님과 그분의 율법에 신실했기 때문이다. 이스라엘이 패배한 이유는 그들이 하나님을 배신해서 벌을 받았기 때문이다(삿 4:1-2; 6:1; 10:7; 삼상 28:17-19; 왕상 15:2-3; 20:28; 왕하 17:7-23).[8]

많은 사람들은 영적 전쟁(spiritual warfare)을 도시 사역과 같은 것으로 생각한다. 사탄의 견고한 진은 교외나 농촌이 아니라 바로 도시에 있다. 악은 도시에서 가장 극악한 형태로 발견된다. 이런 반도시적 견해가 많은 그리스도인들의 마음을 사로잡았다.[9] 도시에만 악이 난폭하게 침투한다는 가정은 우리가 왜곡된 개념을 가지고 있음

---

[8] Paul G. Hibert, *Anthropological Reflections on Missiological Issues* (Grand Rapids: Baker, 1994), 208.

[9] Harvie M. Conn & Manuel Ortiz, 『도시목회와 선교』, 442.

을 보여준다. 그런데 그와 같은 잘못된 가정이 우리의 삶을 형성하고 있다. 이러한 세계관은 일상생활의 행동을 지배하기 때문이다.[10]

그래서 도시 중심지에서 일어나는 영적 전쟁을 그냥 무시해버릴 수는 없다. 우리는 교회를 타도하고 세계복음화의 과업을 좌절시키려는 악의 정사 및 권세들과 끊임없이 영적 전쟁을 하고 있다. 우리는 하나님의 전신갑주로 무장하고 진리와 기도라는 영적 무기를 가지고 이 전투를 싸울 필요가 있음을 알아야 한다.[11]

영적 전쟁의 대상은 교만의 성읍인 '아스돗'(Ashdod)이다. 다윗이 물리친 첫 번째 성읍은 아스돗이었다. 블레셋은 이스라엘을 에벤에셀에서 누르고 하나님의 법궤를 빼앗아 아스돗으로 가져가 다곤(Dagon) 신전에 놓았다. 그런데, 다곤 신상이 법궤로 인하여 파괴되고 독종이 퍼지기 시작했다. 아스돗은 '언덕위의 성읍'으로 교만함을 상징한다.[12] 노윤식은 성경적 영적 전쟁 혹은 하나님의 선교와 영적 전쟁은 지배하려는 성읍 '가사'에 대한 것이며, 가사는 블레셋의 수도였고 지배를 상징한다고 말하였다.[13] 인간은 하나님 없이 자기 마음대로 하기를 원한다. 하나님의 선교와 영적 전쟁에서 승리하려면

---

[10] Paul G. Hibert, *Anthropological Reflections on Missiological Issues*, 208.

[11] C. Rene Padilla, *Introduction to The New Face of Evangelism: An International Symposium on the Lausanne Conference* (Downers Grove: Inter Varisity Press, 1976), 9-16.

[12] Frank Minirth, 『무력감에 빠졌을 때』, 차혜주 역 (서울: 서울말씀사, 1997), 24-6. 인본주의의 최고봉은 교만함이다. 하나님을 저버리고 인간의 힘으로 세운 성읍이 아스돗이다. 잠언 16:18에 "교만은 패망의 선봉이요 거만한 마음은 넘어짐의 앞잡이니라"고 했고, "선줄로 알거든 넘어질까 조심하라"고 했다. 우리가 하나님의 선교에서 영적 전쟁을 치룰 때에 가장 먼저 이겨야 할 대상은 교만함이다.

[13] 노윤식, 『성경에 선교가 있는가』, 110.

주도권을 자기로부터 하나님께로 양도하여야 한다.

도시는 탐심이 가득하다. 번영과 풍요의 상징인 '아스글론'(Ash Kelon)을 다윗은 물리쳐야 했다. 번영과 풍요를 원하는 것은 나쁜 일이 아니다. 잘되는 것이 나쁠 리가 없다. 그러나 번영과 풍요만이 목회와 선교 그리고 삶의 목적이 되는 것은 심각한 문제이다. 여기에는 하나님이 없고 물신주의와 황금만능주의만 있다. 황금과 돈은 사람에게 행복을 줄 수 있을 것이라고 생각하지만, 정작 부귀와 명성을 얻었으나 그보다 중요한 건강을 잃고 주변 사람들의 사랑을 상실하며 하나님을 섬기는 신앙을 팔아먹기도 한다.

하나님의 선교와 삶의 성패는 많은 재산이나 명예를 얻어 성공하는 것이 아니다. 인생에서 중요한 것은 풍요와 번영이 아니다. 선교 사업을 확장하여 성공하는 것이 아니다. 풍요와 번영이 행복을 가져다주지 않는다. 인생에서 성공보다 더욱 가치 있는 일이 있기 때문이다.[14]

악을 그저 인격적인 존재로만 생각하는 것은 잘못이다. 하지만 악을 제도와 동일시하는 것도 잘못이다. 악은 마귀가 이끄는 것이며, 마귀는 군대를 가지고 있다. 마귀는 개인들에게 영향을 미치고 오염시킬 수 있다. 마귀에게는 죄인이라는 작업 원료가 있기 때문이다.[15]

그리스도인들은 살고 있는 도시를 반드시 그리스도의 눈으로 바라보아야 한다. 도시는 수많은 사람들이 밀집한 곳이고, 예수님은 도

---

[14] Joe Dominguez and Vicki Robin, 『돈이냐 인생이냐』, 김지현 역 (서울: 사람in 출판사, 2001), 32-59.

[15] Harvie M. Conn & Manuel Ortiz, 『도시목회와 선교』, 443.

시 속의 사람들에게 찾아가셨다. 예수님은 지상 사역을 하실 때 예루살렘에 있는 무리들을 긍휼히 보시고 눈물을 흘리셨으며, 그들과 함께 하시며 복음을 전하셨다.

산업이 발달하면서 사람들은 도시로 집중하기 시작했으며, 현재 전 세계 인구의 반 이상은 '도시'에 살고 있다. 영적 전쟁터는 시간과 공간을 초월해서 이루어지고 있다. 부와 명예를 얻기 위해 급증하는 도시인구는 많은 범죄와 타락을 초래하게 되었다. 이는 도시가 목회와 선교의 중심 대상이 되어야함을 의미한다.

목회와 선교를 위해 도시에 들어가면 하나님의 나라와 사단의 나라 간에 강력한 충돌이 일어난다. 사탄은 인간이 타락함으로써 이 세상의 신으로 군림할 수 있는 권한을 부여받았다(고후 4:4). 그러나 오순절 사건을 통해 교회가 탄생한 후에는 사단의 세력이 특정한 지역이나 시간을 따라 바다의 밀물과 썰물처럼 흥하기도 하고 쇠하기도 하게 되었다. 사단은 건물의 법적 주인을 몰아내는 불법 거주자와 같다.[16]

사단과 그의 부하들인 어둠의 천사들은 본질적으로 우는 사자와 같이 두루 다니며 삼킬 자를 찾는 파괴자이다(벧전 5:8). 그들은 억압과 가난으로 이미 고통을 받고 있는 도시들을 더욱 불행하게 만들려고 한다.[17] 번성하는 도시들, 가속화하고 그 주변지역의 연이은 도시화 과정 속에서 교회들은 오히려 도시로부터 자꾸 뒷걸음 치고

---

[16] John Dawson, 『하나님을 위하여 도시를 점령하라』, 유재국 역 (경기: 예수전도단, 1992), 155.

[17] 한화룡, "도시빈민 선교와 능력대결," 「기독신학저널」 제3호, (1998), 277.

있다. 이들은 싸워보지도 않고, 도시 안에서의 영적 전쟁을 포기하는 인상을 주기에 역력한 모습을 보이고 있다.[18]

미국 풀러신학교 선교학 교수인 찰스 크래프트(Charles H. Kraft)가 예리하게 지적하고 있다.[19] 귀신들이 하는 일은 무슨 수를 써서라도 선을 방해하는 것이다. 귀신들의 기본전략은 약점을 찾아서 공격하는 것이다. 귀신들은 공정하게 행동하지 않는다. 어떤 사람의 약점이 크면 클수록 귀신들은 바로 그 약점을 더욱 자주 공격할 가능성이 높다. 귀신들은 상처입은 피해자의 피냄새를 맡고 그를 끝까지 추적해 잡아내는 악랄한 약탈자와 같다.[20]

도시에서 목회와 선교를 하면 이 같은 일들이 일어나는 것을 목격한다. 따라서 목회와 선교를 위해 도시로 들어가서 복음을 전하는 것은 사탄의 나라에 도전장을 던지는 것이다. 그러므로 도시에서 사역하는 선교사들은 귀신들의 공격에 대항해 싸워 이길 수 있도록 영적 전쟁을 준비하여야 한다.

누가복음 4:33-35에 의하면, 실제로 예수님은 새로운 지역에 들어간 후 신유와 축사와 같은 능력을 다음과 같이 나타내 보이셨다.

회당에 더러운 귀신 들린 사람이 있어 크게 소리질러 가로되

---

18 정병관, 『복음혁명을 주도하는 도시교회 성장학』, 132.
19 찰스 크래프트(Charles H. Kraft)는 Fuller Theological Seminary에서 인류학 및 이(異)문화간의 의사 전달학 교수다. 저서는 *A Study of Housa Syntax* (Hartford Studies in Linguistics), *Communicating the Gospel God's Way* (William Carey Library, *Communication Theory for Christian Witness* (Abingdon Press) 등 다수가 있다.
20 Charles H. Kraft, *Defeating Dark Angels* (Ann Arbor: Servant, 1992), 107.

> 아 나사렛 예수여 우리가 당신과 무슨 상관이 있나이까 우리를 멸하러 왔나이까 나는 당신이 누구인 줄 아노니 하나님의 거룩한 자니이다 예수께서 꾸짖어 가라사대 잠잠하고 그 사람에게서 나오라 하시니 귀신이 그 사람을 무리 중에 넘어뜨리고 나오되 그 사람은 상하지 아니한지라(눅 4:33-35).

이러한 복음의 능력은 그리스도 안에 나타난 하나님의 나라이다. 그것은 삶의 모든 부분에서 왕으로 다스리시는 그리스도의 통치이다.[21] 예수님은 제자들을 파송하면서 그들에게 말씀 선포와 함께 능력 사역을 병행하셨다(행 3:1-10; 5:15-16; 9:23-42). 교회는 예수 그리스도의 복음이 지닌 이 권세와 권위를 활용해야 한다(롬 1:16).

교회는 복음의 본질에 충실한 자세를 확고하게 가다듬고, 삶과 사역에 임함으로서 지역사회가 타락하는 것에 맞서 싸워야 한다. "사단과 마귀들은 무엇인가를 만들어 내지 못하는 존재이다. 그렇기 때문에 무(無)로부터 어떤 것도 창조해낼 수 없다. 그들은 이미 있는 것에 편승할 뿐이다. 우리는 모든 문제가 마귀 때문에 생긴 것이라고 추정할 수 없다. 그것은 너무나 단순한 생각이다.[22]

그러므로 도시목회와 선교에 참여하는 자들은 가능한 영적 전쟁에 대해 많은 것을 배우고 경험하는 것을 필요로 한다. 영적 전쟁에 대한 지식과 경험이 없이 효과적인 도시목회와 선교를 하기란 어렵다.

크리스천의 삶과 사역 속에는 성령의 능력이 있어야 한다. 우리

---

21 Harvie M. Conn & Manuel Ortiz, 『도시목회와 선교』, 453.
22 Charles H. Kraft, *Defeating Dark Angels*, 41.

안에 성령께서 내주(內住)하시는 이유는 우리의 삶을 인간의 노력과 힘으로써가 아니라 성령께서 주시는 힘과 지혜와 인도하심으로 살아가게 하기 위해서이다.[23]

피터 와그너(Peter Wagner)는 『능력 대결: 신약교회는 어떻게 전략적 차원의 영적 전쟁을 경험 했는가』(Confronting the Powers: How the New Testament Church Experienced the Power of Strategic-Level Spiritual Warfare)라는 책에서 사단의 전략뿐 아니라 그리스도인들이 악한 공격을 이기고 승리할 수 있는 여러 가지 방법도 분명하게 제시한다.

교회는 모든 영적 전투에서 사용할 수 있는 가장 위대한 도구는 하나님의 말씀을 바로 알고 거룩한 삶과 사역에 그대로 적용하는 것임을 분명히 알아야한다. 또한, 하나님의 나라를 확장하고 마귀의 궤계를 무너뜨리려면 도시에서 마귀를 쫓아내기보다 예수님이 삶의 모든 부분의 주님이라고 고백해야한다(빌 2:11).

영적 전쟁은 그리스도인의 삶에서 실제로 일어나는 일이다. 우리는 전투중이며 저울의 균형을 잡아주는 추처럼 성경을 사용해야 한다. 인생은 전쟁이다. 믿음을 지키고 영생을 붙잡고 있으려면 끊임없는 싸움을 해야 하기 때문이다. 데살로니가전서 3:5에 보면, 바울은 사단이 우리의 믿음을 무너뜨리기 위해 애쓴다는 점을 분명히 말한다.[24]

폴 히버트는 사단을 다루는데 있어서 다음과 같은 경고를 한다.

---

[23] 배본철, 『52주 성령학교』(서울: 성지원, 2005), 155.

[24] John Piper, "A Battle Call to Advance God's Kingdom," *Mission Frontirs* (March-April), 13-5.

첫째, 사단의 실체를 부인하거나 우리 내부와 우리 주위에서 우리 자신이 연관되어 일어나고 있는 영적 전투의 실체를 부인하는 것이다.

둘째, 사단과 그의 졸개들에게 지나치게 매료되거나 두려움을 가지는 것이다.[25]

우리는 헌신된 많은 그리스도인들이 사단과 그의 역사에 관한 것들에 매료되어 있는 시대에 살고 있다. 하지만 그리스도인들이 사단에 관한 것보다 예수에 관한 것들에 대해 더 많이 아는 것이 중요하다(벧전 3:18). 사단을 무너뜨리는 것이 우리의 영적 삶에 있어서 중심이 되어서는 안 된다.

또한 그리스도인들은 사단의 존재에 대한 조소와 부정, 사단의 역사에 대한 지나친 관심 사이에서 어느 것에도 치우치지 않는 균형 잡힌 사고를 가져야 한다. 사단이 분명히 존재하지만 그리스도께서 이미 사단의 전진을 저지시킬 수 있는 힘을 우리에게 제공하셨다는 사실을 알아야만 한다(벧전 5:9).[26]

목회 선교사역의 새로운 비전은 그 초점을 도시에 맞추어야 하며, 열방에 그리스도를 전하기 위해서 도시에서 영적으로 승리해야 한다.

---

25 Paul G. Hiebert, *Anthropological Reflection on Missiological Issues* (Grand Rapids: Baker Book House, 1994), 214.

26 John Merry, Ebbie Smith and Justice Anderson, 『선교학대전』, 한국복음주의선교신학회 역 (서울: CLC, 2003), 847.

제2장

성육신의 사역

　예수 그리스도는 인간을 죄에서 구원하시기 위해 성육신하신 참 하나님이시며 참 사람으로서 십자가에 죽으심으로 우리의 대속물이 되셨으며 죽음의 권세를 이기시고 부활하셨다. 죄인을 구원하시려는 하나님의 원대한 구원 계획인 선교는 예수 그리스도를 통한 구원을 선포하는 것이다.

　목회와 선교는 예수 그리스도를 만나고 영접함으로써 구원에 이르는 것이며, 다른 한편으로는 예수 그리스도를 통한 구원의 복음을 선포하는 것이다. 예수 그리스도는 선교의 모범이다. 예수 그리스도의 성육신은 그 자체가 하나님의 구원의 선교이다. 하나님의 본체이신 예수 그리스도는 인간을 구원하시기 위해 친히 사람이 되어 이 땅에 오신 최초의 선교사이시다.[1]

　예수의 성육화된 선교사역을 통하여 보낸 자와 보내심을 받은 자 간의 동일화를 말하며, 보내심을 받은 사역자가 어떻게 목회와 선교

---

[1] 이광순, 『선교의 특수성과 보편성』(서울: 미션아카데미, 2000), 32-3.

사역을 하여야 하는가를 보여준다. 요한복음 1:14에 의하면, 예수의 성육신의 사역이 목회와 선교를 함에 있어서 구체적으로 어떤 중요한 의미를 제시하는가 하는 것이다.

테오 순더마이어(Theo Sundermeier)는 예수의 선교를 성육신의 선교라 칭하며, 이 의미를 독일을 위시한 서구 선교역사와 신학을 스스로 반성하는데서부터 찾고자 시도를 하였다. 그는 특히 제3 세계를 위한 선교사로서 지난날 자신의 경험을 "도움만을 주려고 하는 병(Helferssyndrom)에 시달리던 선교사"라고 고백하며,[2] 서구교회의 선교의 이와 같은 잘못은 본 회퍼(D. Bonnhoeffer)의 "타인을 위한 교회"(Kirche Für die Anderen)와 같은 교회의 중요한 선교적 슬로건에서 비롯될 수 있음을 지적한다.

순더마이어의 이해는 성서적이다. 예수는 사람들 속에서 이방인으로 계시지 않고, 누구를 위하여 계시지 않았고, 사람들 가운데, 그들과 더불어, 그들 중의 하나로, 그들의 친구로, 완전한 인간으로 계셨다. 마가복음 3:33-35에 보면, 자신을 따르는 사람들을 예수는 자기의 가족으로 고백하였고, 누가복음 12:4과 요한복음 11:11, 그리고 요한복음 15:14-15에서는 제자들을 친구라고 불렀으며, 마태복음 11:19에서 예수의 반대자들은 예수를 그를 따르는 사람들과 구별하지 않고 "세리와 죄인의 친구"로 이해하였다.

예수는 제자들과 특별히 구별되게 옷을 입거나 행동하지 않았기에 잡히시던 밤에도 가룟 유다가 입을 맞추어 알려주어야 했다. 성

---

[2] Theo Sundermeier, *Konvivenz und Differenz* (hrsg. von Volker Küster: Erlangen, 1995), 53.

육신의 예수는 사람들과 함께 먹고, 마시고, 잠을 자며, 그들 가운데 하나로 살며 선교하였다.[3]

예수의 성육신의 선교는 신인 예수가 그의 한계를 뛰어 넘어 인간이 되었기에 가능하였고, 그렇기에 선교란 인간이 만들어놓은 모든 장벽을 뛰어 넘는 가운데 이루어지는 것을 의미한다.

히브리서 7:26에 의하면, 예수는 "거룩하고 악이 없고 더러움이 없으며 죄인에게서 떠나 계시"지만, 그는 하나님의 본체시나 하나님과 동등됨을 취하지 않으심으로 사람들과 같이 되었기에 하나님의 완전한 선교를 보여주고 있다.

예수는 고통 속에 있는 인간을 목자 잃은 양처럼 보시고(마 9:36), 그들을 불쌍히 보시며 병을 고치시고, 음식을 주시며, 그들의 필요한 것을 채워 주셨다(마 14:14; 15:32; 막 5:19; 6:34; 8:2; 눅 7:13), 또 고난 당하는 민중의 병을 고치는 예수는 그들에게 익숙한 방법으로 때론 침을 뱉어서(막 8:24), 때론 귀구멍에 손가락까지 넣어가며(막 7:33), 병을 고쳐 주셨다.[4]

순더마이어는 이러한 예수의 성육신적 선교를 "함께 나눌 축제를 목표하는 선교"(Konvivenz)라고 하였다.[5] 그의 성육신은 인간에게 구

---

[3] 한국선교신학회, 『선교학 개론』(서울: 대한기독교서회, 2001), 52-3.

[4] 유진 나이더(E. Nida)는 이러한 성육신적 예수의 선교를 "선교 대상자와 연민적, 대인적, 호혜적 공감 이루어지는 나눔"의 선교라 하였다. 그는 이 나눔을 "수혜자로서가 아닌 동역자로서 사람들의 삶에 능동적으로 참여하는 것"으로서의 선교 동체화로 정의하며 선교는 새로운 그리스도인 위에 군림하는 것이 아니라 그들 가운데 함께하는 것이라고 하였다. E. Nida, *Message and Mission*, Rev. ed. (Pasadena California 1990), 230.

[5] 이것은 "우리 함께 축제하다," "서로 돕다" 등의 의미의 중남미의 발음이다. 이러한 이해나 삶은 제1 세계에서는 찾을 수 없는 것이고, 그래서 제3 세계에서 배워야

원의 복음을 전하는 최초의 선교사의 모범이다. 그는 하늘의 보좌를 떠나서 이 땅에 오셨으며 종의 형체를 입고 스스로 죄인과 같이 되었고 죄인을 위해 자신의 몸을 속죄물로 바친 선교사이다. 그러므로 그리스도인은 성육신의 선교를 하신 예수 그리스도의 모범을 따라서 구원의 복음을 전하기 위해서 어떠한 희생이라도 감수하는 종의 자세로 하나님의 선교에 임해야 할 것이다.[6]

도시 세계에 나사렛 예수님은 오셨다. 그리고 그분이 오시면서 하나님의 도시 갱신 계획이 시작되었다. 바벨에서 하나가 되어 하나님을 대적하려고 했던 인간의 추구는 하나님의 선물로 "한 주, 한 믿음, 한 세례"안에서 마침내 완성된다(엡 4:5). 하나님은 심판하시기 위해서가 아니라(창 11:5), 그리스도 안에서 구원하시기 위해 다시 내려오신다.[7]

마태복음 4:1-11에 의하면, 예수의 나그네 선교를 위한 몸부림은 본격적으로 광야에서 시작된다. 광야는 자기 훈련의 도장으로 그의 사역을 준비하기 위한 전진기지였다. 소유에서 존재로 가는 길목에서 예수는 마침내 모든 유혹에서 벗어나 자신이 가야 될 나그넷길을 향해 발길을 옮겼다.

마틴 헹엘(Martin Hengel)은 예수에 대하여 말하기를, "최초의 선교사였다"라고 불렀다.[8] 그는 그렇게 함으로써 예수가 자신을 이해

하는 삶의 지혜이기에 그대로 사용한것이다. 이 개념에 대한 소개는 순더마이어의 책(1995) 45-50쪽에 자세히 설명되어 있다.

6 이광순, 『선교의 특수성과 보편성』, 33.
7 Harvie M. Conn & Manuel Ortiz, 『도시목회와 선교』, 158.
8 Martin Hengel, *Between Jesus and Paul* (Philadelphia: Fortress, 1982), 62.

하는 핵심 측면을 중요하게 본다.⁹ 공관복음서에 나타난 예수의 가르침에 대한 기록은 예수가 그 자신의 선교를 명확하게 이해하고 있었다는 사실을 반영한다.¹⁰

예수님의 선교는 갈릴리를 중심으로 이루어졌으며, 그의 삶은 한 곳에서 다른 곳으로 이동하는 삶의 연속이었고 예수님의 행동반경은 갈릴리 지역을 크게 벗어나지 않았다. 마태복음 16:13과 마가복음 7:31, 5:1에 의하면, 가버나움에서 약 48km 떨어진 요단 동편의 가이사랴 빌립보 여행과 헬라인 지역과 예루살렘 여행 등을 제외하고는 그의 생애 대부분을 갈릴리에서 보내셨다.¹¹

그러나 예수님의 선교에 대한 교훈은 그 자신의 과업 이상의 것을 포함했다. 그 과업은 그의 제자들에게 맡겨진 과업을 포함했다.¹²

---

9 예수의 자기이해 입장은 근대 역사적 예수 탐구에 가담한 많은 학자들이 제안한 입장들과는 다르다. 그 제안들은 예수를 순회적인 사회개혁가(Crossan), 카리스마적인 하나님의 능력 소유자(borg), 회복 종말론 지지자(Sanders), 평화조약 지도자(Thiessen), 지혜 반대당 지도자(Schussler Fiorenza), 하층민 설교자와 치료자(Meier)로 포함시킨다. 이 주장과 기타 제안들뿐만 아니라 각 주장에 대한 비평연구를 위해서는 다음의 책을 보라. W Ben Witherington Ⅲ, *The Jesus Quest: The Third Search for the Jew of Nazareth* (Downers Grove: Inter Varsity, 995).

10 본장은 공관복음서들에 나타난 예수의 교훈에 국한시키나 가끔만 포함되는 요한복음 자료를 갖는다. 이장의 범위는 공관복음서의 연구에 대한 다양한 접근법들의 확장된 논의를 허용하기에는 불충분하지만, 신약의 역사적 문서들에 대한 복음주의 접근법이 의심의 해석보다는 '선의'의 해석을 사용함을 지적하고자 한다. 바꿔 말하면 증거의 부담은 예수 교훈의 복음기록이 신빙성이 없음을 주장한 학자들에게 지워진다. 역사비평적 방법의 공정한 사용은 "점검된 것은 아마도 정확할 것"이란 결론으로 이끈다. Crove L. Blomberg, *The Historical Reliability of the Gospels* (Downers Grove: Inter Varsity, 1987), 254. 이러한 사고는 이 장이 마태, 마가, 누가가 예수께 귀속시킨 표현이 정확히 그의 교훈 기록만큼 액면가치가 있는 것으로 받아들이는 가정으로 나아가게 한다.

11 Roger S. Greenway, "도시선교사역에로의 여정,"「선교와 신학」제10권 (2002), 103.

12 또한 이 주제는 간단히 요약될 수 있는 많은 양상들도 포함시킨다. 예수의 초림 전

예수님은 도시들을 향하여 열 두 제자를 내보내시면서 "천국이 가까 왔다"는 메시지를 주신다(마 10:7; 눅 10:1, 11). 예수는 그들 가운데 계시기 때문에, 하나님의 나라가 그들 가운데 있다(눅 17:21). 예수는 하나님의 구원의 통치가 성육신한 분이시며, 왕 가운데 임재하는 하나님 나라이며, 그분의 삶과 죽음과 부활을 통하여 도시를 회복시키는 대행자이시다.[13] 십자가와 부활을 향한 예수님의 행진은 예루살렘 도시를 향한 행진이다.

예수님의 목회와 선교에 대한 가르침은 주로 네 가지로 구성되어 있다. "나를 보내신 자"라는 구절은 보내는 자(sender)와 보냄받은 자 (the sent one)를 토론하는 출발점을 제공한다. 그의 선교 메시지와 결과들(Message and Results)은 '천국'(The Kingdom of God)과 밀접하게 관련되어 있다.[14] 예수 그리스도는 우리 죄를 위해, 그리고 우리를 현재의 악한 세상에서 자유하도록 하기 위해 죽으셨다. 예수 그리스도의 성육신과 십자가는 교회의 삶과 선교의 규범이다. 그분의 승리는 싸움의 와중에서도 우리의 소망의 기초가 된다. 그분의 부르심은 하나님의 전신갑주로서 우리 자신을 무장하고 진리와 기도라는 영적 무

예언자들(마 23:29-39; 눅 13:31-35)과 세례 요한(마 11:7-19; 눅 7:24-28; 16:14-17)은 이스라엘에게 사자들로 파송되었다. 예수 사역기간에 제자들은 다양한 예비 기능들, 이를테면 유월절 음식배정을 실행하는 소수 '선교단들'로 파송되었다(마 26:17-19; 막 14:12-16; 눅 22:7-13). 마지막으로 예수의 재림시 천사들은 수확거리를 모으러 파송될 것이다(마 24:29-31; 막 13:24-27). 이 각 항목은 현재 사역을 진행시키는 '선교'로 정의하는 것에 어울리지만, 이 중 어느 것도 예수 교훈의 주 강조점은 아니다.

13 Harvie M. Conn & Manuel Ortiz, 『도시목회와 선교』, 156.
14 William J. Larkin Jr. & Joel F. Williams, 『성경의 선교신학』, 홍용표·김성욱 역 (서울: 도서출판 이레, 2001), 166-7.

기를 가지고 이 전투를 싸우라는 것이다.[15]

기독교의 목회와 선교는 예수와 그의 사역에서 시작되었다. 조지 피터즈(George W. Peters)는 복음서에 나타난 대로 예수 그리스도에 대하여 말하기를, "예수는 이상적인 선교사, 하나님의 사도로서 빛난다"라고 하였다. 그러면 예수님은 선교하는 그리스도이다. 그는 이스라엘의 구세주시며, 세상의 구원자이시다.[16]

성육신은 유일한 사건이다.[17] 케리그마(kerygma)의 핵심인 예수 그리스도 안에서 하나님이 역사하심은 신약성경의 여러 구절에 나타나 있다. 요한복음 서두에는 예수를 로고스(logos), 곧 창세 전부터 계신 말씀이라고 했다. 그 말씀은 신성과 인성의 말씀이다. 이 창조의 빛과 생명을 주시는 하나님의 말씀은 예수 그리스도로 말미암아 세상에 오셨다(요 1:9-12). 요한은 말씀이 육신이 되어 오신 그리스도가 결국 하나님의 계시의 완성이라고 본다.[18] 주님은 복음을 우리에게 주시기 위해 좋은 동네에서 가족과 함께 살면서 불우한 이웃에게 출퇴근하는 식의 복음 전달 커뮤니케이션(Communication)을 선택하지 않으셨다. 그는 "육신이 되어 우리 가운데 거하시는"(요 1:14)

---

15 C. Rene Padilla, *Introduction to The New Face of Evangelism: An International Symposium on the Lausanne Conference*, 221.

16 Roger E. Hedlund, 『성경적 선교신학』, 송용조 역 (서울: 서울성경학교 출판부, 1990), 249.

17 말씀이 육신이 되어 우리 가운데 거하시매 우리가 그의 영광을 보니 아버지의 독생자의 영광이요 은혜와 진리가 충만하더라(요 1:14).

18 Vawter Bruce, "The Gospel According to John," in *the Jerome Biblical Commentary*, vol. II, 414-66.

그리스도이길 원하셨고, 그렇게 실천하셨다.[19] 바울은 골로새서에서 하나님과의 화목 제물로 세상에 오신 그리스도 안에 하나님의 모든 충만이 거한다고 말했다(골 1:19-20). 예수는 단지 가르치고, 주장하며, 사회를 개혁하려 세상에 오신 것이 아니라, 그로 말미암아 인간과 하나님 사이에 화목이 이루어지도록 하시기 위해서 오셨다.

레슬리 뉴비긴(Lesslie Newbigin)은 "신약성경에 의하면, 그리스도의 강림과 죽으심과 부활과 승천은 하나님의 구원 계획에 결정적인 순간이다"라고 주장한다.[20] 이 상황에서 사단은 치명적인 상처를 받게 되고 마지막 완전하고 영광스러운 의의 승리가 확보되었던 것이다. 이 사건 속에 거룩함, 의로움, 사랑이 조화롭게 합하여 하나님의 영광과 인간의 행복에 기여하며, 구원과 화해, 화목, 구속함, 그리고 회복을 가져오며, 신적인 실체들을 확실하게 나타나게 한다.

구원이 실제적인 것은 하나님께서 허락하신 것이기 때문이다. 그는 구원을 계획하시고 완전케 하셨다. 그가 구원을 구체화하시는 것은 그분이 지속적으로 선교하시는 하나님이시기 때문이다.[21]

오늘날의 선교와 목회가 전인격적인 선교를 회피하고, 프로그램 지향주의적 목회, 또는 사령부(headquarter)식 선교에 집중하고 있다. 한 예로, 남미에 복음을 전하기 위해 미국에서 남미 출신의 사람들이 가장 많이 사는 마이애미에 수많은 선교단체들이 몰려 있지만, 그 가운데 라틴아메리카 사람들과 함께 사는 선교사 가정은 단 하나

---

19 정병관, 『도전받는 현대 목회와 선교』, 211.
20 Lesslie Newbigin, *The Finality of Christ*, 61.
21 George W. Peters, 『선교성경신학』, 김성욱 역 (경기: 크리스챤출판사, 2004), 58.

에 불과하다.[22]

하나님이신 그는 우리와 같은 사람, 우리의 살과 피, 우리의 약함을 같이 나눈 사람, 약한 인간에 의해서만 이해될 수 있는 사람으로 오셨다.[23] 이 성육 사건에서, 하나님은 자신을 낮추시고, 그 자신을 숨김없이 보여주시고, 인간의 수준에서 온전한 커뮤니케이션을 이루려 하셨다. 그는 "육신이 되어 우리 가운데 거하시는" 그리스도이시길 원하셨다.[24]

도시에서의 성육신적 사역은 가난과 빈곤을 향한 믿는 자들의 긍휼한 마음속에서 보여야 한다. 초대교회의 선교사역은 이러한 긍휼한 마음과 항상 같이 가고 있었다. 그들은 자신의 능력에 따라 형제들을 돕는 일을 적극적으로 실천하였다(행 2:44-47; 4:32-35; 11:29). 그들의 이러한 행위는 어디까지나 자발적인 것이었으며, 제도적이고, 상호협약에 의한 것이 아니었다. 이들의 이러한 구별된 긍휼의 실천 행위는 구원받는 이들을 날마다 더하게 하였다(행 2:47).[25]

예수님의 도시를 향한 태도와 관점, 곧 그리스도의 마음을 갖게 되었을 때 진정으로 세속화되어가는 도시를 위하여 울 수 있다. 우리에게는 은사와 영적 권위가 주어졌다. 사단의 견고한 진을 무너뜨리는 경험을 통해 하나님의 능력을 알게 된다. 또한 신실하신 하나님에 대한 믿음으로 도시를 위해 담대히 나아갈 수 있게 되었다.

---

22 Ray Bakke, *The Urban Christian*, 50-51.
23 정병관, 『복음혁명을 주도하는 도시교회 성장학』, 174.
24 말씀이 육신이 되어 우리 가운데 거하시매 우리가 그의 영광을 보니 아버지의 독생자의 영광이요 은혜와 진리가 충만하더라(요 1:14).
25 정병관, 『도전받는 현대 목회와 선교』, 212.

제3장

선교적 리더십

　성경말씀이 보여주듯이 어떠한 사람들의 조직에서든 근본적인 변화는 리더들에게 그 조직의 생명을 변화시킬 수 있고, 자신 또한 변화될 수 있는 능력을 요구하기 때문에, 리더십은 성령에 의해 공급되는 매우 중요한 은사이다. 성육신한 선교사는 내부 사람들의 방식, 그들의 감정, 소원, 태도, 두려움에 대해 깊은 이해를 할 수 있는 기회를 갖게 된다.

　그렇게 해야만 감추어졌을지도 모르는 그들의 가치, 관심, 동기에 대해 예민하게 들을 수 있다. 그리하여 그는 지역 사람들이 그를 좋은 소식으로 보도록 만들어서 그들을 하나님께로 인도할 수 있는 통찰을 획득하고 또 생활습관과 사역 방식을 채택할 수 있다.[1]

　사도행전 9:6과 28:1에 의하면, 바울은 머리끝부터 발끝까지 철저하게 도시인이었다. 사도바울의 모든 서신과 언어, 비유에 이르기

1　E. Thomas and Elizabeth S. Brewster, *Bonding and the Missionary Task: Establishing a Sence of Belonging* (Pasadena: Linqua House, 1982), 6-7.

까지 한결같이 도시의 냄새를 풍긴다. 바울은 자신이 고난받았던 장소를 분류하면서 세계를 도시와 광야, 바다로 나누고 있다. 회심하는 순간부터 죽는 날까지 바울은 도시에 빠져 살았다.

바울의 도시선교 접근방식은 기본적으로 가족중심이었다. 사도행전 16:13에 의하면, 지속적으로 '집안' 지향적인 선교 접근방식을 사용했다. '집안'이란 확장된 가족의 개념이다. 사도행전 10:2과 10:48에 의하면, '집안'(oikos)식 접근은 사도바울을 비롯한 여러 도시 전도자들이 도시 전체를 그리스도께 돌아오도록 만드는 데 사용하던 신약성경의 방법이다. 베드로가 계시를 받고 고넬료의 집에 갔을 때 성령님께서 강림하셨고, 그 집안 식구 모두가 세례를 받았다.[2]

도시선교에 대한 '집안'식 접근은 틀림없이 신약성경이 보여주는 모델이며, 21세기에도 크게 영향을 미칠 수 있는 방법이다. 바울의 도시선교 접근방법에는 평신도와 가정(또는 집안)을 포함하고 있다.

도시인들은 교회가 제시하는 류(類)의 교제와 인간관계를 갈망하고 있다. 그러므로 각 가정은 초대교회에서 보는 것과 같이 강력한 사역 센터가 되어야 한다. 사도행전 5:2에 의하면, 날마다 성전에서, 그리고 각자 자신의 집에서 예수님이 그리스도라고 가르치고 설교하기를 멈추지 않는다.

도시에 복음을 전하는 일은 그리스도께서 각자의 개인적인 세계와 생활방식에 영향을 미치기 시작해서 궁극적으로 저마다의 존재와 소유 전반을 다스리시는 주님이 되실 수 있도록 자리를 내어 드

---

2 Frank Damazio, 『지역사회를 바꾸는 도시목회』, 최종훈 역 (서울: 베다니출판사, 2002), 227.

리는 일에서 시작해야 한다. 도시선교는 위대한 꿈이며 선포할 때마다 영감을 주는 메시지다. 도시 지도자들은 지역사회와 미래의 동향을 읽고 해석할 수 있는 능력을 갖추어야 한다.

진정한 선교적 리더십은 섬기고, 희생하며, 주어진 여가시간을 포기하고, 이웃들을 포함해서 여러 사람들 때문에 불편해지며, 진정 치유의 분위기를 필요로 하는 망가진 인생들에게 가정을 개방하지 않고는 도시목회와 선교를 기대할 수 없다.[3]

---

3 Frank Damazio, 『지역사회를 바꾸는 도시목회』, 233.

제4장

선교적 교회

　사도행전 2:41-47에 의하면, 교회는 예수 그리스도를 구주로 고백하는 하나님의 백성들로 구성된 믿음의 공동체이다. 그리스도인의 공동체로서 교회는 현존하는 하나님 나라의 표상이며 도래할 하나님 나라의 상징적 모습이다. 이러한 교회의 존재 이유와 목적은 그리스도를 통한 구원의 복음을 만방에 전함으로써 하나님 나라를 확장하는 선교이다.[1]

　선교는 교회의 선교 이전에 하나님의 선교(Missio Dei)이고, 교회의 영역을 넘어서 종말론적인 하나님의 나라를 목적으로 하는 정치, 경제, 역사, 종교, 문화, 생태계 등 전 인류와 우주의 영역까지 확장되는 일(mission)이다.[2]

　선교에 대한 인식은 교회의 사명 중 하나의 부분적인 영역으로

1　이광순, 『선교의 특수성과 보편성』, 38.
2　한국선교신학회 역, 『선교학 개론』, 70-1.

제한시켜 선교에 대한 중요성을 크게 상실시키고 있다.[3] 그러나 교회는 선교를 실천하는 가운데 그 존재의 가치를 인정받을 수 있다. 지역교회가 어느 정도 성장하면 교회교육에 관심을 가지고, 그 다음에는 교회와 지역사회 그리고 세상을 향한 봉사와 선교활동을 생각한다. 그러나 선교는 교회가 해야 할 가장 마지막 부분이 아니다. 선교는 교회의 사명 가운데 하나의 주변을 차지하는 영역은 더더욱 아니다.

선교는 교회가 힘이 남을 때에나 하는 교회의 주변 영역이 아니라, 선교는 교회의 중심핵이고, 교회를 교회되게 하는 교회의 본질이다.[4] 선교 없이는 교회는 나아갈 방향성과 목적성을 상실하고, 선교 없이는 교회가 존재 자체의 근거와 이유를 찾지 못한다. 교회의 존재 목적은 세상을 구원할 선교의 사명(mission)에 있는 것이다.[5]

교회는 선교의 사명을 감당하기 위해서 그 본질상 하나 됨의 일치(unity)와 깨끗함(holiness)의 성결을 유지해야 한다.[6] 선교하지 않는 교회는 근본적으로 교회로서의 존재 필요성을 상실한다. 왜냐하면 교회의 궁극적인 목적은 선교이기 때문이다.[7]

바울은 선교를 위해 교회의 하나 됨을 강조하였다. 에베소서 4:1-6로 보면, 교회는 성령이 평안의 매는 줄로 하나 되게 하신 신앙

---

[3] 노윤식, 『새천년 성결 선교신학』(안양: 성결대학교 출판부, 2000), 3-15.
[4] David Bosch, *Transforming Mission: Paradigm Shift in Theology of Mission* (New York: Orbis, 1991), 9-10.
[5] Charles van Engan, *Mission on the Way: Issues in Mission Theology* (Grand Rapids: Baker Books, 1996), 111-4.
[6] Charles van Engan, *Mission on the Way: Issues in Mission Theology*, 106-14.
[7] 이광순, 『선교의 특수성과 보편성』, 38.

공동체이다. 성도들은 한 소망 안에 부르심을 받고 한 하나님을 믿는다. 신앙공동체의 주님은 하나요, 믿음도 하나요 세례도 하나이다. 그런데, 하나님의 성령이 교회를 하나 되게 하시는 것은 바로 선교하시는 하나님의 활동과 연관되어 있다. 하나님의 성령은 이방인이나 외국인과 나그네, 빈자들을 모두 하나의 신앙공동체로 함께 묶는다. 그러나 교회 역사에서 인종과 지리 혹은 정치경제적 상태에 따라 교회가 분열되는 일은 참된 교회의 본질에서 벗어나는 일탈이었고, 선교에서 치명적인 과오가 될 수밖에 없었다.[8]

교회는 근본적으로 하나님의 선교를 감당하는 선교적 본능을 지니고 있기 때문에 존재 자체가 선교적이어야 한다. 또한 교회는 존재하는 모습대로 행하기 때문에 교회의 모든 사역은 교회의 본질에 대한 이해로부터 나온 것이어야 한다. 그리고 교회는 행하는 그것을

---

[8] Richard Niebuhr, *The Social Sources of Denominationalism* (New York: World, 1929), 21-30; 278-284. 니버는 미국의 교단 분립 배경을 기존의 신학적 접근보다는 사회학적인 접근 방법을 사용하여 분석하고 있다. 그는 교회가 복음의 이상을 조직화하여 하나의 교단이 되면 교회는 사회적으로 세상의 원칙과 타협하여 자기 권력을 지키기에 급급해 교회의 본질인 복음의 내용을 상실하게 될 수밖에 없다고 사회학적으로 분석했다. 그는 이러한 맥락에서 종파, 교회, 교단을 분석했는데, 즉, 복음의 순수성을 지키기 위해 소수의 사람들이 교단을 이탈하여 새로운 종파 운동(sect movements)을 시작하고, 이들이 곧 교회를 조직하며 점차 교단의 조직화로 발전하게 된다. 그러나 교단이 경직화되고 굳어지면, 또다시 복음의 순수성이 조직에 의해 흐려지고 곧 이것이 또 다른 종파의 형성을 불러일으킨다는 것이다. 특히, 조직화된 교회가 복음의 순수에서 멀어질 때 교회는 사회적으로 하층계급인 사람들을 무시하게 되어있다. 교회는 경제적으로 중산층의 사람들의 문화 종교적인 욕구를 채우기 위한 프로그램을 개발하게 되고 경제적으로 빈한 자들을 교회 정치에서 제외시킬 위험성이 높다. 니버는 결론적으로 개혁성을 가진 교회 안의 교회(ecclesiola in ecclesia)를 주장하는데, 즉, 교단은 조직화를 통해 거대화를 바라는 교단주의(denominationalism)에 빠질 것이 아니라, 인간적인 노력보다는 하나님의 은혜에 의지하여 복음을 전달하는 전달체로, 사회를 변화시키는 단체로, 복음의 본질을 지키는 일치된 교회가 되어야 한다고 주장하였다.

조직하기 때문에 교회의 조직 역시 교회의 본질과 일치하도록 노력해야 한다.9

선교적 개념을 이해하고자 할 때 핵심 이슈는 'missional'이라는 용어의 사용이다. 이 단어는 1998년 『선교적 교회』의 출판과 함께 공식적으로 사용되기 시작했다. 일반적으로 사용되는 'mission' 혹은 'missionary'라는 용어 대신 'missional'이란 신조어를 사용하게 된 데에는 나름대로 전략적 의도가 담겨져 있었다. 이에 대해서 앨런 록스버러(Alan J. Roxburgh)와 스콧 보렌(M. Scott Boren)은 선교적 개념에 대하여 말하기를, 'mission'이란 단어의 끝에 'al'을 첨가함으로써 우리가 즉시 보지 못하고 이해하지 못하는 새로운 의미를 얻게 된다. 그 단어는 우리로 하여금 멈춰 서서 우리의 가정들을 점검하고 교회됨의 다른 방식이 있는지에 관해서 질문하도록 초대한다"라고 하였다.10

선교적 교회 개념을 학자들마다 설명하는 방식이 서로 다르기 때문에 간명하게 정의하는 일은 그리 쉽지 않다. 그런데 여러 학자들 가운데 루이스 바렛(Lois Y. Barrett)의 설명이 가장 포괄적인 내용을 담고 있는 것으로 보인다.

선교적 교회는 깨어지고 죄로 물든 세계 속에서 모든 것을 바르게 하고, 구속(救贖)하고, 하나님께서 세계에 대해 항상 의도해 오신 대로 회복하는, 하나님의 선교에 참여함으로써 형성되는 교회다. 선

---

9 Craig Van Gelder, 『선교하는 교회 만들기』, 최동규 역 (서울: 베다니출판사, 2003), 62.
10 Alan J. Roxburgh and M. Scott Boren, *Introducing the Missional Church* (Grand Rapids: Baker Books,2009), 30.

교적 교회들은 자신을 보내는 존재로 생각하기보다 보냄을 받은 존재로 생각한다. 선교적 회중은 하나님의 선교가 회중이 행하는 모든 것, 예배로부터 증거, 제자도를 위해 구성원들을 훈련하는 것에 이르기까지 스며들게 한다.[11] 이 정의는 '하나님의 선교,' '보냄을 받은 존재,' '선교적 회중' 등 선교적 교회론의 핵심 개념들을 활용하고 있다.

록스버러(Alan J. Roxburgh)와 보렌(M. Scott Boren)이 제시하는 선교적 교회에 관한 8가지 오해는 다음과 같이 요약된다.

① 선교적 교회는 타문화 선교를 강조하는 교회들을 묘사하기 위한 라벨이 아니다.
② 선교적 교회는 교회 밖 세상을 향한 봉사활동 프로그램을 사용하는 교회들을 묘사하기 위해 사용된 라벨이 아니다.
③ 선교적 교회는 교회성장과 교회 효과성을 설명하는 또 다른 라벨도 아니다.
④ 선교적 교회는 전도에 효과적인 교회들을 설명하는 라벨이 아니다.
⑤ 선교적 교회는 비전과 존재 목적에 대한 분명한 사명선언문을 개발한 교회들을 묘사하기 위한 라벨이 아니다.
⑥ 선교적 교회는 비효과적이고 시대에 뒤처진 교회 형식들을 개선하여 넓은 문화에 적합하도록 만드는 방식이 아니다.

---

11 Lois Y. Barrett, *Treasure in Clay Jars: Patterns in Missional Faithfulness* (Grand Rapids: Eerdmans, 2004), x.

⑦ 선교적 교회는 초대 혹은 고대 방식의 교회됨을 가리키는 라벨이 아니다.
⑧ 선교적 교회는 전통교회들에 흥미가 없는 사람들에게 복음을 전하고자 하는 새로운 형식의 교회를 묘사하는 라벨이 아니다.[12]

록스버러(Alan J. Roxburgh)와 보렌(M. Scott Boren)은 근대적 가치가 성경적 가치를 잠식한 결과로 나타난 모델로서 '끌어 모으는 교회'(the attractive church)를 언급한다. 이 개념은 선교적 교회의 개념과 대조를 이루는데, 특별히 마케팅의 기법을 사용하여 신자들을 모으는 데 초점을 맞추는 교회를 말한다.

그러므로 '선교'와 '교회'라는 단어는 사람들을 끌어들이고(attracts), 예배하고, 구비시키고 다시 파송하는 교회를 정의하기 위해 사용된다. 물론 파송의 목적은 사람들을 끌어들이는 행사에 더 많은 사람들을 데리고 오는 것이다. 이로 말미암아 사람들은 '선교적' 삶이 그들이 여태껏 해왔던 것과 별반 다르지 않다고 결론짓는다. 대다수의 사람들은 교회에 참석하고, 몇몇 개인들만 선교활동을 행한다.[13]

이렇게 볼 때, 록스버러(Alan J. Roxburgh)와 보렌(M. Scott Boren)은 선교적 교회가 아닌 경우에 대해서 말하는 부정(否定)의 방식을 전략으로 채택한다. 이것은 폴 히버트(Paul G. Hibert)가 설명하는 중심 집

---

12 Alan J. Roxburgh and M. Scott Boren, *Introducing the Missional Church*, 32-3.
13 Alan J. Roxburgh and M. Scott Boren, *Introducing the Missional Church*, 30.

합(centered sets)의 인식 전략에 가까우며,14 본질적 속성의 경계를 확정짓지 않고 대상을 파악하려는 포스트모던(postmodern)적 사유방식에 해당한다.

다른 한편, 복음과 우리 문화네트워크가 추진한 '선교를 향해 변화하는 교회들'(Developing Congregational Models) 프로젝트의 결과로 작성된 교회의 12가지 지표는 비록 선교적 교회를 이해하는 데 매우 유익한 설명을 제공해 준다.

① 선교적 교회는 복음을 선포한다.
② 선교적 교회는 모든 구성원이 예수의 제자가 되기 위한 배움에 참여하는 공동체이다.
③ 성경은 선교적 교회의 삶에서 규범적인 역할을 한다.
④ 이 교회는 주님의 삶, 죽음, 부활에 참여하기 때문에 자신을 세상과 다른 집단으로 생각한다.
⑤ 교회는 하나님께서 공동체 전체와 그 공동체에 속한 모든 구성원에게 주시는 구체적인 선교적 소명을 식별하려고 노력한다.
⑥ 선교적 공동체는 그리스도인들이 서로를 향해 행동하는 방식에 의해 드러난다.
⑦ 그것은 화해를 실천하는 공동체이다.
⑧ 이 공동체에 속한 사람들은 서로를 사랑해야 할 책임을 지닌다.

---

14 Paul G. Hiebert, 『인류학적 접근을 통한 선교현장의 문화 이해』, 김영동·안영권 역 (서울: 죠이선교회, 1997), 141-79.

⑨ 이 교회는 환대를 실천한다.
⑩ 예배는 이 공동체가 기쁨과 감사로 하나님의 임재와 하나님께서 약속하신 미래를 경축하는 핵심적 행위이다.
⑪ 이 공동체는 생생한 공적 증거를 행한다.
⑫ 교회 자체는 하나님 나라의 불완전한 표현임을 인정한다.[15]

복음, 교회, 문화의 유기적 상호연관성에 입각하여 선교의 문제를 다루는 방식은 선교적 교회론을 구축하는 중요한 방법론이 된다.[16] 교회는 복음과 문화와의 상호 관계성을 지니고 있다. 교회는 복음중심적인 공동체로 존재해야 하며, 그것의 선교적 본성을 따라 세상 혹은 문화 가운데에서 복음의 전달자로서 살아가야 한다.

이때 '에클레시아'(ecclesia)로서의 선교적 회중은 자신이 처한 문화적 환경 속에서 복음의 해석자(hermeneutic of the Gospel)로서 기능한다.[17] 선교적 교회의 근본은 하나님의 구속적 통치로서의 하나님 나라 개념을 언급할 수 있다. 밴 겔더(Craig Van Gelder)에 의하면, "하나님의 구속적 통치는 교회의 본질과 사역과 조직을 규명하는 기초

---

15 Walter C. Hobbs, *Treasure in Clay Jars: Patterns in Missional Faithfulness* (Grand Rapids: Eerdmans, 2004), 159-161. 호주 출신의 마이클 프로스트와 앨런 허쉬는 이 12가지 지표에 3가지 원리를 추가적으로 제시하고 있다. 그들에 따르면 선교적 교회는 교회론의 측면에서 성육신적이고, 영성의 측면에서 메시아적이며, 리더십의 측면에서 사도적인 형태를 채택한다. Michael Frost and Alan Hirsch, 『새로운 교회가 온다』, 지성근 역 (서울: IVP, 2009), 33.

16 Gorge R. Hunsberger, *The Church Between Gospel & Culture* (Grand Rapids: Eerdmans, 1996), 9.

17 Lesslie Newbigin, 『다원주의 사회에서의 복음』, 허성식 역 (서울: IVP, 1998), 357.

가 된다"라고 하였다.[18] 선교적 교회를 강조하려는 것은 하나님의 구속적 통치로서의 하나님 나라다. 하나님 나라의 기본개념은 하나님께서 예수 안에서 구속의 능력에 기초하여 생명을 회복시킨 권세로서 인간의 역사에 강력하게 개입하셨다는 것을 의미한다.[19] 이 개념은 인간의 선교(Missio Hominum)나 교회의 선교(Missiones Ecclesiarum)와 대조되는 것으로서 하나님 자신이 직접 선교의 동기와 수단과 목표가 되신다는 것을 천명한다.[20]

하나님의 선교개념은 모든 인간의 선교와 교회의 선교를 더 이상 독자적으로 생각하도록 내버려 두지 않고 하나님의 주권 아래 종속시킨다. 뉴비긴(Lesslie Newbigin)에 따르면, 사실 교회의 선교는 예수를 주로 고백하는 것이 모든 새로운 백성들이 각각 자신의 언어로 진정한 고백을 하게 하시는 성령이 그런 활동에 대한 교회의 순종적인 참여다.[21] 따라서 선교적 교회는 모든 인간과 교회의 선교적 활동과 행위를 하나님 중심의 선교개념 안으로 이동할 것을 촉구한다.

선교를 하려면 먼저 정책을 세워야 한다. 한 국가나, 한 기업체라 할지라도 이러한 정책 없이 경영한다는 것은 무모한 결과를 가져옴으로 반드시 어떤 사업을 위해서는 정책이 요구되는 것이다. 그러므로 선교를 함에 있어서도 동일한 원리가 요구된다.[22]

---

[18] Craig Van Gelder, 『선교하는 교회 만들기』, 117.
[19] Craig Van Gelder, 『선교하는 교회 만들기』, 118.
[20] Georg F. Vicedom, 『하나님의 선교』, 박근원 역 (서울: 대한기독교출판사, 1980), 16.
[21] Lesslie Newbigin, *The Open Secret: An Introduction to the Theology of Mission, Revised Edition* (Grand Rapids: Eerdmans, 1995), 20.
[22] 강문석, 『선교정책론』(서울: 칼빈서적, 1992), 115.

교회는 하나님의 택하신 족속이요 왕 같은 제사장이며, 거룩한 나라요 그의 소유된 백성이다. 이 부르심은 교회가 어두운데서 불러내어 기이한 빛에 들어가게 하신 분의 아름다운 덕을 선전하게 하려함이다. 교회는 그리스도 예수 안에서 목적을 가진 창조물 즉, 그의 눈에 보이는 표현인 그리스도의 몸이고 성령님이 거하시는 성전이다. 또한 교회는 오순절에 하나님의 목적을 성취하기 위해 성령님의 통합체로서 섬기기 위해 이 세상에 창조되었다.[23]

선교란 교회에 부과된 부담스러운 것이 아니라, 포도가 포도나무의 가지에 속한 것이 당연하듯이 선교는 교회의 본질이며 동시에 너무나 당연한 것이다. 이 선교는 교회의 내부 구조와 특성, 부르심 그리고 계획에서 발한다.

19-20세기 선교에서는 선교의 어원이 "보냄"과 연결됨으로써 파송하는 일만이 곧 선교라는 잘못된 일반화로 나갔다.[24] 그러나, 21세기는 교회의 사명 전체가 사도적 선교와 연결되어야 함이며 성서도 선교야말로 힘이 남으면 하는 일이 아니고, 선교는 삼위일체 하나님의 인류 구원에 대한 열망에서 비롯된 인간의 사명이요 임무(mission)라고 말하며, 교회는 사도적 선교공동체임을 증언하고 있다(딤전 2:4-5; 마 28:19-20; 행 2:41-47). 특히, 사도적 선교는 교회의 예배, 교육, 봉사, 친교의 내부적 사명에 밀접하게 관여하게 될 것이고, 교회

---

[23] 강문석, 『선교정책론』, 211.

[24] Lucien Legrand, *Unity and Plurality: Mission in the Bible* (New York: Orbis Books, 1990), xiv. 물론 성서에서는 선교(mission)란 "보냄"(sending)과 관련이 있는데, '보내다'라는 동사는 펨페인(pempein)과 아 포스텔레인(apostellein) 두 동사로서 신약에 206번 나온다. 보냄을 받은 자인 아포스톨로스(apostolos)는 79번, 그리고 이들의 임무인 아포스톨레(apostole)는 4번 나온다.

의 중심핵으로서 교회 자체를 갱신(revitalization)시키고, 성장(growth)시키며, 확산(extension)시킬 뿐만 아니라 하나님의 나라를 확장시키는 모든 일에 관여할 것이다.[25]

헨리 타이슨(Henry C. Thiessen)은 교회의 목적의 7가지에 대하여 다음과 같이 말했다.

> 하나님께 영광을 돌리고, 교회의 품성을 높이고, 정결케하고, 성도들을 교육시키고, 세상을 복음화하고, 세상을 제지하고 밝게 하는 힘으로써 행하고, 모든 선한 것을 장려하는 것이다.[26]

휴 커르(Hugh T. Kerr)는 가장 고유한 방법으로 강조해야 할 곳에 강조하고 있다. 우리는 사회학을 전하기 위함이 아니라 구원을 전하기 위함이며, 경제학이 아니라 전도를, 개혁이 아니라 구속(redemption)을, 새로운 사회질서가 아니라 새로운 탄생을, 혁명이 아니라 부활을, 새로운 조직이 아니라 새로운 창조를, 민주주의가 아니라 복음을, 문명이 아니라 그리스도를 전하기 위해 보냄을 받은 것이다. 우리는 외교관들이 아니라 대사들이다.

우리의 선교적 과제는 많은 지역들이 도시화되고 있다는 사실이다. 이와 같은 변화는 오늘과 내일의 세계 선교에 적절한 메시지

---

[25] 한국선교신학회 역, 『선교학 개론』, 67.
[26] Henry C. Thiessen, *Lectures in Systematic Theology* (Grand Rapids: Eerdmans, 1949), 432-6.

를 전달해 준다. 21C 선교의 승부는 대도시에서 판가름 날 것이라는 성급한 전망을 하지 않더라도[27] 장차 우리가 도시를 복음화하지 못하면 미래의 기독교는 주변 세력으로 전락하고 말 것이라는 폴 히버트(Paul G. Hibert)의 말은 우리에게 경종을 울린다.[28]

교회는 도시화의 위기에 어떻게 대응할 것인가?

우리는 먼저 도시화로 인해 가장 큰 위기에 직면 하였고 적극적으로 도시화를 극복하기 위한 대응책을 마련해보자.

---

[27] James A, Scherer, *Gospel, Church and Kingdom* (Minneapolis: Augsburg, 1987). 47.

[28] Paul G. Hiebert, "World Trends and Their Implications for Mission," *Trinity World Forum* (Winter 1990), 2.

제5장

도시목회 선교에 참여하기 위한 단계[1]

 하나님의 일을 행하는 일과 그리스도를 위해 잃어버린 자들에게 복음을 전하는 일에 관심이 있는 모든 사람들은 세계의 성장하는 도시들이 주는 도전에 대해 생각해 볼 것을 권한다. 사람들은 매우 큰 규모로 도시로 이주하고 있기 때문에 그 배후에는 하나님이 정하신 구속적 목적이 있는 것이 분명하다.
 우리는 그것에 어떻게 반응할 것인가?
 우리의 반응은 우리가 도시에 사는 것을 선호하는가 아닌가에 좌우되어서는 안된다. 요나의 경우와 마찬가지로, 분명 바울의 경우에 그랬던 것과 마찬가지로 문제는 일꾼이 필요한 이때 하나님이 우리에게 가기를 원하시는 곳으로 갈 것인가의 문제이다. 자신들을 향하신 하나님의 뜻이 무엇인지 기꺼이 탐구해 보고자 하는 사람들을 위해 다음의 몇 단계를 권한다.

---

[1] 랄프윈터, 스티븐 호돈,『미션 퍼스펙티브』, 정옥배 역 (서울: 예수전도단, 2000), 307.

1. 성장하라(Grow)

가장 중요한 것은 당신의 영적 발전이다. 도시에서의 사역은 "하나님의 전신갑주를 입을"(엡 6:11) 것을 요구한다. 단지 한번 혹은 가끔 입어야 하는 것이 아니라 날마다 입어야 하는 것이다. 그러므로 당신의 영적 시야를 넓히라. 당신의 개인적 발전만이 아니라 다른 사람들을 강하게 하기 위해 대가를 지불해야 하는 교회 관련 관심사와 사역의 영역에까지 나아가라.

2. 참여하라(Get Involved)

조직화된 도시선교사역에 참여하라.

그렇게 되면 귀중한 경험을 얻게 될 것이며, 당신이 사역에 은사가 있는지 시험해 볼 수 있을 것이다. 효율적으로 사역하고 있는 도시의 목사나 전도자나 선교사의 '도제(徒弟)' 노릇을 해보라. 주님이 어떻게 자신의 일꾼들을 이용하시는지 주의 깊게 살펴보라. 여러 종류의 사람들에게 복음을 전하고 다양한 필요들을 채우는 일에 대해 배울 수 있는 모든 것을 배우라.

3. 배우라(Learn)

도시에서의 선교역사를 다루는 책들과 잡지들을 읽고 도시 사역의 여러 모델들에 대해 배울 수 있는 것은 모두 배우라. 가능하다면 성경 대학이나 신학교에서 도시선교사역에 대한 강좌를 들으라. 몇몇 학교에는 도시선교에 대한 진일보한 학문적 프로그램들이 개설되어 있다.

4. 탐구하라(Explore)

특정한 도시를 연구조사하라.

첫째, 도시의 지도를 연구하고 도시의 여러 다른 지역들-상업지역, 산업지대, 주거지역-을 찾아보라. 인구가 늘어나고 있는 지역들과 그곳에 사는 사람들 및 문화의 종류를 주의 깊게 살펴보라.

둘째, 한 지역을 택해서 그곳의 사람들-그들의 종교, 문화, 언어, 사회적 상황-을 연구해보라. 그들의 영적, 사회적, 물질적 필요에 대해 질문해 보라. 그곳에 있는 언어 집단에 활발한 교회들이 있는지 찾아보라. 그리고 특정한 지역에서 그리스도의 나라를 진척시킬 방법들에 대해 생각해 보라.

5. 기도하라(Pray)

도시를 위한 기도 사역을 개발하고 유지하라. 기도는 선교활동이다. 당신은 세계 여러 지역의 특정한 도시들의 목록을 만듦으로써 바로 도시선교를 시작할 수 있다. 사람들과 그들의 필요에 대해 알 수 있는 것은 모두 알아보라, 그 다음에 하나님이 그 도시들에서 하나님 나라를 세우시도록 정기적으로 기도하라.

이 단계들을 따르면 도시목회와 선교가 무엇을 의미하는지에 대해 점점 더 알 수 있게 될 것이다. 하나님은 당신이 도시들에 대해 더 마음의 부담을 가지게 하실 것이며, 당신이 어떤 역할을 하기를 원하시는지 보여주실 것이다. 하나님이 당신을 세계의 가장 전략적 장소인 도시들에서 하나님의 나라를 세우는 일에 동역자로 부르신다면 그것을 큰 특권으로 생각하라.

에드워드 데이톤(Edward Dayton)과 데이빗 프레이저(David Fraser)는 전략에 대하여 말하기를, "전략은 전면적인 접근방법, 기획, 목표에 도달하거나 또는 문제해결을 위해서 어떻게 나아갈 것인가를 서술하는 방법이다"라고 정의했다.[2]

어떤 목표를 향해서 나아갈 때 전략을 세우게 된다. 선교전략의 정의는 아래와 같다.[3] 선교전략이란 제시되어진 선교의 목표를 달성하기 위한 계획을 의미한다. 또한 선교자원과 기회들을 활용하는 전반적인 계획, 원리, 방안들을 의미하며 그 목표를 향해서 바르게 나아가도록 도와준다. 목표에서 벗어날 때 수정하여 주고, 평가하도록 도와준다.

주님이 우리에게 주신 대 위임명령을 잘 성취하기 위해서는 성경이 말하고 있는 선교의 원리들을 잘 이해하고 그 기초 위에서 현

---

[2] Edward R. Dayton and David Fraser, *Planning Strategies for World Evangelization* (Grand Rapids: Eerdmans, 1990), 13.

[3] Winston Crawley, *Grobal Mission: A Story To Tell* (Nashville, Broadman Press, 1985), 26.

대적 적용을 위한 전략이 올바르게 수립되어야 한다. 이것은 선교를 보다 효과적으로 수행할 수 있도록 도와준다.

효과적인 선교전략의 특성을 5가지로 요약하면 다음과 같다.

① 효과적인 선교전략의 특성은 하나님 나라의 확장을 중심목표로 삼아야 한다.
② 효과적인 선교전략은 총체적이어야 한다.
③ 효과적인 선교전략은 성경적이어야 한다.
④ 효과적인 선교전략은 연구조사에 근거한 것이어야 한다.
⑤ 효과적인 선교전략은 결과 지향적이어야 한다.[4]

테리 허버트(Terry C. Hulbert)는 선교의 궁극적인 목적에 대하여 말하기를, "그것은 하나님의 영광을 나타내는데 있고 나아가 모든 민족으로 제자를 삼고, 교회를 설립하는 것이다"라고 했다.[5] 이것을 달성하기 위해서는 우선 사람들이 집중해 있는, 그리고 파급효과가 큰 도시에서부터 선교가 이루어져야 한다. 그러므로 도시선교를 위한 선교 전략이 세워져야 하는 것은 타당하며, 선교전략이란 선교의 궁극적인 목적과 목표를 이루기 위하여 어떤 방법을 동원할 것인가를 생각하고 이에 대한 구체적이고 실제적인 선교사역으로 나타나야 함을 말한다.[6]

---

[4] 김태연, 『전문인 선교학 총론』(서울: 전문인선교연구소, 2002), 184.
[5] Terry C. Hulbert, *World Mission Today* (Wheaton: Evangelical Teacher Training Association, 1981), 55-8.
[6] Edward R. Dayton and David Fraser, *Planning Strategies for World Evangelization*. 16.

제6부

도시목회와 선교전략

도시목회와 선교는 도시를 선교의 대상으로 삼는 것을 말한다. 도시화와 도시에 많은 사람들이 모여 사는 이유는 그 자체만으로도 충분히 선교적 의미를 지닌다. 아울러 도시화는 더욱 더 도시를 향한 교회의 역할을 촉구하고 복음으로 세상을 변화시킬 것을 요청한다. 도시를 향한 하나님의 비전을 발견하게 된다.

도시선교란 살아계신 하나님을 찾아 여기저기 돌아다니는 도시의 사람들을 볼 수 있는 능력을 말한다.

무리가 여기에 있는데, 우리는 그들을 볼 줄 아는가?

도시에 선교를 하려면 도시교회 전체가 도시 전체에 복음을 전해야 한다는 단순한 사실을 기꺼이 받아 들여야 한다.[1]

---

[1] Frank Damazio, 『지역사회를 바꾸는 도시목회』, 최종훈 역 (서울: 베다니출판사, 2002), 236-7.

제1장

인터넷 목회와 선교사역

인터넷으로 목양을 한다는 것, 곧 전도와 선교, 양육, 교육, 예배, 설교, 교제를 이뤄간다는 것이 가능할 것인가?

인터넷 목회를 하려면 목양에 동원될 콘텐츠가 있어야 한다.[1]

지금은 인터넷이 목회에서 피할 수 없는 시대의 요청이다. 이 시대의 가장 강력한 목회의 수단이다. 목회는 하나님 나라의 일을 실체화 시키는 중요한 일이며, 영적인 차원의 일을 현실화하고, 역사화해서 뜻이 하늘에서 이룬 것같이 땅에서 이루어지도록 하여야 한다.

많은 사람이 공감하지만 섣불리 인터넷 사역을 하지 못하고 있는 것은 아날로그(analog) 목회 방식에서 디지털(digital) 목회 방식으로 전환하기는 쉽지 않기 때문이다.

그렇다면 하나님의 말씀과 진리는 변질되지 않으면서 인터넷이란 넓은 바다에 그물을 던져 영혼을 구원하고 양육하는 방법은 무엇일까?

---

1 오정현, 『인터넷 목회』(서울: 규장출판사 2001), 11.

바로 현실세계와의 조화, 밀접한 세계관을 통해 새로운 패러다임을 형성하는 것이다. 인터넷상에 네티즌들과 기업, 타 종교인, 무종교인들에게 교회가 복음에 입각하여 정보를 공유할 수 있도록 그들의 공통적인 관심과 문화를 이해하여 정립된 현대적 복음의 감각으로 함께 주어지는 난제들을 보완, 협력해야 할 것이다.

복음의 대상자들이 궁금해하고 추구하는 일을 교회가 얼마나 잘 이해하고 감당하며 적용할 수 있는지가 관건이다. 인터넷 목회가 효과적으로 이루어지기 위한 방법과 인터넷을 통해 가능한 측면과 한계를 파악하여 목회를 돕는 보조기구로서 인터넷의 위치를 적립하고자 한다.[2]

1. 인터넷

인터넷이 21세기의 최대의 화두로 떠오르면서 인터넷과 관련되지 않으면 사회에서도 산업에서도 도태된다는 인식이 팽배해져 있다. 교회도 인터넷을 이용하여 할 수 있는 일들을 찾아내고 또한 목회와 교회교육에 적극적으로 활용도를 높여 나가야 한다.[3]

인터넷은 우리가 직접 만날 수 없는 지구 반대편의 수많은 사람들에게 실시간으로 다가갈 수 있는 차세대의 훌륭한 선교 도구이다.[4]

---

[2] 김용수, 『인터넷 목회 사역 연구』 (서울: 숭실대 기독교학대학원, 2004), 2.
[3] 윤영도, "인터넷을 통한 교회교육," 『교회목회』(2000), 12.
[4] 이수환, 『선교와 영적전쟁』(파주: 한국학술정보, 2004), 229.

인터넷이 생기게 된 계기는 1960년대 미국이 소련의 핵위협으로부터 자국을 보호하고 만약 공격을 받는 경우 그 후에도 세계에 흩어진 미군들에게 문제없이 명령을 보내기 위한 방법을 연구하던 중 네트워크가 중앙에서 통제를 받고 있고 그 중앙통제소가 파괴된다면, 더 이상 해외에 있는 미군들에게 명령을 내릴 수 없다는 결론을 내리게 되었다.

따라서, 어느 누구도 네트워크 전체를 관리하지 않지만 전체적으로 관리되고, 어느 한 곳이 파괴되어도 자료를 원하는 곳으로 전달할 수 있는 네트워크가 필요하게 된 것이다.

그 결과 알파넷(ARPANET-U.S. Advaced Research Projects Agency Network)이 출현하고 이것으로부터 인터넷이 탄생하게 되었다. 즉, 본래 군사 목적용 네트워크였던 알파넷에서 학술 및 연구분야를 위한 네트워크가 분리 독립하면서 인터넷이 태어난 것이다.[5] 지금 우리가 살아가는 시대를 '정보화시대'라고 하며, 우리는 정보의 바다라는 인터넷을 통한 지식과 정보의 홍수 속에서 살아가고 있다. 즉, 인터넷은 세계를 하나로 연결해 주며, 우리가 필요로 하는 거의 모든 지식정보를 제공해 주고 있다.

인터넷(Internet)이란 말 그대로 네트워크들이 서로 묶여 이루어진 엄청난 규모의 네트워크라고 말할 수 있다.[6] 더욱이 인터넷은 어느 단체나 기관에서 총괄해서 관리하지 않고, 작은 네트워크들이 자체적으로 관리되고 있다. 따라서 인터넷은 전체적으로 관리되지 않

---

5 이영제, "인터넷과 교회," 「교회교육」(2000), 2.
6 김진년 편, 『크리스천, 인터넷, 멀티미디어』(서울: 크리스천다이제스트, 1996), 17.

는다는 특징을 지닌다.

인터넷이 정보화 시대에 반드시 있어야만 될 매체로 활용되는 것은 인터넷이 지닌 특성 때문이다.

① 인터넷은 종합적인 정보의 전달 도구이다.
② 인터넷은 양방향 정보 전달 매체이다.
③ 인터넷은 쉽게 접근할 수 있고 세계를 하나로 묶어 준다.
④ 인터넷은 정보의 수집 및 공유의 용이성이 있다.
⑤ 인터넷은 언제든지 정보를 외부로 무제한적으로 송출할 수 있으며, 받을 수 있다.[7]

2. 사회적 영향

인터넷 시대는 사회 이해, 사고의 측면에서도 많은 변화를 가져올 것이다. 한 사회의 구성원이었던 자기 이해가 세계시민의 의식을 가지게 됨으로써 자기가 속한 사회에 대한 객관적 평가와 이해가 가능하기 때문이다.

또한 인터넷 시대는 대중의 양식을 선호하여 인종적, 이념적, 종교적 다양성을 수용하는 사회의식이 확산될 것이다. 인터넷에서 이루어지고 있는 가상공간에는 단순한 정보의 공유를 넘어서 모든 삶이 이뤄지는 공간이 되고 있다. 또한 익명성이라는 특징 때문에 남

---

[7] 김용수, 『인터넷 목회 사역 연구』, 8~9.

녀노소, 지역, 빈부, 학력 등 모든 사회적 장벽이 사라진 가운데 거리낌 없는 대화를 즐긴다. 이렇듯 사이버 공간에서 활동하는 이들은 사회문화적 구속에서도 자유롭다.

사이버 공간 안에서는 기호나 취미, 성향과 연령 등이 중요한 기준으로 작용하며, 이러한 기준에 의해 집단이 형성되고 행위의 구분이 생겨난다. 중요한 것은 지금까지 시간적 공간적 제약을 받아왔던 커뮤니케이션과 인간관계가 인터넷 문화에 의해 그 폭을 넓힐 수 있게 되었을 뿐만 아니라 새롭게 변화하고 있다는 것이다.[8]

3. 인터넷 목회의 방향

1) 교육

요즘 세대를 '멀티미디어 시대'라고 한다.

적어도 하루 1-2시간은 컴퓨터와 함께하는 교회학교와 청소년, 청년들에게 어떠한 형태를 취하고 있는가?

일부 교회에서는 능동적으로 참여하는 교육으로 전환하려 노력은 하고 있지만, 아직도 공과공부는 거의 대부분이 주입식 교육방식에서 벗어나지 못한다. 이런 교육방식은 학생들에게 외면을 당하고, 자연히 교사와 학생, 교회와 학생간의 서로 교감을 얻을 수 없게 됨으로서 학생들이 교회를 떠나는 현상이 줄어들지 않는다.

---

8 김용수, 『인터넷 목회 사역 연구』, 13.

교회의 앞날이 어린 청소년, 청년들의 복음에 달려 있음에도 이들을 향한 내일에 대비가 없으면 오늘의 부흥은 무의미하다. 그러므로 대안이 필요하다. 그것은 멀티미디어를 통한 능동적인 교회교육의 환경개선과, 인터넷을 통한 건전한 교회문화의 전파와 활성화이다.[9] 교육자들이 흥미를 북돋아주고, 학습을 가속화하고 인터넷을 통한 기독교 문화선교사업을 적극 추진한다면 폭력적 컴퓨터 게임이나 거리를 방황하며 오락으로 변질될 수 있는 청소년들의 문화공간이 진정 기독교 오락문화로 채워질 것이다.

성공적인 교육방법론은 교회교육의 목적과 내용, 교육의 방법이 조화롭게 이루어질 때 가장 성공적이라 할 수 있다. 그렇다면 청소년들에게 학교교육이 실생활에 어떤 연관성을 갖고 학습 내용과 실생활이 어떻게 하면 유용하게 활용될 수 있는지에 관한 방안이 필요하다.

첫째, 개방이다. N시대는 컴퓨터의 보급과 개발로 언제든지, 어디서든지 사이버 공간에서 많은 대화와 의견교환이 이루어지므로, 이를 교육의 장으로 활용해야 한다. 요즘 싸이 월드, 미니홈피나 페이스북, 트위터, 네이트온, 카카오톡 등을 통해 관계 유지에 힘써야 한다.

둘째, 다양성이다. N시대의 특징은 감각적이고 시각적이기 때문에 그저 전달위주의 권위적인 방법보다는 3차원적인 방법을 동원하여 소리, 그림, 사진, 동영상, 애니메이션 등 다양한 매체의 방법으로 복음을 옷 입혀 전달한다면 교육의 효과 뿐 아니라 개인주의, 나 홀

---

[9] 김용수, 『인터넷 목회 사역 연구』, 33.

로 족에 대한 단점을 보완할 수 있다.

셋째, 참여이다. 사회화 교육을 N시대의 교육적 환경에 접목시켜야 한다. 즉, 공적 예배나, 절기, 교회 전통을 통한 교육으로 예배를 강화, 회복시켜야 한다. N시대의 교회교육은 예배의 참여를 통한 그리스도의 삶과 우리의 삶의 접목을 꾀하는 것이며, 우리 안에 그리스도의 모습이 이루어지도록 하는 것이다. 아무리 탁월한 전달방법이 있다고 해도 성령의 힘이 없다면 그것은 공허한 교육이 되고 마는 것이다.

우리는 기독교라는 정체성을 잃지 않고, 이 정체성을 위해 기독교 교육은 근본, 내용, 성령의 역사하심을 잊지 말며 기독교를 유지할 수 있도록 효과적인 다양한 매체 전달방법으로 N시대의 상상력을 동원해야 할 것이다.[10]

2) 상담

목회에 있어서 중요한 것은 심방과 상담을 통한 돌봄이다. 즉 목회자들이 성도들의 개별적인 형편을 알고, 신앙을 지도하기 위해서 가정이나 직장에 일일이 찾아가서 심방을 하고, 때때로 상담을 통해서 서로의 관계를 유지한다.

그런데 요즘엔 직접 찾아오는 것을 반기지 않는다. 그러면서 목회자와 성도들이 서로 대화와 접촉이 적어지게 된다. 하지만 목회자는 성도들과 관계를 유지하며 서로 감정을 나누는 것이 중요하다. 따라

---

[10] 김용수, 『인터넷 목회 사역 연구』, 34~46.

서 어떻게든 목회자와 성도들은 서로 만남과 대화를 나누어야 한다. 인터넷이 잘 보급된 현실 속에서 앞으로 목회자와 성도들의 만남은 주로 사이버 공간에서 이루어질 가능성이 높다.

인터넷은 특별한 장소를 필요로 하지 않고, 일일이 찾아가지 않아서 개인생활에 대한 보장을 받을 수 있다. 또한 시간적 제약을 받지 않고서 수시로 가상공간에서 만날 수가 있다. 오히려 더욱 신속하게 성도들의 문제에 목회자가 대처할 수 있게 됨으로서 목회에 많은 긍정적인 면이 있다.

3) 예배

지금까지의 예배는 예배자들이 능동적으로 드리는 것이 아니라, 수동적으로 따라가는 그저 참여자에 불과했다. 예전에는 괜찮았지만 쌍방향적 의사전달에 익숙해져 있는 지금 세대에겐 문제가 된다.

자신의 의사를 분명히 표현하고, 능동적인 참여를 즐기는 세대에게 전통의 예식에만 매달리는 예배는 그들에게 감격과 기쁨이 아닌 답답함만 더해 줄 수 있다. 설교도 내용은 선포에 해당하지만 전달하는 방식은 이야기여야 할 것이다. 논리적이고 문어체의 설교보다 부드럽고 감성적인 구어체의 설교가 호응을 얻기 마련이다. 강의보다는 대화인 것이다.

인터넷 시대에 예배는 공동체가 능동적으로 참여할 수 있는 예배와 다양한 예배형식으로 지향되어져 가야 할 것이다.

지금은 기술의 발달과 복합적인 미디어의 출현으로 정보의 가치나 양에 따라 삶의 가치가 평가되는 정보중심의 사회가 되었다. 이는 단순히 사회나 개인의 삶에 변화뿐 아니라, 교회의 역할에도 변화를 요구하고 있다.

지금 세계는 디지털 시대, 인터넷 시대, 정보화 시대이다. 국경, 시간, 거리의 개념이 없는 인터넷이라는 정보고속도로는 우리가 활용하기에 따라 앞으로 복음이 쉽게 전파되는 기쁜 소식을 전하는 길이 되어줄 것이다.

이제 교회도 문자 속에 갇혀 있던 하나님의 나라를 생동감 넘치는 나라로 이끌어 내어 사람들에게 전달해야 한다. 기독교의 본질이 변질되지 않으면서도 주님을 갈망하고 기피하는 자들에게 희망의 빛이 되는 비책을 더 많이 내어놓아서 보다 효율적인 도시선교가 될 수 있도록 힘써야 할 것이다. 그럴 때 교회는 이 시대에 앞서 가면서 인터넷이라는 황금어장에 하나님의 나라를 이루게 될 것이다.

제2장

도시이주민을 위한 목회와 선교사역

이주민(Immigrant)이란 한국에 들어온 외국인 근로자, 결혼이민자, 북한이탈주민, 혹은 새터민, 입양자, 난민, 동포, 유학생 및 불법체류 외국인과 이들 가정의 자녀를 포함한 사람들을 의미하는 용어로 사용됐다.[1] 또한 이주민의 개념과 비교하여 '디아스포라'(διασπορά)의 용어에 대해서도 정리가 필요하다.[2]

---

[1] 박천응은 이주민(Immigrant)이란 용어에 대하여, 한국사회가 다문화사회로 급변하면서 이주노동자 이외에 결혼이민자, 난민, 귀화자, 입양자, 국내출생 이주노동자 자녀 등이 급증하고 있다고 하면서, 미래지향적 측면에서 이들이 바로 시민권적 차원에서의 이주민이라고 했다. 박천응, 『이주민 신학과 국경없는 마을 실천』, 6. 현재 다문화사회를 논의할 때 이주민의 의미에 대하여, 주로 이주노동자와 결혼이민자들만을 대표적으로 지칭하여 사용하고 있지만, 이주민이란 용어 안에 소수이기는 하지만 난민, 입양자, 북한이탈주민 혹은 새터민 같은 이들이 포함된다는 사실을 인식할 필요가 있다. 통일부는 2005년 1월에 탈북자로 불리던 북한이탈부민을 '새터민'으로 이름 하였는데, 그 의미는 '새로운 터전에서 삶의 희망을 갖고 사는 사람'이라는 뜻을 가지고 있다.

[2] 이주민 관련 용어에 대해 2006년에 발간된 IOM(International Organization for Migration)의 『이주관리메뉴얼- 정책입안자와 실무자를 위한 안내서 1권』에 보면, '이출자'(emigrant): 타국에서 거주할 목적으로 자국을 떠나는 사람을 가리킨다. '이입자'(immigrant): 이출자(emigrant)가 새로운 국가에 갔을때 그들은

한국에 들어온 이주민을 '재한 디아스포라'로, "한민족의 혈통을 가진 사람들이 모국을 떠나 세계 여러 지역으로 이주하여 살아가는 한민족 분산"을 이르는 용어는 일반적으로 "코리안 디아스포라"(Korean Diasopra)가 사용되어지고 있다.[3]

대부분의 나라에서 도시인구들은 여러 다른 배경을 가진 사람들로 구성되어 있다. 그들은 서로 다른 부족들, 사회계층들, 인종들과 계층들을 나타내며, 서로 다른 언어를 사용한다. 불가피하게 이것은 선교전략과 교회발전에 영향을 미친다.

더 나은 생활과 발전된 자신을 꿈꾸는 도시이주민들은 '밀접한 혈연관계'와 '강한 연대의식'으로 인하여 변화를 쉽게 허용하지 않는 시골을 떠나 복잡하고 다양한 기능과 구조를 가진 도시 속에서 다소 자유로운 사회적 역학관계를 가지며 감시구조 없이 개인적인 생활과 문화적 자유와 다양성이 있는 도시생활에 적응해 간다.

도날드 맥가브란(Donald A. McGavran)이 시골지역으로부터 도시로 새로 이주해 온 사람들은 복음에 대해 상당히 수용적이라고 지적한 것처럼,[4] 이런 변화는 복음에 대한 수용성까지도 포함한다고 보

이입자(immigrant)로 간주되거나, 해당국가의 이민법에 따른 유사한 명칭이 붙여진다. '이주자'(migrant): 이동의 방향을 구체화하지 않기 때문에 '이출자'(emigrant)보다 더 흔히 쓰인다. IOM『이주관리메뉴얼- 정책입안자와 실무자를 위한 안내서 1권』, 2006, 1.1-6.

3 조귀삼, "재한 디아스포라 거류민의 신음에 대한 교회의 선교적 응답," 「복음과 선교」 제9집 (2008): 94-95. 조귀삼은 '재한 디아스포라'의 용어를 사용하며 그 의미를 설명하길, "한국에로의 이주는 다양한 양상을 가지고 있다"고 하면서, "가장 보편적인 요인은 취업을 위해서 한국에 거주하는형태, 다문화 결혼을 통해서 이주하는 형태, 유학생과 사업을 하기 위해서 거주하는형태로 분류해 볼 수 있다"고 했다.

4 Donald A. McGavran, *Understanding Church Growth* (Grand Rapids: Eerdmans, 1980), 326.

아 교회성장과 선교적 관점에서 도시 이주민에 대한 연구들이 활발히 진행되었다. 또한 효과적인 도시 선교를 위해 피터 와그너(C. Peter Wagner)는 이주민 사역을 특별히 고려할 것을 명시했다.[5] 특히 비그 그리그(Vig Grigg)는 도시 무단 정착자들이야말로 국제적으로 복음에 대해 가장 수용적인 문화적 블록이라고 보았다.[6]

도시에 이주함으로 소수그룹이 되어버린 사람들은 경제, 법, 정치, 사회 등 영역에서 여러 종류의 긴장과 차별을 경험하게 된다. 도시이주민의 장밋빛 꿈은 종종 악몽과 같은 도시의 현실로 인해 깨어질 때가 많다. 도시의 실재 모습은 시골을 떠날 때 흔히 상상하는 것과 많이 다르다.

끔찍할 정도로 만연한 도시의 빈곤 현상은 도시를 불평등과 박탈의 장소로 낙인찍히게 만드는 것 같다. 많은 도시 분석가들은 메가시티의 문제로부터 거대한 위기를 목격한다.[7]

사람들을 가난하게 만들어서가 아니라, 인생이 나아질 것이라는 기대를 가진 가난한 사람들을 끌어들이기 때문에 도시는 가난한 사람들로 가득 차 있다. 최근 대도시로 들어온 사람들의 빈곤율은 장기 도시 거주자들의 그것에 비해서 더 높다.[8]

도시선교에는 도심을 떠도는 사람들에 대한 전도도 포함된다. 사람들이 자유롭게 이동할 수 있다는 것은 특정 유형의 도시가 이룬

---

5   C. Peter Wagner, *Frontiers in Missionary Strategy* (Chicago: Moody, 1971), 180-1.
6   Vig Grigg, "Squatters: The Most Responsive Unreached Bloc," *Urban Mission* 6 (1989), 43.
7   Edward Glaeser, 『도시의 승리』, 이진원 역 (서울: 해냄출판사 2011), 138.
8   Glaeser외, "Why Do the Poor Live in Cities?," 4.

성공이 어떤 장소를 더 가난하게 만들 수 있다는 것을 의미한다.[9] 현재 세계 인구의 50%가 도시지역에 거주하며, 그 가운데 대다수는 빈곤층이다. 도시빈민은 기독교 단체들이 여태까지 접해본 것 가운데 가장 큰 규모의 소외된 변두리 계층을 형성하고 있다. 도시빈민의 생활 형편은 널리 알려지지 않아서 무슨 통계자료라든가 모금 운동용 사진 따위에서나 겨우 볼 수 있는 상태다.

도시 빈곤의 위대한 역설은, 어떤 도시가 공립학교나 대중교통 시스템을 개선함으로써 현재 그곳에 살고 있는 가난한 사람들의 삶을 개선해 준다면 그 도시에는 더 많은 가난한 사람들이 몰린다. 미국의 도시들이 지난 30년 동안에 새로운 고속철도 역사(驛舍)를 세웠을 때 일반적으로 그 역사들 인근 지역의 빈곤율은 높아졌다.[10]

어떤 힘이 가난한 사람들을 도시로 끌어 오는 것일까?

무엇보다도 그들은 일자리를 얻기 위해서 도시로 향한다. 도시의 높은 인구 밀도는 거래를 용이하게 해준다. 즉, 시장을 만들 수 있게 해준다. 세계에서 가장 중요한 시장은 노동시장이다.

이러한 도시빈민들에게 복음을 전하지 않는다면, 어떻게 도시를 복음화 할 수 있겠는가?

도시빈민들은 다음에서 보듯 여러 가지 도전에 직면하고 있는데, 도시교회라면 이들을 아주 효과적으로 도울 수 있을 것이다.

---

9   Glaeser외, "Why Do the Poor Live in Cities?," 140.
10 George Rogers Taylor, *Transportation Revolution*, 33-4, 197.

① 고용 기회의 결핍
② 혐오스럽지 않고 저렴한 주거 공간의 절대 부족
③ 거리에서 생활하고 있는 수백만 명의 기아
④ 재정적으로, 정서적으로, 사회적으로 적절한 지원을 받지 못하고 있는 도시 거주 고연령 층
⑤ 가족 구조의 붕괴
⑥ 정부와 사회의 총체적인 부패
⑦ 부적절한 공공사업
⑧ 학업중단
⑨ 마약중독, 폭력, 범죄조직의 증가
⑩ 분노하고 자포자기하며 비통함에 잠기는 태도
(신 15:1-11; 24:19-22; 눅 14:12-14; 18:22)

도시지역의 교회는 가난한 사람들을 지속적으로 돌보아야 할 의무가 있다. 가난한 사람들을 보살피기는 하지만 예수 그리스도에 대한 기쁜 소식을 들려주지 않고 무심히 지나친다면, 교회의 소명을 다하지 못한 것이다. 반면에 가난한 사람들에게 복음을 외치면서도 가난한 사람들의 처참한 형편을 돌아보지 않는다면 그것 역시 그리스도께서 맡기신 책임을 다하지 못한 것이다.[11]

이주민 선교란 이주민과 함께 살아가며 이들을 대할 때에 성경적인 가르침대로 자기 같이 사랑해야 할 존재임을 깨닫고, 또한 이들에게 하나님의 형상, 하나님의 나라, 하나님의 자녀임을 발견할 수

---

11 Frank Damazio, 『지역사회를 바꾸는 도시목회』, 236-237.

있도록 하며, 창조주 하나님과 화목을 이루는 길이 오직 예수 그리스도의 보혈인 것과 하나님의 말씀인 성경만이 진리임을 전하여 결국 이주민 자신이 하나님을 경외하며 예배하는 자로 세워지도록 섬기는 모든 제도적·사회적·문화적·인적·영적·물질적 노력을 포함하는 총체적인(holistic)것을 의미한다.[12]

---

[12] 정미경, "다문화사회를 향한 한국 기독교 이주민 선교의 방향과 과제"(박사학위 논문, 성결대학교 신학전문대학원, 2010), 26.

제3장

도시빈민을 위한 목회와 선교사역

　도시화된 사회 속에서 살아가는 이 시점에 도시가 지구상에서 영원히 사라지기 전까지는 도시화는 계속해서 신속하게 진행되어 갈 것이고, 더불어 도시빈민의 급증과, 도시빈민의 선교적 사명과, 적절한 선교적 방법이 시급한 과제가 되어버렸다.

　로저 그린웨이(Roger S. Greenway)는 중상층 기독교인들이 가난한 자들에 대하여 원칙적인 대화만 하는 것을 볼 때마다 좌절감을 느낀다고 하였다.[1] 특히, 북미지역의 중산층 기독교인들이 빈민들을 향하는 태도에 매우 심각한 우려를 하고 있다. 반면에 어떤 교회 진영에서는 교회가 양심의 가책을 느끼고 가난한 자들을 위해서 더욱 관심을 가지는 경우도 있다. 그러나 이것 또한 위험한 신호인데, 최근에 이러한 종교적이며 사회적인 나르시시즘(narcissism)이 떠오르고 있기 때문이다.[2]

---

[1] Roger S. Greenway, 『도시 선교의 새로운 개척지』, 박보경 역 (서울: 장로회신학 대학교 세계선교연구원, 2004), 213.

[2] 로저 그린웨이(Roger S. Greenway)는 1983년 12월 샌프란시스코에서 "그리스도와 도시"라는 대회를 IVP의 후원으로 열게 되었을 때 깨닫게 되었다. 약1000명의

영국의 역사학자인 아놀드 토인비(Arnold J. Toynbee)는 도시화에 대하여 말하기를, "미래는 세계가 하나의 거대한 도시가 될 것이다"라고 하였다.[3] 지금 전 세계는 도시화되어간다. 1800년대에 세계 인구 5%가 도시에 살았다.[4] 1900년에는 그 수치가 14%로 증가했다. 1950년에는 28%로 증가했으며, 2002년에는 세계인구의 48%에 달하는 30억 인구가 도시에 살고 있다. 이런 현상으로 현재에 도시화와 함께 도시빈민들이 증가하고 있으며, 농촌과 오지에서 도시로 이

젊은이들이 모였는데 많은 사람들이 강연자와 워크샵의 리더들이 주장하는 전인적 사역에 대하여 매우 깊은 감동을 받았다. 그러나 그때 매우 힘든일이 생겼는데, 실제로 도시사역에 대한 53개의 다른 강의가 준비되어 있었는데 그 중에서 16개가 관심이 없는 고로 취소가 되었다. 대부분 취소된 과목들은 도시의 사회문제였다. 예를 들어 실직 문제, 이민자 문제, 노인 문제, 알콜 중독자와 마약중독자 문제, 도시빈민 문제, 종족차별과 그 결과의 문제, 도시건강 문제와 공공복지 문제 등이었다. 나르시시즘이란 자기자신을 사랑하고, 자아도취나 자의식 과잉을 비유적으로 나타내는 말이다. San Francisco A. M., *Inter Varsity's Conference on Christ and the City*, December 27, 1983.

3 신세원, "한국교회의 도시 선교론," http://kcm.co.kr/mission/2000/2000-11.htm.
4 이광순·이향순, "도시의 발달과 도시선교,"「선교와 신학」제10집 (2002. 12), 18-21. 도시는 흔히 대규모 인구 집적지로 간주되지만 그러한 상식적인 규정이 아니라 좀 더 엄밀하게 말하면 정의하기가 쉽지 않다. 고대 로마인들은 하나의 무리로 정착지를 형성한 사람들의 공동체를 civitas라고 했는데, 그것은 영어단어 city의 어원이 되었다. 또한 사람들이 형성한 물리적인 장소를 urb로 일컬었으며, 그것은 urban의 어원이 되었다. 그러한 어원들에서 추론해 본다면 도시는 단순한 인구 집적지가 아니라 관계로 결속된 인간공동체이자 특정 장소를 가리킨다. 성경에서 등장하는 도시들은 넓은 의미에서 선교와 관련된다. 선교가 하나님의 구원 계획이 펼쳐지는 것이라면 소돔과 고모라에서 의인을 찾았던 것은 바로 그 도시들을 구원하려는 선교적 의도를 드러내는 것이라고 할 수 있다. 구원 계획이 가장 명확하게 펼쳐졌던 사례는 요나의 니느웨선교로 보여진다. 니느웨는 이방의 도시였지만 하나님의 구원 계획은 요나를 통해 이방도시까지 전개되었다. 그리고 도시 전체가 회개하고 하나님께 돌아온 것으로서 구약성경에서 성공적인 도시선교의 사례로 볼 수 있다. 신약성경의 도시들은 로마제국 치하에 있었다. 예루살렘이나 시리아 안디옥 그리고 바울이 들렸던 다메섹, 에베소, 고린도, 로마, 아테네 등은 모두 로마제국의 통치하에 있거나 식민 도시들이었다. 바울은 로마제국의 도시 선교사였다.

주해온 사람들은 도시빈민가나 슬럼에 정착하게 된다. 2002년 도시빈민 인구는 30억 인구 가운데 거의 50%에 육박하여 14억 9천만 명이며, 2025년에는 도시 인구 46억 가운데 3분의 2에 해당하는 30억 명이 도시빈민이 될 것이다.[5]

1. 도시빈민의 구성[6]

한국에서 최초로 도시빈민이 형성되기 시작한 시기는, 일제에 의해 자본주의가 강제로 이식되어 수탈을 위한 도시화 현상이 일어나고, 한편으로는 농업부분에서 대규모적인 소작농이 몰락하면서 도시로 이주하기 시작하는 한일합방 이후로 볼 수 있다. 이후 도시빈민의 형성은 대략 3시기로 분류할 수 있다.

제1기는 한일합방에서 해방까지다.
제2기는 해방후부터 1960년까지다.
제3기는 1960년대부터 현재에 이르는 시기다.[7]

---

[5] David B. Barret & Todd M. Johnson, "Annual Statistical Table on Global Mission:2002," *IBMR* (January), 23.
[6] 도시빈민은 도시화와 산업화의 과정에서 발생한 가난한 사람, 즉 사회구조 속에서 빈민으로 남을 수밖에 없는 사람들을 의미한다. 안태환, 『도시의 이해』(대구: 대구대학교 출판부, 1998), 260-262.
[7] 정동익, 『도시빈민연구』(서울: 아침, 1985), 43.

도시빈민에 대한 개념은 그동안 좁은 의미에서 빈민촌 주민들이라고 이해되거나, 정부 지원을 받아 생활하는 사람들과 같은 극빈층으로 한정되어 규정되어 왔다. 하지만 장세훈은 "취업의 불안정과 낮은 소득으로 인해 정상적인 주거를 마련하지 못해 재개발 대상의 빈민촌에 밀집해서 거주하는 도시 저소득층"으로 도시빈민의 정의를 내렸다.[8]

도시빈민은 거지·건달·도적·부랑아·창녀 등과 같은 룸펜과 같은 집단과는 다르다.[9] 공식적인 정의에 따르면 도시빈민은 생산계급으로 정의내려야 한다. 노동자 계급이 자본주의 발달과정에서 생겨난 계급인 것처럼 도시빈민도 '역사적 개념'으로 이해되어야 한다. 일반적으로 생산이라는 개념은 자본주의 사회에서 노동자, 특히 제조업에 종사하는 노동자의 노동에 적용되어 왔다. 하지만 생산적 노동은 잉여가치를 창출하는 노동이라고 규정되어야 한다. 공장에서 노동자가 상품을 생산하는 것과 건설노무자가 집을 짓는 일이나 같은 의미의 생산적 노동을 하고 있기 때문이다.

먼저 가난한 사람들도 여럿으로 분류할 수 있다.

첫째, 대부분의 가난한 사람들은 정상적인 일을 할 수 없는 육체적인 혹은 정신적인 문제 때문에 가난한 경우가 있다.

둘째, 일을 하지만 여전히 가난한 사람들의 집단들이 있다. 비록

---

8 김동춘 외, 『IMF 이후 한국의 빈곤』(서울: 나남출판사, 2000), 68.
9 김영석, 『도시빈민론』(서울: 아침, 1985), 30-57. 도시영세민이나 도시서민, 단순히 지역주민이라는 용어를 도시빈민이라는 용어와 동일하게 사용해서는 안된다. 도시서민이라는 용어도 의미가 명확하지 않은 다중의 개념이며, 일반적으로 중산층 이하를 지칭할때 사용하고 있다.

고용은 되었으나 낮은 교육과 기술의 부재 혹은 종족적인 이유로 절대빈곤에서 벗어날 수 있는 수입을 만들지 못하는 경우이다.

세 번째 집단은 비교적 적은 숫자의 빈곤자들인데 일을 하지 않고, 정부 보조금을 받아서 생활하는 게으른 사람들의 집단을 말한다.

네 번째 집단은 지금 속도로 성장하고 있는데, 이들은 특별히 정부의 보조 없이는 매우 살아가기 어려운 계층이다.

다섯 번째로 노인 빈민들이다. 이들은 오래되고, 침체된 이웃으로 간주된다. 이들 또한 정부의 보조만으로 생활하는 사람들이다.

여섯번째로 마지막으로 알콜과 마약중독 혹은 다른 종류의 파괴적인 습관 때문에 가난하게 사는 집단들이다.

2. 고난과 빈곤

가난한 사람들의 심각한 수준은 실직과 저임금의 문제이며, 이로 인해 야기되는 문제로는 비인간적인 환경과 도시 슬럼화와 기본적인 음식의 부족과 위생문제, 의료시설과 어린이들을 위한 교육 등이다. 가난한 자들은 주로 대중교통을 이용하는데 이것도 갈수록 도시의 중산층과 부유층의 취향에 맞춰지기에 가난한 사람들의 필요를 채워주기에는 역부족이다.

결과적으로 빈곤이 있는 곳에 범죄가 넘치고 결국 폭력을 생산해서 주변에 공포와 불안이 조성된다. 이런 모든 상황은 정신적, 감정적 불안을 야기하고 그들의 삶을 조여오는 많은 고통과 문제들로 인해서 더욱 무기력함을 느끼게 된다.

3. 성경과 빈민

찰스 트라우만(Charles Troutman)은 "기독교인들이 가난한 사람들의 문제에 있어서 만큼은 성경적이기 매우 어렵다"고 말한 반면에 토마스 행크(Thomas Hank)는 "가난을 이해할 수도 없고 또한 가난의 주된 원인이 게으름이나 저개발이 아니라 정치적, 사회적, 경제적 억압이라는 사실을 알지도 못한다"라고 지적했다.[10]

성경의 구약에서는 가난에 대한 언급이 많다. 구약성경에 나오는 "가난함"이라고 하는 단어를 연구해보면, 그 뜻이 우리들이 생각하는 것보다 훨씬 더 포괄적이다.[11]

누가복음 4:18에 의하면, 무엇보다도 예수님은 친히 복음이 우선적으로 가난한 자들을 위한 좋은 소식임을 밝히셨다.[12] 예수님은 하나님 나라의 사역은 복음을 선포하고 받아들이는 것으로 시작하지만 말씀선포, 치유와 구출, 정의와 선행을 다 포함하는 총체적인 사역이라고 선언하시면서, 가난한 자들에게 자신의 사역을 집중하셨다.[13]

---

[10] Charles Troutman, *God So Loved the Third World: The Bible, the Reformation and liberation Theologies* (Maryknoll, N.Y.: Orbis, 1983). 이말은 토마스 행크가 한말이다. 그는 코스타리카의 산호세에 있는 남미 신학교의 구약학 교수이다.

[11] 이에 대한 히브리어의 뜻을 알기 위해서는 "Thailand Report: Christian Witness to the Urban Poor", *Lausanne Occasional Papers* 22 (Wheaton, Ⅱ: Lausanne Committee for World Evangelization, 1980), 22-35.

[12] 누가복음 4:18, 주의 성령이 내게 임하셨으니 이는 가난한 자에게 복음을 전하게 하시려고 내게 기름을 부으시고 나를 보내사 포로된 자에게 자유를 눈먼 자에게 다시 보게 함을 전파하여 눌린 자를 자유케 하고 주의 은혜의 해를 전파하게 하려 하심이라.

[13] 복음서에서 예수님이 동정을 나타내신 사람들은 사회에서 버림받은 사람들-가난한자, 병든자, 눈먼자, 문둥병자, 여자, 어린아이, 창녀, 세리-이었다.

더욱 흥미 있는 사실은 농촌에서 이주한 도시빈민들이 오늘날 세상에서 가장 크고, 가장 복음에 민감하게 반응하는 집단이라는 것이다. 그와 같은 지역은 폐쇄된 농촌 촌락이나 고립된 중산층 지역보다 더 복음에 잘 반응한다. 가난은 복음에 긍정적인 반응을 하도록 만든다.

마크 밴 하우튼(Mark E. Van Houten)에 의하면, 도시빈민 사역에 대하여 말하기를, "도시빈민 사역의 적절한 선교방법은 목양하기, 위로하기, 기도하기, 공감하기"라고 하였다.[14]

예수님은 가난한 자들 가운데 가난한 한 사람으로 사셨다. 이러한 선교적 사명을 띤 도시선교의 사명을 가지고 예수님과 같은 마음으로 그들을 품고 낮아진 자로써 그들에게 전인적이고 총체적인 방법으로 선교해야 할 것이다.

14　Mark E. Van Houten, 『홍등가의 그리스도』, 한화룡 역 (서울: 한국기독학생회출판부, 2006), 112.

제4장

도시노숙자를 위한 목회와 선교사역

1998년 이후에 노숙인의 수가 급격히 늘어남에 따라 한국교회는 노숙인 선교에 관심을 가지게 되었다. 그 후 13년간 여러 가지 모습으로 노숙인 선교를 감당해 왔다. 그러나 노숙인에 대한 이해부족으로 인해 노숙인 선교에서 괄목할 만한 성과를 이루지 못했다.

보건복지부에서 발표한 전국 부랑인·노숙인 현황에 의하면, 전국 노숙인 수는 지난 해 4천 187명에서 6월 현재 4천 403명으로 늘었다. 이중 노숙인 쉼터에 있는 노숙인 수는 지난 해 3천 113명에서 올해 6월 3천 82명으로 감소했으나, 거리 노숙인 수는 지난해 1천 74명에서 올해 6월 1천 321명으로 증가했다. 특히 올해 8월 현재 서울 노숙인 수는 1천 843명, 거리 노숙인은 622명으로 나타났는데, 지역별로는 서울역 주변이 286명으로 가장 많았으며, 다음으로 영등포역 110명, 용산역 주변 76명으로 집계됐다.[1]

---

1 뷰스엔뉴스 2011년 9월 25일자.

로저 그린웨이(Roger S. Greenway)는 도시의 노숙자들에 대하여 이렇게 말했다.

> 전에는 창녀들이나 유랑자들과 같은 사람들만을 말해왔다. 그러나 오늘날 이 구성은 대부분 자기 집을 갖고 있지 않는 사람들을 말하고 있다. 특히 남편 없이 혼자서 아이를 양육하는 편모들은 자녀들을 위해서 음식과 장소와 보호를 자녀들에게 제공하여야 하고 또한 그들에게 학교를 보낼 수 있어야 하는데 많은 경우 이들은 일시적으로 정부에서 제공하는 임시 피난처로 가게 되고 이러한 곳도 가지 못하는 경우에는 결국 도시의 노숙자가 되고 만다.[2]

도시의 노숙자들은 국가가 사회문제에 있어서 실패하고 있다는 것을 단적으로 가장 잘 나타내고 있는 실례가 된다.

1. 노숙자의 바른 이해

현실적으로 노숙자를 개념화한다는 것은 매우 힘들다. 그것은 노숙자들을 어떻게 개념화하느냐에 따라 노숙자의 규모가 달라지고 그로인해 노숙자 정책의 방향이 달라지기 때문이다.[3] 노숙자(Street

---

2 Roger S. Greenway, 『도시 선교의 새로운 개척지』, 232.
3 원용철, "대전지역 노숙인 대책의 현황과 과제,"「대전노숙인대책연합회 2주년

People)란 집을 잃은 사람들이라고 하는 공통점을 가지고 있는 다양한 사람들의 집단을 통틀어서 말한다. 이에 해당하는 사람들은 가출 청소년들, 흩어진 가족들, 법적 혹은 불법적인 피난민들, 창녀들, 알코올 중독자들과 마약중독자들, 집 없는 독거노인들, 정신질환을 앓고 있는 환자들이 이에 해당한다.

도시마다 있는 이런 사람들의 평균나이는 35세이며 이 나이도 급속도로 낮아지고 있다. 어떤 이들은 일시적으로 노숙자가 되고, 또 다른 많은 사람들은 만성적인 상태가 계속되어 결국 죽음에 이르게 된다.[4]

2. 노숙자의 원인

외국의 홈리스(Homeless)에 대한 많은 연구들을 살펴보면, 노숙자의 발생원인에는 경제적인 문제, 사회보장제도의 축소와 재정 삭감으로 인한 제도적인 문제, 정신질환 등의 개인적인 문제와 가족해체의 문제, 그리고 주택문제 등이 얽혀 있다. 홈리스에 대한 가족 실태조사에 따르면 정신질환, 약물 및 알콜 중독, 인종차별, 범죄 경험 등이 깊은 관련이 있음을 알 수 있다.[5]

직업전선에서의 변화와 국가의 경제적인 상황이 사람들로 하여

사업보고 및 심포지엄」(2000. 12월), 11.
4 Roger S. Greenway, 『도시 선교의 새로운 개척지』, 232.
5 김수현, 『서울시 노숙자 지원사업 백서』(서울: 서울시노숙자대책협의회, 2000), 36.

금 직업을 잃게 하고 결국 이들은 노숙자로 변한다. 다른 요인은 도시의 도심가 중심의 오래된 건물들과 도시 한 중앙의 집들에 대한 문제이다. 가난한 사람들은 값싼 집을 구하기 위해 일반적으로 오래된 건물을 사용하는데, 이러한 건물들이 호텔이나 대형회의를 위한 장소나, 콘도미니엄과 같은 비싼 건물로 바뀔 때, 가난한 사람들은 그들이 지낼 집을 잃어버리게 된다. 극빈한자들에게 있어서 적절한 집이 없어진다는 것은 도시의 중산층들에게는 좀처럼 이해되지 않는 일이다.

그들은 모두 비슷한 어려움을 당하는데, 즉 겨울에는 찬바람과 강도의 위험과 공짜음식을 얻어먹는 일과 부족한 공공 화장실을 사용하면서 온갖 굴욕과 구경거리가 되는 길거리의 노숙자들이 되는 것이다.[6]

3. 노숙자의 해결방안

여러 가지 방법으로 노숙자들을 돕는 사역을 다양하게 시도해 왔다. 구세군의 경우, 음식과 장소와 기독교적 상담을 통해서 이들을 돕는데 가장 훌륭하게 일을 해왔다고 볼 수 있다.

점점 더 많은 도시의 교회들이 노숙자들이 잠시 들어와서 잠을 잘 수 있도록 겨울에 문을 열어주는 경우가 많아졌다. 이것은 결코 작은 일은 아니다. 왜냐하면 교회의 교인들이 모두 동일하게 이러한

---

[6] Roger S. Greenway, 『도시 선교의 새로운 개척지』, 234.

희생을 하기를 원하지 않기 때문이다.

여러 단체들이 가난하고 집 없는 사람들을 위하여 형성되었다. 이들은 집 없는 사람들의 문제들을 보다 조직적으로 해결해야 한다고 주장하는 사람들의 모임이다. 그들은 신문이나 뉴스를 보다 효과적으로 사용하였고, 그 결과 수많은 장소들이 가난한 사람들을 위해서 전국적으로 새롭게 문을 열게 되었다.

물론 이것도 반대가 전혀 없었던 것은 아니다. 피난처와 음식물을 제공하는 것은 극빈자들과 노숙자들을 많이 끌어들이게 되고 결국 상인들은 이러한 사람들 때문에 자신들의 손님들이 오지 않게 된다고 불평한다. 거주지 주민들도 피난처와 같은 장소가 자기 지역에 세워지는 것을 싫어하는데 그것은 일반적으로 노숙자들이 많은 지역에 그만큼 범죄가 더 심해지기 때문이다.

우리나라와 같은 민주주의 사회는 시민들이 정부에 압력을 가하여 개인이나 지역의 단체에 유익이 되는 일을 하도록 할 수 있다. 정부가 탈기관화 현상을 되돌리거나 혹은 이것을 적절히 조절하여 정신병 환자들을 다시 정부의 보호와 관리 아래 있게 할 수 있다.[7]

4. 노숙자 선교의 장애요소

노숙자 사역에 경험을 많이 가진 사역자가 만성적으로 오래된 노숙자들을 돕는 어려운 이유는 수없이 많다.

---

[7] Roger S. Greenway, 『도시 선교의 새로운 개척지』, 235.

① 노숙자들의 일시적인 성격(transience)이다. 특히 이것은 정신적인 문제가 있는 사람의 특징이다.[8]
② 집 없이 다니는 노숙자들의 고독한 삶과 관련이 있다. 이들은 실상 사회적으로 완전히 고립되어 있다.[9]
③ 실패감이다.[10]
④ 폭력의 문제이다.[11]

---

8 도시 길거리의 노숙자들은 일반적으로 한 지역에서의 반년 이상 지내지 않는다. 오랫동안 정신적인 문제나 감정적인 문제를 앓고 있는 사람들은 일반적으로 그들이 해낼 수 없는 책임성이나 헌신을 요구당할 경우 곧 도망가 버린다. 오히려 실패했다는 생각을 뒤로하고 그곳을 떠나버리는 것이 더 쉽고 그렇게 함으로써 자신들의 잘못된 행동의 결과에 대한 책임을 회피하고자 하는 것이다. 이렇게 한번 돌아다니는 패턴이 만들어지면 개인은 여러 가지 방법으로 더욱 약해진다. 예를 들어 한 젊은이가 돌아다니면서 어디에도 속하지 않고 뿌리도 없이 지낸다고 하면 그는 결국 범죄와 매춘과 마약을 팔아 수입으로 삼게 된다. 그 사람은 한 곳에 정착하지 못하기 때문에 교회나 다른 기관들이 적절한 도움을 효과적으로 줄 수도 없다. Roger S. Greenway, 『도시 선교의 새로운 개척지』, 236.

9 사역자들은 이러한 사람들에게 처음부터 너무 가까이 접근해서도 안된다. 너무 큰소리로 말하거나 너무 가까이 오는 것은 결국 그 사람들을 도망가게 만든다. 기억해야 할 것은 바로 이 사람들은 평생토록 육체적, 감정적으로 다른 사람들과 완전히 고립되어서 살았다는 것이다. 비록 좋은 뜻으로 음식과 도움을 주었다고 해도 방법적으로 잘하지 않으면 이들은 자신들이 느끼는 조그마한 안정마저도 위협받고 있다고 느끼게 된다. 이런 사람들과는 특별히 천천히 관계를 형성하여야 하며 또한 한번 관계 형성을 하였다고 하더라도 그것은 매우 깨지기 쉬운 것이다. Roger S. Greenway, 『도시 선교의 새로운 개척지』, 박보경역 (서울: 장로회신학대학교 세계선교연구원, 2004), 236-7.

10 도시의 노숙자들을 위해서 일하게 되면 많은 실망감을 느끼게 된다. 다른 종류의 사역을 하는 것에 비해서 이러한 일을 하는 사역자들은 좀처럼 성공적인 사역에 대한 기쁨을 느끼기 힘들다. 계속적으로 환멸감을 느끼기 쉽다. 물론 어떤 경우에는 도움을 받고 완전히 영구적으로 새로운 삶을 살게 되기도 하지만 만성적 정신질환을 앓고 있는 사람들에게는 거의 희망이 없다. 이러한 많은 장애물들을 생각할 때, 당연히 많은 도시 사역자들이 지칠 수밖에 없는 것이다. Roger S. Greenway, 『도시 선교의 새로운 개척지』, 236-7.

11 도시의 어떤 지역은 오랫동안 지내면서 전혀 강도를 당하거나 폭력을 당하지 않을

다섯째, 무관심한 태도이다.[12]

5. 노숙자를 향한 교회역할

교회는 노숙자들을 자원하는 마음으로 돌봐야 하며, 가장 비참한 삶을 살아가고 있는 이 사람들에게 사랑을 나누어 주어야 한다. 그러기 위해서는 다음과 같은 조치를 취해야 한다.

첫째, 교회는 도시 노숙자들을 위한 국가의 양심센터가 되게 해야 한다. 먼저 기독교기관의 지도자들이 이러한 일에 관심을 가져야 한다.

둘째, 교회는 언제든지 도움을 요청하는 노숙자들의 도움에 반드시 응답해야 할 것이다.

셋째, 다양한 교단의 더 많은 기독교인들이 도시 노숙자들을 위한 선교사역에 참여해야 한다.

노숙자들 중에서 어떤 집단은 다른 집단보다 더 복음을 잘 받아들이기 때문에, 사역자들은 어떤 집단을 대상으로 할 것인가를 정확

수 없는 지역이 있다. 이것은 대부분의 사람들이 도시 노숙자들을 위한 사역을 하기 싫어하는 이유가 된다. 도시 노숙자를 위한 효과적인 사역은 항상 개인적인 참여와 관계 형성을 요구한다. 이것은 곧 폭력을 감수해야 한다는 말이다. 대부분의 정신질환자들은 큰 문제가 안된다. 그러나 가끔은 폭력의 경향을 가지고 있는 환자도 있다. 또한 너무나도 많은 거리의 도시 노숙자들이 마약과 알코올 중독자들이기에 갑작스러운 공격과 도둑질은 항상 조심해야할 위험들이다. Roger S. Greenway, 『도시 선교의 새로운 개척지』, 237.

12 대부분의 사람들은 이러한 문제를 보려고도 하지 않고 조용히 문제를 덮어버리고 싶어 한다. Roger S. Greenway, 『도시 선교의 새로운 개척지』, 237.

하게 정하는 것이 중요하다.

　대상 집단의 필요와 그들의 예상된 반응에 맞는 목적과 목표를 세워야 한다. 다루기 어려운 집단의 경우 예를 들어, 동성연애자들과 창녀들과 폭력적인 정신질환자들과 같은 사람들은 특별한 훈련과 사명이 필요하다. 길거리에는 피난민들과 그 가족들도 있고 값싼 호텔에서 살고 있는 독거노인들도 있다. 이러한 사람들 중에서 사역을 하는 것이 더 열매있는 사역이 될수 있을 것이다.

6. 노숙자를 위한 선교전략

　노숙자 문제에 대한 교회의 사회 복지적 접근과 노숙자 문제 해결을 위한 교회의 노숙자 보호 사업은 신학적 근거와 토대 위에서 이루어져야 한다. 이는 근원적으로 성서의 가르침을 따라 교회가 어려운 자들에 대해 근본적인 관심을 갖게 되는 신학적인 근거가 어디에 있는가 하는 것을 알게 해주기 때문이다.

1) 노숙자 선교에 관한 성서적 근거

　신약성경에서 어원적 의미로 노숙인에 대해서 사용된 용어는 절대적인 빈곤층을 나타내는 '푸토코스'(πτωχους)이다. 가난자의 뜻을 가진 노숙인에 대한 성경적 의미와 노숙인에 대한 선교의 책임에 대해 살펴보고자 한다.

　신약성경에는 절대적인 빈곤층을 나타내는 '푸토코스'(πτωχους)

라는 뜻은 헬라어로 생계에 필요한 것을 '못 가진 사람이나 패가망신하여 구걸을 하게 된 사람'이라는 뜻으로 쓰였다. 따라서 신약성경에서 '푸토코스'(πτωχους)는 넓은 의미에서 '노숙인'을 의미한다고 볼 수가 있는데 신약성경에서 '푸토코스'(πτωχους) 용어가 34회 나온다.[13]

누가복음 6:20에 의하면, "가난한 자들은 복이 있나니 하나님의 나라가 너희 것임이요"에서 여기서 '복이 있다'라고 말한 '가난한 사람들'은 누가가 비난하는 부자들과 반대된 사람들을 지칭한다. 따라서 가난한 사람들이란 먹고 살 것이 없는 사람들을 의미하게 된다. 그렇다면 누가가 말한 이 구절의 가난은 물질적 빈곤이 된다. 가난한 사람들은 그들이 스스로 원해서 그런 처지에 있다는 것보다는 그 당시의 사회적 불평등에 의해서 가난한 자들이 생겨났을 가능성이 높다.[14]

이들은 누가의 공동체에서의 주요 구성원이었고 초기 교회시대에 선교대상들이었을 것이다. 여기서 당시 예수를 따라다니는 무리들을 '푸토코스'(πτωχους)라고 표현한 것으로 보아서 당시의 초기의 교회활동이 팔레스타인, 예루살렘, 갈릴리에 국한되어 있었고 초기 교회공동체의 구성원이 아주 극빈한 자들이었음을 반영하고 있는 것으로 보아 마가공동체의 구성원도 역시 바닥인생, 노숙인의 형편이었음을 알 수 있다.[15]

---

[13] G. Gutierrez, 『해방신학』, 허병섭 역 (서울: 미래사, 1986), 303.
[14] G. Gutierrez, 『해방신학』, 310-2.
[15] 기독교 도시빈민협의회, "도시빈민 선교의 신학적 근거," 「선교21세기」 (1993, 7), 22-3.

2) 노숙자에 대한 선교적 책임

노숙자에 대한 선교적 책임이 그 누구보다도 우선순위에 두어야 함을 복음서는 역설하고 있다. 다만 오늘날 대다수의 교회들은 하나님께서 사회적인 약자에게 관심을 갖는 것처럼 가지지 못하기 때문에 상대적으로 가난한 자에 대한 말씀의 태도가 우리의 무관심에 비할 때 엄청 크게 보인다.

게다가 우리들의 사회적인 약자에 대한 관심보다는 성공하고 부유한 사람들에게 갖는 관심과 비교해볼 때 편중적으로 부유한 자들에게 관심이 집중 된 것에 비하여 하나님의 관심이 사회적인 약자에게도 공평하게 대하는 것은 상대적으로 불공평하게 편증된 것처럼 느끼는 것이다.[16]

누가복음 16:19에 의하면, 부자가 나사로를 경제적으로 착취했다고 말하지는 않았지만 부자와 나사로의 이야기를 통해서 부자의 무관심을 책망하시는 것처럼 오늘날 한국교회는 나사로와 입장이 같은 노숙자에 대한 무관심은 주님의 책망의 꺼리인 것이다.[17]

그렇다면 왜 무관심 하는 것일까?

그것은 자신의 가치관의 관점에서 볼 때에 물질을 소유 못한 무가치한 자라는 잘못된 생각을 가지고 있기 때문이라고 볼 수가 있다. 이것은 오늘날 대부분의 한국교회가 궁핍한 노숙자에 대해서

---

16 Ronald J. Sider, 『기아와 빈곤으로부터의 해방』, 권명달 역 (서울: 보이스사, 1981), 113.

17 Ronald J. Sider, 『기아와 빈곤으로부터의 해방』, 101.

세상적인 자본의 잣대로 별 볼 일 없는 자로 노숙자 선교에 다가서지 않는 것과 유사하다. 이것은 하나님의 책망꺼리가 되는 것이다.[18]

3) 노숙인에 대한 선교적 전략

교회의 노숙자 선교는 기독교의 시작과 함께 오늘날까지 그리스도의 사랑을 실천하고 교회의 사회적 사명을 다하는 신앙공동체의 주요 덕목으로 자리 잡고 있으며 이러한 단체는 하나님의 사업을 수행하는 기관으로서 사회적인 약자나 가난한 이웃에게 그리스도의 사랑을 전하는 사명을 가지고 있다. 따라서 사회적인 강한 충격과 경제적 위기로 일자리를 잃고 가정이 해체된 노숙자들에게 사회 복지적 개입과 서비스를 제공하는 것은 당연한 일이라고 할 수 있다.[19]

(1) 노숙인의 자활과 자립 개념

어느 나라나 마찬가지겠지만 우리나라에서도 노숙자에 대한 가장 큰 편견 중의 하나가 일하려 들지 않는다는 것이다. 하지만 이는 사실과 다르다. 그리고 노숙자를 적절한 근로활동에 연계시키고 이것이 자활의 과정으로 이어지도록 하는 것은 노숙자 복지사업의 궁극적인 지향이 된다.

사전적 의미로 자활은 '스스로 문제를 해결하거나 문제해결을 위

---

[18] 전병재, "도시 노숙인에 대한 선교학적 고찰: 아래로부터의 영성회복을 위한 성육신적 선교신학의 모색," 91.
[19] 김기원, 『기독교사회복지론』(서울: 대학출판사, 1999), 34-5.

해 노력하는 행위' 또는 '제 힘으로 살아감'을 의미한다.

먼저, 자활을 '독립의 상태' 개념으로 정의한 것을 살펴보면, 보건복지부는 '국민기초생활보장법상의 자활은 근로의사가 있음에도 불구하고 정규노동시장으로의 편입에 필요한 경쟁력을 갖추지 못한 비자발적인 실업자를 대상으로 근로를 위한 지원체계를 마련하여 최저생활을 보장하고 궁극적으로 경제적 자립을 이루도록 하는 개념'으로 규정하면서 경제적 자립을 궁극적인 목표로 정의하였다.[20] 또한, 자활은 사회, 경제, 정서적 측면으로 인해 사회구성원으로서 바람직한 역할을 수행할 수 없는 상태에서 자활의지를 향상시켜 건강한 사회 구성원으로 되돌아가고 그 상태를 지속하는 것으로 정의한다.[21]

(2) 노숙인의 자립 개념

자립의 사전적 의미는 스스로 할 수 있는 상태를 말한다.[22] 여기서 자립(Independent)이란 '혼자 살아가는 것'(living alone)이 아니라 '함께 살아가는 것'(living together)를 의미한다. 전자는 '독립'을 의미하는 것이며, 후자는 '자립'을 의미하는 것으로, 'Independent'란 장애인이 지역사회에서 가족을 포함한 사회의 구성원과 떨어져 독립되어 살아가는 것이 아니라, 가족을 포함한 사회의 구성원과 함께 살아가

---

20 보건복지가족부, "2008 보건복지가족부," www.mohw.go.kr
21 이정삼, "노숙인 자활근로참여자의 자립향상에 영향을 미치는 요인에 관한 연구: 서울시 노숙인자활근로사업 참여자를 중심으로," 9-10.
22 이정삼, "노숙인 자활근로참여자의 자립향상에 영향을 미치는 요인에 관한 연구: 서울시 노숙인자활근로사업 참여자를 중심으로," 10.

는 것을 의미하는 것이다. 이와 같이 'Independent'를 독립이라 하지 않고 자립이라 칭함은 장애인뿐만 아니라 모든 인간은 누구에게도 완전한 독립생활은 존재하지 않기 때문이다.[23]

정호성은 노숙자의 자활을 가능케 하는 조건들을[24] 노숙자 문제에 대한 사회적 인식의 필요성,[25] 노숙인에 대한 편견,[26] 노숙자 문제에 대한 안일한 사고 의식,[27] 노숙자 자활사업에 관한 인식[28]으로 보았다. 이러한 인식들은 도시안의 부정적인 시각에서 도시 의미를 찾

23　오혜경, "장애인자립생활실천에 관한 연구," 「사회복지리뷰」 제3집 (1999).
24　정호성, 『노숙인 재활을 위한 일자리 창출방안』(서울: 서울시 노숙인 사업 종합계획수립을 위한 토론회, 노숙인 다시서기지원센터, 2005), 61-3.
25　노숙인은 개인적인 잘못으로 인해 도래된 이 사회의 암과 같은 존재라는 잘못된 편견이 우리 사회에존재한다, 그러나 그것은 자본주의 사회구조에 대한 몰이해에서 나온 것이다. 우리 사회에서는 반드시 뒤처진 사람들이 나오기 마련인데 이들을 쓸모없는 사람 취급하는 것은 올바른 태도가 아니며, 노숙인은 우리 사회의 모순을 그대로 안고 살아가는 사람들이기 때문에 우리는 노숙자를 통하여 우리 사회가 지닌 모순을 발견하는 것이다.
26　과거 많은 사람들은 노숙인들을 잘 대해주면 일 안하고 놀고먹으려는 노숙인들이 더욱 늘어날 것이라고 생각하고 노숙인들에게 식사를 대접하고 옷을 제공하는 것에 대해 부정적인 생각을 가졌다. 그러나 이것은 책상머리에서 생각할 수 있는 것이지 직접 노숙인의 생활을 체험해본 사람이라면 그런 말을 하지 못할 것이다. 이런 부정적인 생각을 가진 사람들에 의해 노숙인의 문제가 해결되는 것이 아니라 왜곡되고 심화되는 것이다.
27　시간이 지나면 회복되고 노숙인들이 줄어들 것이라고 생각하는 낭만적인 생각이다. 노숙인 문제에 대한 적극적인 처방이 없는 한, 사회적인 평형을 이루기 위한 정부의 적극적인 정책이 제시되지 않는 한, 노숙인의 문제는 감소되기는커녕 더욱 확대 심화될 것이다. 우선 우리나라 격차가 갈수록 늘어나고 있으며, 실업자와 이혼율이 증가하고 있기 때문에 이에 대책을 강구하지 않는다면 노숙인의 문제는 더욱 확대될 것이다.
28　자활사업에 대한 투자는 그 투자액에 비해 산출액이 낮고 생산도 없기에 하나마나한 사업이라는 인식은 자활사업이 가진 긍정적인 측면을 간과한 것이다. 자활사업에 참여함으로써 참여자가 느끼는 보람과 정신적인 건강함, 사회적인 공익성이 함향되는 것, 수혜자에게 느껴지는 만족감 등은 수치로 계산할 수 없는 것이다.

고 멸망의 대상으로만 보고 선교의 대상이라고는 생각하지 않기 때문이다.[29] 다시 말하면, 도시선교 사역의 일부분인 노숙자 선교사역 안에서도 노숙자들을 부정적인 시각에서 보지 않고 선교적인 시각으로 바라봐야하는 것이다.

오늘날 한국교회도 잘못된 편견을 없애고 노숙자에 대한 인간성 회복을 통하여 참된 인간화가 실현된 세계로 이끌 예언자적인 책임을 가져야 한다. 이런 것을 통하여 하나님의 나라를 앞당기는 것이고 노숙자에 대한 참된 인간화가 실현된 세계에서 노숙자로 하여금 사람이 사람답게 살 수 있는 세계를 기독교인은 제시하여야 한다.[30]

4) 아웃리치 활동과 지역사회

(1) 노숙인과 아웃리치(outreach)[31]

노숙인 중 상당수는 노숙인 쉼터나 이용시설 등이 아닌 거리나 공공장소 등에 거주하고 있다. 그리고 이들에 대해서는 현장에서의 적극적인 접근이 중요하다. 사회복지 실천에서는 이전부터 현장접근을 강조해오고 있다. 이는 사회복지 서비스가 공급자 중심의 활동이 아니라 노숙인의 욕구에 적극적으로 부응하도록 하기 위한 것이다. 이러한 아웃리치는 다른 대상과도 마찬가지겠지만 노숙인 선교에서는 아웃리치가 적극성의 선택 문제가 아니라 서비스가 가져야 할 필수요소이다.

---

29 한화룡, 『도시선교』(서울: 한국기독학생출판부, 1993), 74-75.
30 전병재, "도시 노숙인에 대한 선교학적 고찰: 아래로부터의 영성회복을 위한 성육신적 선교신학의모색," 80.
31 아웃리치(outreach)=현장접근.

(2) 노숙인 아웃리치(outreach)개념 및 관계전도

노숙인 아웃리치(outreach)는 노숙인에게 필요한 의료, 정신건강, 요양, 사회복지급여, 주택서비스를 제공하기 위한 최초의 결정적인 단계이다. 이 단계는 서비스를 이용하지 않거나 서비스에 대한 정보가 없는 노숙인, 서비스로부터 배제된 노숙인을 찾는 것으로부터 시작된다. 결과물이기보다는 과정으로 보아야 한다. 친근감을 형성하고 그들에게 필요하고 그들이 받아들일 수 있는 서비스와 연계하는데 초점을 둔다. 아웃리치는 관계 형성의 첫 과정이다.

노숙인 아웃리치(outreach)에서는 '관여'가 핵심적인 중요성을 가진다. 관여는 성공적인 아웃리치(outreach)를 위해 가장 중요한 과정이며, 신뢰관계의 형성과정으로 흔히 묘사된다. 욕구를 사정하고, 서비스 목표를 정하고 서비스 전달 계획에 대한 동의를 포함하는 과정을 담고 있다. 몇몇 노숙인은 보다 점진적이고 조심스런 접근을 요하며, 관여 기간은 몇 시간에서 몇 년까지도 길어질 수 있다. "활력적이고 존중받는 삶으로 돌아오게 할 강한 동기를 제공하는 대인관계를 수립"할 수 있는 것이 노숙인 아웃리치가 표방하는 관계이며 관여의 요체이다.

위에서 말한 바와 같이 노숙자 아웃리치(outreach)에서는 '관계'가 가장 중요하다. 이에 대한 아웃리치의 적절한 접근이 필요하다. 다시 말해, 노숙자 선교를 위해서는 관계전도는 필수인 것이다. 노숙자들과 관계를 하기 위해서는 아웃리치팀과 노숙자들 간의 관계를 통한 신뢰가 있어야 한다.

관계전도는 성경적인 방법이다. 성경은 지속적으로 '관계'를 강조하고 있다. 왜냐하면 사람은 하나님과 갖는 수직적인 관계와 우리가 다른 사람들과 함께 하는 수평적인 관계를 갖는 관계 지향적으로 지음 받았기 때문이다. 하나님이 예수 그리스도를 이 땅에 보내어 잃어버린 자를 찾아 구원하시려는 구원의 역사도 결국 하나님과 사람과의 깨어진 관계를 예수 그리스도를 통하여 다시 회복하기 위한 것이다. 구원이란 하나님과의 새로운 관계의 시작을 의미하며 이와 같은 의미에서 볼 때 복음전도는 관계와 불가분의 연관성을 가지고 있다. 전도의 많은 방법 중에서도 관계전도를 하는 이유는 복음을 더욱 효과적으로 전할 수 있기 때문이다.

노숙자에 대한 배경은 그 발생부터가 대부분 도시를 배경으로 하고 있었다. 노숙자의 도시의 배경으로는 도시화와 밀접한 관계가 있다. 고대도시사회에서나 근대산업혁명으로 근대도시의 출현에서의 공통점인 도시화가 일어났고 그런 도시의 물결과 함께 도시선교가 가능하였다.

그런데 문제는 오늘날의 도시의 노숙자 문제도 IMF 외환위기 이후부터 실업자들이 늘어나고 오늘날에도 여전히 경기는 침체되어 서울을 비롯하여 지방의 대도시에는 노숙자들이 거리마다, 공원마다, 역사 주변에 몰려들고 있다. 이것은 앞에서 고찰한 대로 그들 중에는 '노숙'이라는 것을 극단적으로 선택할 수밖에 없는 한계상황에 내몰린 사람들이 대부분이다. 저임금 노동자, 농민 그리고 도시의 빈민, 노숙자들은 경제성장의 열매를 충분히 누리지 못하여, 비록 우리나라의 경제는 성장하였으나 곧바로 빈곤층의 주거 수준 향상과 노숙자에 대한 사회복지로 이어지지 않았기 때문이다.[32]

---

[32] 하성규 외 공저, 『빈곤 퇴치: 한국의 경험과 교훈』(서울: UNDP 한국대표부, 1998), 233.

그동안 한국교회는 각 개교회와 개인의 영성훈련은 많이 하였으나 낮은 곳에서 보는 영성의 실천은 극히 드물었다. 그래서 낮은 곳부터의 영성회복 차원에서 도시노숙자 선교의 필요성과 책임을 가져야 한다. 기독교인은 "노숙인과 춤을 추는 것"이라 말했듯이 지치고 힘들어하는 노숙자들에게 다가가야 하는 것이다. 그러므로 도시 가운데 노숙자에 대한 선교의 책임은 우리나라의 교회들에게 있다.

초대교회 당시 예루살렘 성문 밖은 사회로부터 버림당하고 가난하고 힘없는 자들이 있는 곳이었다. 이곳에서 그리스도의 죽음은 이들을 거룩하게 하기 위해서 죽으셨음을 의미하기도 한다.[33]

따라서 노숙자 선교는 주님의 고난에 참여하여 주님이 지신 십자가를 함께 지는 것이다. 그리고 삼일 후에 부활하신 주님처럼 노숙자의 삶도 점차 총체적으로 부활해야함을 의미한다. 그러나 이것은 말에 있는 것이 아니라 주님이 하셨던 것처럼 노숙자들과 함께 먹고 함께 생활하며 함께 고통을 나누는 실천만이 가능한 것이다. 이와 같이 한국교회는 노숙자에 대한 인식전환을 통하여 이들에게 희망을 주고 하나님께로 선교하여 살아갈 의욕을 갖도록 해야 한다.

이런 것을 통하여 하나님의 나라를 앞당기는 것이고 노숙자에 대한 참된 인간화가 실현된 세계에서 노숙자로 하여금 사람이 사람답게 살 수 있는 세계를 기독교인은 제시하여야 한다.

---

[33] O·E 코스타스, 『성문 밖의 그리스도』, 김승환 역 (서울: 한국신학연구소, 1987), 320.

제5장

다문화가정을 위한 목회와 선교사역

세계의 인구가 늘어나면서 도시의 숫자와 규모도 커지고 있다. 도시는 점점 더 많은 사람들이 사는 삶의 무대가 되고 있으며, 우리에게는 중요한 선교의 장이 되고 있다. 21세기에 와서 폭발적인 인구 성장, 교통과 통신의 발달, 그로 인한 가치관의 변화와 삶에 대한 기대 수준의 향상 등으로 많은 사람들이 도시로 몰리고 있는 것이다. 그래서 '선교'하면 아프리카의 정글을 생각하는 고정관념의 변화가 필요하다. 현실적으로 도시에서 태어나, 도시에서 교육을 받고, 도시에서 훈련을 받고, 낯선 나라의 도시에서 사역하다가 돌아오는 선교사의 수가 점점 많아지고 있다. 이제는 '콘크리트 정글'로서의 도시, 새로운 변방으로서 도시를 인식하고, 현대 선교의 국면의 전환을 이해해야 한다.[1]

이러한 선교의 흐름에 맞추어 이제는 초대교회 때와 마찬가지로

---

1 유네스코 아시아·태평양 국제이해교육원, 『다문화사회의 이해』(서울: 도서출판 동녘, 2008), 4.

목회와 선교의 가장 광대한 장(context)인 도시에 대해 어떻게 접근하느냐 하는 것이 21세기 선교사역의 승부가 나게 될 것이다.[2]

오늘날 국내 체류 중인 외국인 110만 명, 그 중 국제결혼을 통한 이민자가 12만 명을 넘어섰다. 매년 국내에서 결혼하는 커플의 13%가 다문화가정을 이루고 있다. 한국 사회가 다문화사회로 진입하고 있는 것이다. 이러한 다문화가정을 이루고 있는 문화가 대부분 도시에 집중되어 있다. 한국교회는 이런 흐름에 발맞춰 다문화가정 사역에 박차를 가하고 있다.[3]

1. 다문화사회의 정의 및 현 상황

외국 태생 인구 비율이 전 국민의 5% 이상이면 '다문화사회'로 분류 된다. 우리나라는 1990년대부터 국제결혼과 외국인 근로자의 유입이 늘어나게 되면서 현재 2.2%로 통계가 나와 있다. 경기도 가족여성연구원이 발표한 '시군 동향분석-가족편'에 따르면 2008년 경기도에서 결혼한 7만 8천여 부부 중 국제결혼이 8,123건으로 10.4%를 차지했다. 특히 2007년에 혼인한 농어촌지역 남자의 40%인 3,172명이 외국 여자와 결혼했다. 2009년 3월 통계청 자료에 따르면 외국인과의 혼인은 36,204건으로 전체 혼인비율의 약 11%로

---

[2] 정병관, 『도시교회 성장학』(서울: 총신대학교 출판부, 2009), 6.

[3] Nathan Glazer, 『우리는 이제 모두 다문화인이다』, 서종남·최현미 역 (서울: 미래를소유한사람들, 2009), 11.

나타났다. 이처럼 이제 우리나라는 더 이상 단일문화국가가 아니라 다인종, 다문화사회라 할 정도로 다문화가정은 흔히 우리 주변에서 만날 수 있는 시대가 되었다.

법무부에 따르면, 우리나라 결혼이민자는 17만 9,854명이다(2010년 5월). 여성이 87%를 차지하고 있으며, 국적은 중국이 49.1%(6만 6635명)로 가장 많고, 베트남 23.5%(3만 1,918명), 일본 7.5%(1만 126명), 필리핀 5.0%(6천 802명)이다.[4]

〈표 1〉 국제결혼이민자 현황('09.5,행안부)

결혼 이민자									자녀현황		
계			국적 미취득자			국적 취득자					
계	남	여	계	남	여	계	남	여	계	남	여
167,090	17,237	149,853	125,673	15,190	110,483	41,417	2,047	39,370	108,484	52,842	50,642

▷ '08년도(144,385명)에 비해 13.6% 증가, 여성 89.7%, 국적 취득자 24.8%

---

4 김은미・양옥경・이해영, 『다문화사회, 한국』(서울: 나남, 2010), 17-18.

〈표 2〉 국적별 혼인 현황('09.5, 행안부)

구분	계	조선족	중국	베트남	필리핀	일본	몽골	태국	대만	기타
계	167,090 (100%)	53,754 (32.2)	48,698 (29.2)	30,779 (18.4)	9,799 (5.9)	5,364 (3.2)	2,503 (1.5)	2,242 (1.3)	517 (0.3)	13,434 (8.0)
국적 미취득자	125,673 (75.2%)	35,386	33,457	28,817	6,117	5,050	2,309	2,092	351	12,094
국적 취득자	41,417 (24.8%)	18,368	15,241	1,962	3,682	314	194	150	166	1,340

▷ 국적 취득자는 행안부 통계상 혼인귀화자에 한함
  (기타 사유에 의한 국적 취득자 제외)

'다문화가정'이란 한 가족 구성원이 국제결혼, 입양 등에 의해 타민족과 혼합된 가정을 말한다. 혼혈아동이라 부르는 다문화가정의 자녀들을 배려하기 위해 한국인(Korean)과 아시아인(Asian)의 합성어인 '코시안'(Kosian) 또는 '온누리안'이라는 호칭을 그동안 사용해 왔지만 당초 의도와 다르게 오히려 그들을 구별하는 호칭으로 인식 되었다.[5]

이런 부정적 이미지를 해소하고자 2003년 30여개의 시민단체로 구성된 '건강가정시민연대'의 제안으로 '다문화가정, 다문화가족'으로 부르게 되었다. 다문화가정과 함께 다른 민족(한국 체류 외국인 가정, 유학생, 근로자, 비즈니스 체류자 등) 또는 다른 문화를 가진 사람들(새터민)을 모두 포함한 사회가 '다문화사회'이다.

이미 일부 초등학교의 경우 학생 구성원의 다수가 다문화가정의 자녀일 만큼 한국의 다문화사회로의 진입은 그동안 관심만 가지고

---

[5] 정미경, "다문화사회를 향한 한국기독교 이주민선교의 방향과 과제," 19-21.

추진했던 문화·복지적 관점을 넘어서 정책적 측면에서도 외국인을 어느 정도 받아들일 것인지 등에 대한 법안 논의까지 필요할 정도가 되었다.[6] 다문화가정의 급격한 증가로 인해 사회·가족적으로 다양한 문제가 발생하고 있으며, 이런 문제는 국가정책에서도 중요한 부분으로 대두되고 있다. 국내 이주외국인 증가의 문제는 교회와 선교에서도 예외는 아니다. 다문화 외국인의 국내 체류 유형은 국제결혼, 근로자, 유학생(대학, 석사, 박사, 연구원 등), 전문인력(교육계, 기업, 종교계, 의료계, 법조계, 언론, 정치, 행정 등)으로 다양하다. 이들에 대한 국내 다문화 사역의 중요성은 선교적 관점에서 매우 강조되고 있다.

2. 다문화가정 선교에 대한 신학적 이해

마가복음 11장에 의하면, 예수님은 성전을 '만민이 기도하는 집'으로 묘사하였다. 예루살렘 성전에는 유대인 남성, 유대인 여성이 드나드는 곳과 아울러 이방인의 뜰이 있었다. 즉, 이방인들과 성전에서 예배를 드릴 수 있었다. 그런데 종교 지도자들은 이방인의 뜰을 점령하여 환전하고 재물을 팔아 이방인들이 예배드릴 권한을 박탈하였다.

한국교회가 다문화 사역을 하면서 깨달아야 하는 것 중 한 가지는 그들이 한국교회와 함께 함으로써 한국교회가 만민이 기도하는 집이 되어가고 있다는 것이다. 전도의 목적은 '영혼구원과 교회성장

---

6 유네스코 아시아·태평양 국제이해교육원, 『다문화사회의 이해』, 87-8.

그리고 하나님 나라의 도래와 하나님의 영광을 위한 것'이다.[7] 이러한 하나님의 뜻을 온전히 이루기 위해서는 한국 사회에서 계속 증가 추세에 있는 다문화가정 사역이 든든히 세워져야 할 것이다.

1) 하나님의 나그네 사랑

요한복음 3:16에 이렇게 말씀하셨다.

> 하나님이 세상을 이처럼 사랑하사 독생자를 주셨으니 이는 저를 믿는 자마다 멸망하지 않고 영생을 얻게 하려 하심이라 (요 3:16).

이처럼 하나님의 사랑은 세상에 존재하고 있는 모든 사람들에게까지 미친다. 하나님은 이스라엘과 함께 있는 외국인들과 나그네들에 대해 깊은 사랑을 가지고 계신다. 레위기 19:34에서는 특별히 함께 살고 있는 외국인이나 나그네들에게 이스라엘이 자기처럼 여기며 사랑하라고 말씀하신다.

그 이유는 이스라엘도 애굽에서 나그네로 박해받으며 살았기 때문이다. 외국에서 나그네로 당하는 고통이 무엇인지 알며, 그 고통에서 하나님의 특별한 은총으로 구원받은 이스라엘은 함께 있는 외국인이나 나그네들을 결코 박해할 수 없다. 오히려 그들을 소중한 이웃으로 받아들여 그들이 이스라엘 중에서 살아갈 수 있도록 도와주어야 한다.

---

[7] 노윤식, 『성경에 선교가 있는가』(서울: 한들출판사, 2005), 147-8.

마태복음 25:38-40에 의하면, 예수 그리스도는 가난한 이웃과 나그네를 영접하는 것이 곧 그를 영접하는 것이라고 말씀하신다. 여기서 나그네들은 현재 타문화권에 들어와 살고 있는 다문화가정이다. 이들은 소수이며, 연약한 자들로서 누군가의 보살핌이 필요하다.

예수께서는 친히 세상이라는 타문화권으로 오셔서 다문화 사역의 본을 교회에게 보여주셨다. 그분은 세상 사람들의 마음을 이해하고 품으시며, 그들을 하나님 나라의 거룩한 백성으로 세워나가는 모범이 되셨다. 따라서 타문화권의 사람을 사랑하고 섬기는 것은 곧 그들을 사랑하고 섬기신 예수 그리스도를 따르는 것이다.[8]

2) 성육신하신 예수 그리스도

하나님의 아들 예수 그리스도의 성육신 사건은 타문화권 사역의 단초라고 말할 수 있다. 예수님은 문화를 뛰어넘어 피조세계로 직접 찾아오셨다. 다문화 사역은 성육신하신 예수 그리스도처럼 사역의 대상이 되는 문화 속에 찾아가 그들을 섬기며, 나아가 그 섬김을 통해 하나님을 섬기는 것으로 연결된다. 예수께서 사마리아 지역에서 우물가의 여인을 만나 사역하신 것은 대표적인 다문화 사역의 모델이 된다.[9]

선교는 자신이 속한 문화권을 뛰어 넘어 타문화권에 들어가 현지

---

[8] 김제선, "다문화가정 사역을 통한 교회성장 전략 연구"(박사학위논문, 총신대학교 목회신학전문대학원, 2011), 53-54.

[9] 노윤식, 『성경에 선교가 있는가』, 239.

문화권을 하나님의 나라로 변화시키는 것이다. 그래서 선교는 문화권을 넘는 것으로 부터 시작되는 것이다.

3) 지상명령

마태복음 28:18-20은 이렇게 말씀하고 있다.

> 그러므로 너희는 가서 모든 민족을 제자로 삼아 아버지와 아들과 성령의 이름으로 세례를 베풀고 내가 너희에게 분부한 모든 것을 가르쳐 지키게 하라 볼지어다 내가 세상 끝날까지 항상 함께 있으리라(마 28:18-20).

주님의 이 명령은 모든 성도들이 감당하면서 나가야 할 사역이 바로 전도라는 것을 명확하게 보여준다. 그리스도를 구주로 믿는 교회라면 모든 족속으로 제자 삼으라는 그 명령에 순종할 것이다. 건강한 교회는 하나님이 말씀하신 교회의 본질과 사명에 충실한 교회이며, 이 모습은 자연스럽게 열매와 성장의 결과로 나타난다.[10]

주님은 자신을 믿고 따르는 자들에게 예루살렘 뿐 아니라 문화가 다른 사마리아와 땅 끝까지 이르러 자신의 증인이 되라고 말씀하신다. 다문화가정 전도는 주님의 지상명령을 수행하는 효과적인 방법 중 하나이다. 이미 우리에게 들어와 있는 다문화가정을 전도하는 것은 이 시대를 살고 있는 그리스도인들에게 위임된 지상명령이다.

---

10 노윤식, 『성경에 선교가 있는가』, 182.

3. 다문화가정을 위한 실제적 선교전략

김제선은 다문화가정을 위한 실제적인 선교전략에 의하면, 찾아가는 서비스,[11] 동아리 만들기,[12] 전도편지 보내기,[13] 가족초청의 날,[14]

---

[11] '찾아가는 서비스'의 핵심은 교회가 다문화가정을 찾아가 심방하는 사역이다. 그들과 일대일의 관계를 맺고 일상생활을 하는 데 불편함이 없도록 도와주며 예를 들어 다음과 같은 일을 들 수 있다. 함께 시장보기, 관공서 찾기와 이용방법 안내, 서류 작성 방법, 은행 위치와 이용방법, 한국요리 제조법, 동네 길 찾기 등 소소한 부분들을 챙겨주는 것이다.

[12] 다문화가정 사람들이 겪는 어려움 중의 하나는 '외로움'이다. 교회는 다문화가정 사람들이 함께 하는 동아리 활동을 통해 많은 사람들과 사귈 수 있도록 도와준다. 이때 모임의 성격은 교회 모임이기보다 자유롭게 교제할 수 있는 분위기가 좋다. 어떤 사람이나 친밀한 관계에 목말라하는데 특별히 안정감과 소속감을 주는 인간관계를 필요로 한다. 고국을 떠나 타국에서 살고 있는 사람들은 더 깊은 인간관계를 필요로 한다.

[13] 편지의 장점은 전도자가 들어갈 수 없는 장소에도 얼마든지 들어갈 수 있고, 편지를 받는다는 기쁨도 있다. 교회에서 진행되고 있는 다양한 다문화센터 사역을 통해 그들은 간접적으로 교회는 무엇이며 하나님이 누구이며 성도들이 자신들에게 왜 사랑을 베푸는지 궁금하게 된다. 따라서 이들에게 편지 형태를 빌려 예수 그리스도의 복음을 전하는 것이 전도편지이다. 편지를 보낼 때, 복음에 대한 반응이 개인마다 다르다는 것을 염두에 두고 내용을 작성해야 한다. 복음에 대해 적대적인 사람, 그와 반대로 마음 문이 활짝 열린 사람들도 있다. 이들의 영적인 수준을 배려하여 맞춤 전도편지를 제작하여 보낸다. 전도편지를 작성하는 사람은 열정이 있고 글씨를 단정하게 쓸 줄 아는 사람이어야 하며 기도하는 사람이어야 한다.

[14] 다문화가정을 초청하려면 그들에 대해서 먼저 알아야 한다. 교회가 편리한 대로 초청하는 것이 아니라 그들의 상황을 배려하여 초청해야 한다. 가장 효과적인 방법은 초청의 날을 그들 고유명절 때 하는 것이다. 오랜 기간 동안 타국에서의 삶은 고향에 대한 그리움으로 묻어난다. 또한 그들의 명절에 초청한다는 것은 그만큼 그들에 대한 사랑과 배려를 담고 있다는 것을 간접적으로 보여주는 것이다.

한국어 교육[15] 등으로 나누고 있다.[16]

우리 사회는 이제 단일민족이 아닌 '다문화사회'로 가고 있다. 그로 인해 다문화가정에 대한 다문화 사역에 대한 관심은 더더욱 커지고 있는 추세이다. 다문화가정에 관심을 두어야 하는 성경적 근거와 실제적인 선교전략을 알아보았다. 하지만 우리가 그들에게 관심과 사랑을 두고 섬기는 궁극적인 것은 '하나님 사랑 실천'과 더불어 '또 다른 영혼구원을 위한 거룩한 투자'이기 때문이다.[17]

다문화가정을 돌보는 선교사역은 직접적인 복음전도사역이다. 국제결혼자의 경우, 한국남편, 시댁식구, 자녀, 친정가족과 자국의 영혼들에게 복음을 증거하는 국내와 국외의 전도자가 될 수 있다. 한국교회는 국내의 다문화가정에 대한 사역을 위해 교회가 적극적으로 다양한 활동을 주최하거나, 지역주민들과 외국인이 함께 할 수 있는 행사를 마련해주어 문화장벽을 허물도록 해주어야 한다.

교회 외부 사역으로는 정부, 지자체의 다문화가정을 돌보는 정책과 활동에 주도적으로 동참할 수 있도록 다문화가정을 교회와 연결하는 사역자를 양육하고 파송해야 한다.

교회의 미래를 위해 효과적인 선교자원으로 양육해야 한다. 다문화가정의 증가로 다문화가정 자녀들의 비중은 더욱 커질 것이다. 다

---

15 그들이 생각하고 있는 한국어는 생명과도 같은 것이다. 그러므로 그들을 위해 맞춤형 언어 서비스를 시행해야 한다. 그들이 처한 환경에 따라 방문교육, 온라인 교육, 방송교육 등 다양한 매체를 사용해야 한다. 대상의 다양성을 고려하여 수준별, 국가별, 연령별 구별된 교육을 진행해야 한다. 또한, 그들을 교육하는 동시에 그들의 자녀들을 돌 볼 수 있는 보육 시설도 준비되어야 한다.

16 김제선, "다문화가정 사역을 통한 교회성장 전략 연구," 56.

17 라건국, 『21세기 선교는 달라져야 한다』(서울: 새한기획 출판부, 2007), 19-20.

음 세대의 교회를 생각한다면 다문화가정의 복음전도사역은 교회의 미래를 위해 과감히 투자해야 할 주요한 사역이다.

　세계는 도시의 인구집중과 더불어 다문화사회로 변화하고 있다. 교회도 도시에 살고 있는 다문화가정을 위한 다문화 사역에 초점을 두어야 할 것이다. 물론 많은 어려움과 장애가 있을 수 있다. 복음의 본질을 흐리지 않으면서 그들을 섬기며 복음을 증거하기란 어려울 수 있다. 다문화 사역도 타문화권을 향한 '선교'이기 때문이다.[18] 하지만 변화하는 세계 흐름을 파악하지 못하고, 또한 어렵고 힘들다는 핑계로 더 이상 방관하거나 무시할 수 없다. 이제 그들은 우리가 반드시 접근해야 할 문화권이다.[19]

　"생각이 바뀌면 세상이 바뀐다"라는 말처럼 도시 속에 살고 있는 다문화가정에 대한 인식이 바뀌면 그들을 향한 우리의 행동이 실제적으로 드러나게 될 것이고, 그러한 행동이 곧 세상을, 하나님 나라를 확장하는 귀한 일이 될 것이라 의심치 않는다.

18　라건국, 『21세기 선교는 달라져야 한다』, 24.
19　김은미 · 양옥경 · 이해영, 『다문화사회, 한국』, 26-8.

제6장

노인 돌봄을 위한 목회와 선교사역

교회의 소명은 선교와 봉사라고 할 수 있다. 존슨(Jonson)은 교회의 사회봉사적 기능에 대해 '교회가 사회사업의 어머니'라고 술회하였고, 신학자 라인홀드 니버는(Reinhold Niebuhr) '기독교는 사회복지의 어머니'라고 언급한 것처럼 기독교는 초대교회부터 신앙의 원점이라고 할 수 있는 "네 이웃을 네 몸과 같이 사랑하라"는 명제 속에서 그 존재의 의미를 확인하며 사회복지활동을 계속해 왔다.[1]

우리 사회의 고령화는 세계에서 가장 빠른 속도로 진행되고 있다. 고령화 사회(Aging Society)에서 고령사회(Aged Society)로 진입하는 데 걸리는 시간이 일본의 25년보다 빠른 18년에 불과할 것으로 예상하고 있다.[2] 급격한 고령화 사회는 사회의 구조적 변화와 관련하여 노인의 생활은 물론, 노인을 둘러싼 생활환경, 사회적 환경, 경제적 환경도 매우 큰 변화를 겪을 전망이다.

---

1 전광현, 『기독교 사회복지의 이해』(서울: 양서원, 2005), 399.
2 노인복지를 전공한 호서대학교 박현식 교수와 선교학을 전공한 백석대학교 전석재 교수가 공동으로 연구한 내용임.

1. 노인복지선교의 바른 이해

기독교 노인복지는 하나님께서 의도하신 인간의 모습으로 회복하는 노력, 즉, 하나님의 형상(Image Dei)으로 회복시키려는 실천적 노력이다. 성서에 나타난 기독교 노인복지 사상은 인간존중 사상, 경로효친 사상, 사회참여 사상이다. 노인의 어려운 생활을 돌보고 공경하며, 노인들의 유익한 지혜를 구함으로써 노인들의 경제적 궁핍에서 벗어나고 노인들의 사고(四苦)[3]에서 인간다운 삶을 보장해 줌으로써 하나님의 형상을 회복해주는 것이다.

성경에서 노인은 은총의 상징이요(창 15:15; 출 20:12; 잠 16:31), 존경의 대상(레 19:32; 신 32:7; 왕상 12:6)이며, 지혜자(엘 2:28; 욥 12:12; 왕상 12:6-14; 시 92:12-15)이고, 보호의 대상으로 나타난다. 따라서 성경에서의 노인은 현대사회가 보는 관점과는 달리 긍정적으로 보고 있다.[4]

2. 인구 고령화의 빠른 진행

2005년까지만 해도 65세 이상 노인인구는 438만 명으로 전체 인구의 9.1%를 차지하고 있으며, 2010년에는 10.9%로 534만 4,000

---

[3] 병고(심신의 건강상실), 빈고(경제적인 의존), 고독고(인간관계단절), 무위고(사회적 역할 상실)등의 4가지를 일반적으로 노인문제라고 한다.

[4] 전석재·박현식 공저, 『21세기 복지와 선교』(서울: 도서출판 대서, 2008), 249.

명, 2020년에는 15.7%로 782만 1,000명, 2030년에는 24.1%로 1,118만 명으로 급격히 증가될 전망이다.[5] 노인인구비율만으로 볼 때 아직은 유럽이나 일본의 고령화율 16-18% 수준에 미치지 못하고 있는 것이 사실이다. 노인인구비율 7%의 고령화 사회에서 14%의 고령사회로 진전되는데 걸리는 '고령화 속도'가 세계에서 가장 빠르다. 고령화 속도를 보면 프랑스가 115년, 미국이 72년, 영국이 47년, 독일이 40년이고, 지금까지 가장 빨랐던 일본이 24년인데 비하여 우리나라는 불과 18년 만에 달성된 것으로 전망된다.[6]

3. 평균수명의 증가와 고령화로 인한 인구 구조 변화

인구 고령화의 결과, 생산연령 인구에 대한 고령자의 인구비율인 노년인구 지수(노인부양 지수)가 1970년에 5.7%에 불과 했으나, 2002년에는 약 11.1%로 두 배 가까이 증가하였고, 2019년에는 19.8%로 증가하고, 2030년에는 35.7%로 증가될 전망이다. 이는 2000년에 생산인구 10명이 1명의 노인인구를 부양하던 것이, 2030년에는 2.8명의 생산인구가 1명의 노인을 부양하게 된다. 결국 생산인구의 노인 부양부담이 급속히 늘어나서 사회적·경제적 노인부양의 부담을 가중 시키는 것을 의미한다.

---

5   통계청, 『장래인구추계』(대전: 통계청, 2005), 236.
6   박현식, "고령화 사회의 노인문제와 지역자원 활용 방안," 「지방 분권을 위한 고령화 사회에 자원 활용」(2005), 13.

고령화 지수도 변하고 있다. 1960년에는 연소인구(0~14세)와 노인인구(65세 이상)의 비율이 14.5:1로 고령화 지수가 6.9%로 연소 인구가 노인인구보다 14배 이상 많았는데, 2000년에는 34.3%로 그 비율이 3:1로 줄어들었다. 앞으로 2026년에 가면 노인인구가 더 많아져 그 비율이 0.6:1로 될 것이며, 2050년에는 노인인구가 연소인구의 3배 이상으로 증가될 전망이다.

〈표 3〉 1960~2050까지의 장래 인구 추이[7](단위: 천명,( )속은 구성비)

연도	총인구	0~14세(%)	15~64(%)	65+(%)	노인부양지수	노령화지수
1960	25,012	10,588(42.3)	14,258(57.0)	726(2.9)	5.1	6.9
2000	47,008	9,911(21.1)	33,702(71.7)	3,395(7.2)	10.1	34.3
2010	49,594	8,552(17.2)	35,741(72.1)	5,302(10.7)	14.8	62.0
2019	50,619	7,147(14.1)	36,158(71.4)	7,667(14.4)	20.2	102.3
2026	50,610	6,487(12.8)	34,010(67.2)	10,113(20.0)	9.7	155.9
2050	44,337	4,650(10.5)	24,417(55.1)	15,271(34.4)	62.5	328.4

* 노인부양 지수:(65세 이상 노인인구) / (15~64세인구)×100
 노령화 지수:(65세 이상 노인인구) / (0~14세 인구)×100

우리 국민의 수명이 크게 늘어났다. 20세기 초(1905~1910년)에는 국민의 평균수명이 불과 24세 정도였다. 그러나 20세기 후반에 들어와 산업사회로 발전하면서 소득 수준이 높아지고 위생환경이 개선되면서 수명이 연장되기 시작하여, 1960년에는 평균수명이 52.4세가 되었고, 2000년에는 75.9세로 늘어 났다. 앞으로 2010년에 가면

---

7 통계청,『장래인구추계』, 236.

78.8세가 될 전망이며, 2020년에는 80.7세가 되어 인생 80년 시대에 진입할 예정이다.

<표4> 한국 인구 평균 수명 추이[8] (단위: 세, %)

	1905~	1960	2000	2010	2020	2030	2050
평균	23.6	52.4	75.9	78.8	80.7	81.5	83.0
남	22.6	51.1	72.1	75.5	77.5	78.4	80.0
여	24.4	53.7	79.5	82.2	84.1	84.8	86.2
차이	1.8	2.6	7.4	6.7	6.6	6.5	6.3

자료: 1905~1910년 평균수명은 김정근 한국노년학, 4호(1984)의 자료.
     1980~2050년 평균수명은 통계청(2001), 「장래인구추계결과」 자료.

4. 노인복지선교의 실천방안

일반적인 노인문제를 해결하기 위한 기초로 교회는 노인을 위한 복지선교사업을 전개해 나갈 수 있을 것이다. 그 동안 교회는 나름대로 노인복지사업을 실시하고 있으나 대부분이 구제사업이나 복음에 근거한 영혼 구원에 초점을 맞추고 있기 때문에 종교상의 이유로 인해 교회의 노인복지 선교사업은 제한되어 있다고 볼 수 있다.

전석재는 교회는 노인문제를 정확히 파악한 후 노인들의 필요에 맞추어 적절한 서비스를 하며 합당한 계획을 수립하고, 노인들이 사회 변화에 적응하고 세대, 가족 간의 갈등 해소를 위해 영적으로 사

---

[8] 김정근, "노인보건의 현황과 대책," 「한국노년학회」 4호 (1984), 53-9.

회적으로 접촉할 수 있는 기회를 제공해야 한다. 이를 위한 노인복지선교 사업의 방향을 다음과 같이 제시한다.

첫째, 교회가 노인복지 선교사업을 효율적으로 진행하기 위해서는 교회의 내적, 외적 자원을 적극 활용할 수 있도록 교회 내외의 자원체계를 철저히 분석해야 한다.

둘째, 교회에서 제공하는 프로그램이 노인의 욕구를 부분적으로 충족시키는 것이 아니라 노년문제를 생활 전체의 차원에서 노인들의 욕구가 통합적으로 충족될 수 있도록 종합적인 계획을 수립해야 한다. 그리고 기존의 구제 또는 자선사업의 형태를 탈피하는 것은 물론, 프로그램의 종류를 다양화하고 질적인 수준도 향상시켜야 할 것이다.

셋째, 교회는 지역사회 내에 존재하는 사회기관이므로 교회의 노인복지선교 프로그램은 장기적인 계획하에 지역사회와 함께 하는 프로그램으로 개발되어야 한다.

넷째, 선교는 복지라는 인식의 정립이 필요하다. 선교가 철저하게 비효율적인 면을 가지고 있음에도 불구하고 그냥 지나쳐버리는 관대함을 노인복지선교 투자에도 적용할 필요가 있다. 선교를 효율, 비효율의 문제로서 바라보지 않는 것처럼 복지도 그러한 관점에서 바라보는 것이 필요하다.

5. 노인복지선교의 실천사례

1) 지역사회센터로서의 교회[9]

구약시대 때, 성막(교회)의 의미는 하나님께 예배드리는 기능뿐만 아니라 이스라엘 공동체의 삶의 중심센터의 역할을 했다. 또한 이스라엘 12지파는 성막을 중심으로 삶을 형성해왔다. 따라서 교회는 지역의 중심센터로, 지역주민들의 생활과 삶을 함께 고민하는 중심적인 역할을 수행해야 한다. 이런 근거로 교회가 지역사회의 중심적 센터로서의 역할을 수행하기 위해 예배와 복지적 역할을 동시에 수행하는 모형으로 교육관을 예배시간 이후 유휴자원을 활용하여 노인주간보호센터, 상담소, 지역주민 세미나 등의 프로그램을 통해 지역주민을 섬기며 봉사해야 한다.

---

9 주간보호시설은 재가복지사업의 한 분야이다. 재가노인복지사업은 '정신적, 신체적인 이유로 독립적인 일상생활을 수행하기 곤란한 노인들에게 각종 서비스를 제공하여 노인이 지금까지 살아온 친숙한 지역 환경에서 가족 및 친지와 더불어 안정된 노후 생활을 영위할 수 있도록 도와주고 동시에 노인부양가족의 부담을 덜어주는 데 그 목적을 두고 있다(보건복지부, 2004a). 가정을 방문하여 일상생활 서비스를 제공하는 가정봉사원 파견 시설, 통원하면서 주간에만 보건복지서비스를 제공하는 주간보호시설(day care)과, 가족의 병원 입원, 출장 등 사회적 사정에 따라 일시적으로 보호가 어려울 단기간 보호하는 단기보호시설 등 3종류의 시설이 운영된다. 재가노인서비스 주요 대상은 65세 이상의 국민기초생활수급권자이고 저소득층 노인으로 부양의무자로부터 적절한 부양을 받지 못하는 경우에는 시·군·구청장이 재가복지시설 이용을 의뢰할 수 있다. 수급권자는 무료로 서비스를 제공받고, 저소득층 노인은 실비로, 그 외의 노인들에게는 유료로 재가노인서비스를 이용할 수 있다.

2) 노인주간보호센터

현대의 실버산업은 시설 입소(양로원 등)의 한계로 인한 방향의 전환이 요구되고 있으며, 이로 인해 노인의 문제는 노령화 사회로 급속히 진행되고 있는 우리 사회의 새로운 문제로 등장하고 있다.

따라서 현대의 심각한 문제를 가족과 지역자원과의 유기적 협조 아래 해결하며, 서비스를 제공할 필요가 있다. 즉 노인의 문제는 노인 개인의 문제가 아니라 가족의 문제로 이해해야 한다. 노인주간보호센터 사업은 와병환자의 치료와 보호를 통해 그들의 고통과 어려움을 덜어주며, 또한 그 가족들의 부담과 고통을 덜어주는 사업을 주 내용으로 해야 한다.

3) 노인주간보호센터 운영

노인주간보호센터의 운영을 다음과 같이 5가지로 설명 할 수 있다.

(1) 운영주체

노인주간보호센터의 운영은 일반이나 교회가 운영주체가 되기에는 약간의 한계가 있으며, 사회복지법인으로 하는 것이 바람직하다.[10]

이는 정부의 지원을 받는 사업이기에 공공성이 필요하기 때문

---

10 정부 지원은 현재 사회복지법인에 한해 지원하고 있다.

이다. 따라서 교회 자체적인 사회복지법인을 설립하는 경우가 용이하지 않을 경우, 교단에 있는 사회복지법인을 활용하는 것도 바람직하다. 주간보호센터의 운영은 교단 사회복지법인으로 운영하고 운영주체는 교회로 할 수 있다.

(2) 재정

노인주간보호센터의 재정운영은 정부조조+후원+회원회비(이용자에게 실비를 받는다)를 통해 재정을 충당한다. 정부의 지원은 턱없이 부족하기 때문에 교회에서 일정 부분의 재정을 책임져야 한다. 교회는 이를 위해 교인들이 매달 후원회원이 되어 정기적인 후원을 한다.

(3) 인력

시설장(사회복지사), 사회복지사, 간호사 또는 생활지도원, 생활보조원으로 상근자가 있고, 자원봉사자(교회성도, 지역주민, 학생 등)와 사회복지학과 실습생 등이 노력한다.

(4) 프로그램

가족상담, 인지활동영역, 음악요법, 미술요법, 병원 진료, 의료상담, 운동치료, 작업치료, 기능 회복 훈련, 점심 및 간식 제공, 차량 운행(송영서비스)서비스를 제공한다.

(5) 이용대상

치매, 중풍 또는 낮 동안 보호가 필요한 요보호 노인을 대상자로 한다. 21세기 고령사회는 우리 사회의 근간을 바꿀 수 있는 중요한 문제이다. 이는 우리 사회가 당면한 과제와 미래사회를 대비하는 차원에서 중요한 문제로 인식하고 있다. 소비인구 대 생산인구의 저하, 이로 인해 발생하는 경제구조의 불균형이 나타나고 있다.

우리는 노인계층의 보호와 사회사업적인 측면과 사회적 안정, 경제발전이라는 두 가지 문제를 함께 풀어나가야 하는 과제를 안고 있다. 따라서 한정된 자원과 준비되어 있지 못한 현실 속에서 제도적 장치의 준비가 아닌 방향의 제고를 논의해야 한다. 지방분권에 의한 복지사업은 한편으로는 주민 참여의 민주성, 지역자원의 효율적인 이용, 그리고 경쟁적인 복지프로그램의 개발 등 많은 장점도 있겠으나 노인복지의 계획이나 예산편성이 지방정부에 많은 부담을 갖게 한다.

이를 위해 자원인 교회가 노인 복지적 자원으로 참여 기회를 높이며 제도적 보장을 이룰 수 있도록 전환하는 노력이 필요하다. 지방자치단체의 적극적인 자세와 교회자원 활용을 위한 파트너십 구축이 절실하다. 민간자원의 참여와 확대방안을 제시할 필요가 있다. 교회는 기존의 시설활용에 대해 다각적 검토가 필요하며, 보편적 욕구 충족을 위한 열린 공동체로서의 전환이 요구된다. 이를 위해 교인들의 인식전환과 교회사역자의 전문화, 목화자의 의식과 철학이 필요하다.

지역교회의 노인복지 선교사역이 단독 교회의 사역으로는 한계가 있기에 지역교회연합의 네트워크로 전환이 요구된다. 개교회가 감당할 수 있는 역할과 연합적인 역할로 구분해 볼 수 있는데, 지역 요양센터의 경우 지역교회의 연합적 연계를 통해 이루어질 수 있다.

제7장

직장인을 위한 목회와 선교사역

직장선교를 해야 하는 가장 큰 이유가 있다면, 직장문화와 기독교 문화의 이중구조에서 살아야 하는 기독 직장인들에게 동일문화권을 형성해 주고자 하는 것이다.

"전도자가 문화적 요인을 무시한다면 복음을 전달할 희망을 가질 수 없다."[1]

교회목회는 한정되어 있지만 대개의 성도들은 직장에서 많은 시간을 보낸다. 보통 하루 8시간 이상을 직장에서 보내고 있으며, 출퇴근하는 시간 등을 감안한다면 단순히 하루의 1/3이 아니라 활동시간의 대부분을 직장과 관련해서 생활하고 있다고 보아도 무방하다.

바울은 에베소서 4:1에서 이렇게 말한다.

> 주님 안에서 갇힌 몸이 된 내가 여러분들에게 권합니다. 여러분은 부르심을 받았으니, 그 부르심에 합당하게 살아 가십시오(엡 4:1).

---

1 전호진, 『선교학』(서울: 개혁주의 신행협회, 1998), 142.

따라서 모든 기독교 신자는 선교사이고, 그들의 선교현장이 직장이다. 우리는 말과 행동을 통해 우리의 믿음을 나눌 기회가 직장을 통해 주어졌다. 가장 중요한 것은 우리가 어디에 있든지 사람들의 영혼에 이르는 것이다. 직장이란 현장은 목회가 적용되는 곳이며 절대적으로 중요한 황금어장이다. 직장선교 없이는 신앙 따로, 직장 따로의 이중생활을 피할 수 없게 된다.[2]

직장선교가 중요함은 현생의 기업을 옥토화해서 우주만국의 창조주요, 경영 경제학자이신 하나님께서[3] 친히 경영에 간섭하시며 진두지휘하시게 하심으로 번영과 형통의 복을 누리게 함이다. 기독 직장인들이 그리스도인답게 살지 않음으로 인해서 치외법권적인 하늘과 땅의 모든 권세를 포기하며 살고 있다.[4]

직장선교는 선교의 동일문화권에서의 직장 내 복음전도(傳道, Evangelism)라 할 것이다. 과거에는 전도를 같은 문화권 속에서의 복음 전파, 선교를 타문화권 속에서의 전도로 구별하여 이해하기도 하였으나 오늘날에 와서는 두 용어가 별다른 차이 없이 쓰이고 있다. 왜냐하면 오늘의 복합적인 사회구조 속에서는 전도도 결국은 문화적 장벽을 초월하여 복음을 전하는 것이 될 수밖에 없기 때문이다.[5]

선교는 모든 교회에 위임된 주님의 지상 최대 명령(The Great Commisson)이다(마 28:18-20; 막 16:15-16; 행 1:8). 모든 그리스도인들에게

---

2 송영만, "직장신우회를 통한 선교전략," (석사학위논문, 성결대학교 신학전문대학원, 2007), 3.

3 박혜경, 『경영경제학자 하나님』(서울: 서울서적, 1984), 37.

4 마 28:18-20.

5 김연진, 『선교신학 총론』(서울: 성광문화사, 1995), 11.

복음 증거 하는 일이 선택사항이 아니듯이 모든 직장인들에게 직장 복음화, 직장인 그리스도의 제자화를 위한 사역은 의무사항이지 취사선택사항이 아니다.[6]

교회가 직장 복음화 사역에 힘쓰지 못하다 보니 직장인 역시 그곳은 불가침의 영역으로 간주, 하루 8시간 이상을 일주일 내내 근무하는 생업의 터전을 복음의 옥토로 기경하는 데는 아무 책임의식이나 선교사명의식 없이 비그리스도인처럼 근무한다.

직장선교가 중요함은 현생의 기업을 옥토화해서 우주 만국의 창조주요, 경영 경제학자이신 하나님께서 친히 경영에 간섭하시며 진두지휘하게 하심으로 번영과 형통의 복을 누리게 함이다.[7]

1. 직장선교의 신학적 기초

직장선교는 올바른 신학적 기초 위에서 이루어져야 한다. 직장선교는 하나님의 존재와 사역을 바르게 이해하여야만 바른 선교가 되기 때문이다. 직장에 대한 소명의식은 특히 교회 개혁자인 마틴 루터(Martin Luther)나 존 칼빈(John Calvin)이 강력하게 주장했다.

이들은 성직만이 소명 받은 것이 아니라 세상의 직장들도 하나님의 부르심을 받은 것이라고 주장했고 "각 사람이 부르심을 받은 그 부르심 그대로 지내라"(고전 7:20)는 말씀에서의 부르심을 세상의 직

---

6 김경원·전동운·전상기 공저, 『직장선교학』(서울: 기독교직장선교회, 2001), 15.

7 박혜경, 『경영경제학자 하나님』(서울: 서울서적, 1984). 45.

업들에게까지 확대 해석했다.[8] 이것은 로마가톨릭교회가 이 부르심을 성직에만 국한했던 것에 대한 개혁이었다.

그러나 직장에 대하여는 성경에 부정적 견해와 적극적 견해가 있다. 우선 부정적 견해로는 노동이 맨 처음 시작된 것은 아담과 하와가 범죄함으로 하나님께서 그들을 벌하시는 수단으로 노동을 부과하셨기 때문이다. 여자에게는 "잉태하는 고통을 더하셨으며"(창 3:16), 남자에게는 "종신토록 수고하여야 그 소산을 먹으리라"(창 3:17)하시면서 "네가 얼굴에 땀이 흘러야 식물을 먹으리라"(창 3:19)고 말씀하셨던 것이다.

그러나 성경에는 직업에 대하여 적극적인 의견이 훨씬 많다. 우선 "누구든지 일하기 싫어하거든 먹지도 말게하라"(살후 3:10)는 말씀을 기억해야 한다. 그리고 성경에 나오는 위대한 인물들은 모두 직업에 성실했던 사람들이다. 아브라함, 이삭, 야곱, 모세, 여호수아, 다윗 그리고 신약의 인물로는 예수님의 제자들을 들 수 있다.

베드로, 안드레, 야고보, 요한, 빌립은 어부였으며 마태는 세관이었다. 바돌로메는 랍비였으며 군인이었던 셀롯 인도 있다. 예수님도 세상의 직업에 충실한 직장인으로 볼 수 있다. 그리고 예수님의 비유는 여러 직업과 연관되어 있다. 왕, 목자, 씨뿌리는 농부, 포도원 주인이나 일꾼, 달란트, 므나 비유에서처럼 상업과 은행업, 보석장사, 주부, 그리고 건축업자, 군인 등에 관한 교훈 등이다.

예수님은 직장에 관하여 아주 적극적인 태도를 보여 주셨다. 그리고 우리 주 예수님께서는 "내 아버지께서 일하시니 나도 일한다"(요

---

[8] 박홍일, 『직장선교와 삶의 현장』(서울: 크리스챤서적, 2000), 28.

5:17)라고 하셨다.

이는 물론 병 고치는 일이지만 하나님은 일하시는 하나님, 그것도 지금까지 쉬지 않으시고 계속하여 일하실 뿐만 아니라 지금 이 순간에도 그리고 미래에도 영원히 일하시는 하나님이심을 우리에게 가르쳐 주신 것이다. 이 같은 모범에 따라 사도 바울도 천막을 만들어 자신의 생활비를 충당하며 하나님의 일을 했으니 이것이 곧 자비량 선교의 모형이다.

초대교회에서부터 교회는 그 지도자들에게 당연히 생활비를 지원해 주는 제도가 마련되어 있었다. 그럼에도 불구하고 사도행전 18:3에 의하면 사도 바울은 자신이 천막을 만들어 돈을 벌면서 선교를 했던 것이다. 따라서 직장이나 직업은 선교 신학적 입장에서 볼 때에 하나님으로부터 부르심을 받고 하나님의 일을 할 수 있는 '기회'인 것이다. 고린도전서 10:31에 의하면 "그런즉 너희가 먹든지 마시든지 무엇을 하든지 다 하나님의 영광을 위하여 하라"고 말씀하신 것을 기억해야 한다. 이것은 곧 예수 믿고 구원 얻은 사람은 누구나 직장으로 파송 받은 선교사가 되는 것이다.[9]

2. 직장선교의 의의

직장선교라는 말이 새삼스러운 것은 아니다. 하지만 개교회가 복음화의 새로운 방법론으로 진지하게 받아들이고 있는 듯하다. 현

---

9 박홍일, 『직장선교와 삶의 현장』, 29.

재까지 우리나라의 직장선교의 단체들이 크고 다양하게 분포되어 있다.[10] 이러한 단체들의 위치는 개념적으로 보면 교회 중심의 전도와 선교에서 한걸음 더 나아가 평신도들이 속해 있는 직장을 중심으로 전도와 선교의 활동을 하는 것을 말한다.[11]

선교의 한 형태로서 평신도에 의한 직접적인 삶의 현장에서의 복음 전달방식이 있는데, 그들이 일하는 직장이 궁극적으로 하나님의 영광이 드러난다는 것이다. 직장 자체가 교회인 셈이다.

그렇다면 왜 그리스도인들에게 직업적 소명이 제기 되어야 하는가?

그리스도인들의 삶은 시간과 공간적 개념을 넘어서야만 한다. 시간적 개념이라 함은 그들의 믿음 생활이 주일만을 성수하는 것에 그쳐서는 안되며, 주중에서의 생활 역시도 믿음의 연장선에 있어야 한다. 또한 공간적으로는 하나님이 우리에게 선포하신바 그분의 보편적인, 절대적인 구원의 영역이 한계가 없음을 주지하고 하나님으로부터 부여받은 은사와 소명이 교회 내에서만 머물러서는 안 되며, 일상의 삶 속에서 동일하게 나타나야 한다.

세상의 직업 속에서 소명을 충분히 감당할 때, 또한 그것을 통해서 하나님의 주권을 드러내고 영광을 돌릴 때만이 그리스도인들이 참된 하나님의 일꾼으로서의 소명을 감당하고 있다고 볼 수 있다. 예수님께서도 제자들을 부르시고(막 1:16-20), 그와 함께 있게 하시

---

10 www.workmission.net. 전국 7000여개 선교회가 40개 지역선교 연합회 40개와 직능선교연합회43개로 구성되어 있다.

11 위의 사이트, 예컨대 BBB의 경우는 최봉오, 홍현선 대표, VIP CLUB는 김광석장로. HOLY CLUB는 전용태 변호사, E-LAND는 방선기 목사. 직장선교는 벽산과 한국유리그룹과 박홍일 장로 등. HOLY NATION은 조갑진 목사 등이 이 일에 헌신하고 있다.

고, 그들을 파송하셨다(막 3:14; 6:7, 30).¹²

그들에게도 회개하도록 설교하게 하시고 질병과 귀신을 제어하는 권세를 주셨다(막 3:14-15; 6:7-13). 다시 말해서, 그들을 사람 낚는 어부로 만드셨다(막 1:17). 교회가 선교의 책임을 지는 것은 바로 이와 같은 맥락에서 찾을 수 있다.¹³

하나님은 언제나 우리가 세상 속으로 나아가서 성령님과 더불어 하나님의 뜻을 이루기를 원하신다. 한국기독교직장선교연합회는 직장선교운동을 다음과 같이 정의하고 있다.

> 직장 선교운동은 부름 받은 성도들이 성경적인 확고한 직업관을 가지고 저마다 일터에서 먼저 주님 나라와 그의 의를 구하며 모든 일을 주께 하듯 성실히 행함으로 일상적인 일을 통하여 주님을 섬기고 직장 생활의 삶을 통하여 그리스도의 복음을 전하는 생활 신앙운동이다.

직장선교는 "평신도 직장인들이 그들의 삶의 현장인 직장에서 평일 중에 자기업무에 충실히 종사하면서 복음을 묵상하고, 기도하고, 배우고 생활화하며 불신자 직장인들에게 전도함으로써 하나님의 나라와 그의 의를 확장하고, 하나님의 뜻을 이 땅에 이루는 것"이며 복

---

12 Robert E. Coleman, *The Master Plan of Evangelism* (Old Tappan, NJ: Fleming H.Revell Company, 1963), 21-114. 여기서 콜만은 오늘날 교회로 하여금 제자의 선택, 함께하심, 구별, 주심, 시범, 위임, 감독, 재생산이란 장(章)들로 주님의 전도계획을 따르도록 촉구한다.

13 홍기영, 「선교신학 10집」(서울: 한들출판사, 2005), 17-9.

음화의 핵이라고 할 수 있다.

    과거에는 전도를 같은 문화권 속에서의 복음 전파, 선교를 타문화권 속에서의 전도로 구별하여 이해하기도 하였으나 오늘날에 와서는 두 용어가 별다른 차이 없이 쓰이고 있다. 왜냐하면 오늘의 복합적인 사회구조 속에서는 전도도 결국은 문화적 장벽을 초월하여 복음을 전하는 것이 될 수 밖에 없기 때문이다.[14]

    직장선교의 창시자는 목수 일을 도우면서 복음을 전한 예수님이라 할 수 있다. 예수님께서 말씀하시기를, "아버지께서 나를 보내신 것 같이 나도 너희를 보내노라"(요 20:21). 이 말씀이 곧 선교의 기초가 된다. 예수님은 아버지 하나님으로부터 보내심을 받아 구약시대에 원조 선교사로 이 세상 교회에 부임하셨다. 그리고 그의 제자들도 예수님의 보냄을 받아 각각 다른 문화권 속의 사도로 파송을 받은 것이다.

    저들이 나가 여러 곳에서 복음을 전파하여 주님의 몸된 교회를 세웠으니 그 중에 하나가 안디옥 교회였다. 이 교회에서 처음으로 성령의 명을 받아 바나바와 사울을 안수하여 초대교회 선교사로 파송하여 오늘날 세계 만국에 복음이 전파되는 계기가 되었다.[15]

    사도 바울이 천막을 짓고 일하면서 복음을 전한 것도 자비량 선교이자 일종의 직장선교라고 볼 수 있다. 전통적으로 일반선교의 정의는 "예수 그리스도의 복음을 이방인들에게 전파하여 그들을 회심시키고 새 교회를 세우고 삼위일체 하나님께 영광을 돌리는 일"이라

---

14 김연진, 『선교신학총론』(서울: 성광문화사, 1995), 11.

15 행 13:1~4.

고 한다. 직장선교는 일반선교와 비교할 때 교회 설립이라는 목표는 추구할 수 없지만 직장선교회라는 공동체를 설립할 수 있고 선교하는 사람이나 대상이 주로 평신도 직장인이며 선교 장소가 주로 직장이라는 점, 선교대상도 주로 소속 직장인이란 점이 일반선교와 다른 점이며 또 전통적인 선교사들은 각 선교본부와 지휘아래 있으며 다른 사람들의 후원을 받으나 직장선교사들은 다른 사람의 후원을 받지 않는 것이 차이점이다.

직장선교 신학(일터신학)은 "그리스도인들이 일터에서 성경대로 살면서 하나님의 나라를 확장할 수 있도록 도와주는 신학"을 말한다. 여기서 "일터"는 그리스도인들이 일하는 장소를 말한다. 성도가 일하는 장소는 직장뿐만 아니라 교회와 가정과 몸담고 있는 자연을 다 포함한다. "하나님의 나라"는 "하나님 통치 영역"을 말하는데 이를 확장하는 것은 바로 선교를 의미한다.

선교는 단순히 전도를 통한 신자의 숫자를 늘리는데 그치지 않고, 성경적인 기독교 문화가 일터에서 정착되는 것까지 포함한다. 일터는 기독교 윤리가 행해지는 최일선인데, 이곳에서 기독교 문화를 정착시키는 것은 기독교 윤리의 꽃을 피우는 것과 같다. 후발 종교로써 기독교가 다종교 상황인 한국에서 제 역할을 감당하려면 교리문제 같은 정교의 문제보다는 기독교 윤리의 꽃을 피우는 정행의 문제를 심각하게 고려할 때가 되었다.

모든 지역교회의 성도들은 예수 그리스도께 부름받아 세상으로 보냄받은 선교사이다. 따라서, 성도들을 목양하는 책임을 맡은 지역교회는 예수 그리스도의 이러한 선교적 비전에 맞추어 지역교회의 비전을 세우고 실행해야한다. 즉, 지역교회는 모든 성도들을 훈련시켜 직장의 사역자 또는 선교사로 파송할 것이라는 구체적인 비전을 그들의 성도들에게 가르치고 지키게 하는 것이 교회의 직장사역의 첫걸음이다.

3. 직장선교전략

직장선교전략은 "직장선교 목적을 달성하기 위한 종합적인 준비, 계획, 방침을 결정하는 것"을 말한다. 목적을 달성하기 위해서는 인사(人事), 조직, 재무, 마케팅의 네 부분의 관리를 효과적, 능률적으로 행해야 한다. 선교전략에서도 이 네 부분의 관리가 다 중요하지만, 그 중에서도 인사관리, 즉 인적자원의 충원, 유지, 능력의 개발 등에 관한 관리가 가장 중요하다고 본다.[16]

왜냐하면 사람이 조직, 재무, 마케팅 관리도 행하기 때문이다. 직장선교에 있어서도 전도를 통한 인적자원의 충원, 말씀과 기도를 통한 경건생활의 유지, 훈련, 봉사, 친교를 통한 능력의 개발 등이 중요한 요소이다.

집을 지으려면 먼저 건축설계를 해야 하고 관계 관청에서 허가를 받아야 한다. 그와 같이 하나님의 몸된 지교회를 세우려면 전략이 필요하고 지교회의 머리되신 주님께 허가를 얻어야 하는 것이 순서다.

---

16 박홍일, 『직장선교와 삶의현장』, 221.

1) 선교전략의 필요성

"땅 끝까지" 선교를 해외선교라 한다면 "예루살렘과 온 유대" 선교를 국내선교 내지는 직장선교라 할 것이다. 해외선교가 복음이 전파되지 않은 곳에서 선교하는 것을 원칙으로 한다면 직장선교는 기초신앙이 있는 기존의 그리스도인을 중심으로 새로운 전도전략을 수립해서 불신 동료직원들을 구원하는 선교전략이라 할 수 있다. 선교전략은 불신 이웃에게 그리스도를 믿게하여 구원을 받게 하자는 데도 필요하지만, 간접적으로 동료 기독 직장인들 간의 화합과 협력 차원에서도 필요하다.

직장에서 주어진 업무에 충실하다면 훌륭하지만, 호구지책(糊口之策)의 수단으로 삼는다면 무의미한 삶으로 전락하고 말 것이다. 직장 그리스도인은 영원히 빛나는 스타(Star)가 되어야 한다. 다니엘 12:3에 의하면 그러한 스타는 많은 사람을 옳은 데로 인도하는 사람이라고 하였다.[17]

또한, 직장선교는 프로그램이 아닌 헌신된 자 즉, 직장선교를 자신에게 주어진 선교의 사명으로 인식하고, 직장선교의 이론과 훈련으로 무장되며, 실제로 직장에서 전도하고 제자 삼는 선교사역을 수행하는 소수의 사람에 의해서 이루어진다.

그러므로 이러한 선교사역자를 어떻게 양성할 수 있는지, 그리고 그들이 선교사역을 효과적으로 수행하기 위해서 어떠한 요소를 갖추어야 하는지를 규명하는 것이 선교전략이다.

---

[17] 김경원·전동운·전상기 공저, 『직장선교학』, 15.

2) 선교인력의 양성

"여호와께서 기드온에게 이르시되 내가 이 물을 핥아 먹는 삼백 명으로 너희를 구원하며 미디안 사람을 네 손에 붙이리니 남은 백성은 각각 그 처소로 돌아가라 하시니"(삿 7:7)의 말씀에서 직장선교 일군의 표준모델을 찾을 수 있다.

(1) 선교 지망생의 확보

선교의 핵심전략인 사역자를 확보하는데 있어서 첫 번째 단계는 선교에 열망이 있는 사람을 선발하는 것이다. 예수 그리스도를 좇았던 열두 제자의 대부분은 교육이나 경력면에서 탁월한 위치에 있었던 사람들이 아니었지만 갈릴리 해변가에 살았던 그들 중 몇 사람은 하나님의 나라에 대한 간절한 소망을 가지고 이미 세례 요한의 부흥운동에 가입했던 사람들(요 1:41)이었다. 선교를 위해서는 이러한 '준비된 일군'을 확보하는 것이 무엇보다도 중요하다.

(2) 선교비전의 제시

준비된 일꾼들에게 선교의 비전을 제시하는 것이다. 예수께서는 제자들을 부르실 때 이렇게 말씀하셨다.

> 나를 따라 오너라, 내가 너희로 사람을 낚는 어부가 되게 하리라(마 4:19).

하나님께서 아브라함을 부르실 때도 그러셨다.

> 내가 너로 큰 민족을 이루고, 복의 근원이 되게 하겠다
> (창 12:1-2).

모세를 부르실 때도 마찬가지였다.

> 내가 너를 바로에게 보내어 너로 내 백성 이스라엘 자손을
> 애굽에서 인도하여 내게 하리라(출 3:10).

이것이 비전이다. 선교의 열정을 가진 자들에게 직장선교의 의의와 중요성을 분명히 제시함으로써 직장의 선교가 이 시대 나에게 주어진 사명이며 내가 이 직장에 존재해야 할 가장 중요한 이유라는 것을 깨닫게 하는 것이다.

(3) 교육 및 훈련

직장선교의 비전으로 세워진 사람들을 교육과 훈련을 통해서 무장시켜야 한다. 바울 사도는 하나님의 일꾼을 "그리스도 예수의 군사"(딤후 2:3)로 비유한 바 있거니와 군사의 요건은 전투를 수행할 수 있도록 교육, 훈련되어지는 것이다. 교육이 선교에 대한 지식을 부여하는 것이라면 훈련은 이러한 교육을 적용하여 체질화하는 것이다. 교육되지 않은 사람이 사역자가 될 수 없음은 자명한 이치이지만 훈련되지 않는 사람은 쓰임 받을 수가 없다.

실제로 많은 사람들이 교육은 되어있지만 훈련되지 않았기 때문

에 사역자로 쓰임 받지 못하고 있다. 그러므로 선교사역자로 세우는 데 있어서는 교육과 훈련이 핵심적 요소라 할 수 있다.

(4) 사역 경험을 통한 제자 육성

훈련된 사람이 실제 선교사역자로 세워지기 위해서는 선교의 현장인 직장에서의 사역을 통해서 사역 경험을 익혀가야 한다. 선교현장에서 필요한 것은 이론이 아닌 실제적인 사역 경험이다. 그러므로 지도자는 자신 스스로가 사역의 본을 보여야 할 뿐만 아니라 자신의 역할의 일부를 선교 지망자에게 위임하고, 지도점검함으로써 한 단계 한 단계 사역자로 성장시켜가야 한다.

3) 전도와 제자화 선교전략의 확립

선교의 본질은 전도이며, 따라서 직장선교는 마땅히 전도를 최우선 과제로 하여야 한다. 이는 예수님께서 "가난한 자, 눈먼 자, 포로 된 자에게 복음을 전하기 위해서" 이 땅에 오셨을 뿐만 아니라(눅 4:18-19), 부활하신 예수님의 마지막 지상명령이 "모든 족속으로 제자를 삼아, 세례를 주고, 가르쳐 지키게 하라"(마 29:19-20)고 하신데서 분명히 알 수 있다.

전도를 효과적으로 하기 위해서는 한 사람이 여러 사람에게 전도를 하는 것 보다도 전도한 사람이 또 다른 사람에게 전도할 수 있도록 세우는 제자화 전략이 바람직하다. 사도 바울은 디모데에게 복음을 전하되 "다른 사람을 가르칠 수 있는 충성 된 사람으로 제자 삼을 것"을 당부(딤후 2:2)하였는데 이는 예수께서 열두 제자를 기르신 것을 본받은 것 같다.

4) 공동협력 선교체제의 구축

직장선교는 선교인력의 확보, 교육, 훈련, 선교 프로그램과 전략 등 다양한 요소가 필요하므로 어느 한 직장에서 독자적으로 선교를 수행하기는 사실상 어렵다. 또한 직장선교는 직장의 특성에 맞는 선교이론과 전략이 개발되어야 한다. 그간 직장신우회 운동은 직장내에서 자체 인력과 역량만을 가지고 활동해 온 결과 선교활동 자체가 체계적으로 발전되어 오지 못하였으며, 전도와 제자화 운동을 바탕으로 해온 선교단체들도 직장의 특성에 대한 연구와 전략이 필요 없이 일반적인 선교 원리를 적용하고 있는 실정이다.

이러한 선교체계를 갖추기 위해서는 관련 선교 주체들의 연합이 필요하다. 무엇보다도 먼저 효과적인 선교를 위해서는 선교전략과 사역에 대한 경험을 가지고 지속적으로 지도 점검하는 선교 지향적 모임이 필요하다. 그리고 이 모임은 직장인을 중심으로 지역교회, 선교단체의 뒷받침을 받아야 한다.[18]

지역교회는 직장선교의 필요한 장소를 제공하고, 교역자를 통해서 선교 지도자를 양성하며, 선교단체는 직장선교 지망생에 대한 교육훈련을 제공하고 선교전략을 공급하여야 한다.

신앙생활은 교회에서만 하는 것이 아니다. 교회에서 받은 은혜로운 말씀은 가정에서, 사회에서, 직장생활에서 그 실제의 삶속에 나타

---

[18] 홍형선, "한국직장선교연합회 제8회 직장선교세미나 발표자료," 1995.

나야 한다. 우리의 신앙생활은 가정생활로 이어지며 직장에서도 여전히 하나님의 사람으로 헌신하며 살아야 한다. 그런데 복음화되지 않은 직장에서, 교회에서의 신앙생활이 직장에서도 이어지기가 어렵다. 직장을 복음화하기 위해서는 필수적으로 직장선교가 수반되어야 하며, 직장이 복음화될 때 신앙생활은 직장생활에서도 일치하는 삶이 될 것이다.

하나님께서는 교회를 통하여 신령한 복을 주시고, 직장을 통해서는 물질적인 복을 베푸신다. 교회가 아무리 성도들을 축복하여도 우리의 직장이 복음화 되어 있지 않고 비기독교적인 경영으로 일관하는 한, 하나님께서는 복을 베푸시지 않는다.[19]

직장선교, 직장 복음화가 절대적으로 필요한 이유는 직장선교가 모든 선교의 시발점이며, 종착역이고, 흩어져 신앙생활하는 디아스포라교회의 목회 현장(現場)이다. 교회 목회는 일 주일에 단 하루, 단 몇 시간이지만, 직장선교는 엿새 동안 하루 여덟 시간 이상의 가장 많은 시간과 세월을 투자하는 곳이다. 교회는 모이는 시간은 짧고 흩어져 일하는 시간은 몇갑절 되기에 5일 동안의 직장 현장은 디아스포라 목회가 적용되는 곳이며 절대적으로 중요한 황금어장이다.

---

[19] 김경원·전동운·전상기 공저, 『직장선교학』, 11.

제8장

제자 세움을 통한 목회와 선교사역

먼저 도시 사역자들은 성경과 기독교 교리와 도덕적 가치와 복음 전파의 방법과 실제적인 제자훈련에 대한 기본적인 훈련이 있어야 한다고 하는 원칙이 있어야 한다.[1]

1. 제자훈련의 모범이신 예수님

예수님의 공생애와 제자들을 가르치셨던 제자훈련의 방법을 통해 효과적인 제자훈련의 방법을 다음과 같이 정리해 볼 수 있다. 먼저 하나님의 나라를 구하라(마 6:22-24), 파송된 것을 잊지 말라(요 17:21), 사람을 낚는 어부가 되라(마 4:18-20), 지혜로운 투자를 하라(마 13:44-46), 함께 훈련받고 일하라(막 3:13-15), 먼저 이해하고 이해

---

[1] Roger S. Greenway "도시선교사역에로의 여정," 「선교와 신학」 제10권 (2002), 131.

시켜라(마 13:36-40), 그리스도의 제자는 밀알이다(요 12:24).[2]

예수님께서 공생애를 통해 제자들에게 강조하시고 교육하신 제자훈련의 기본원리를 분석할 수 있다. 효과적인 제자훈련의 방법을 연구함에 있어 예수님께서 행하신 제자훈련의 방법을 기초하는 것은 연구의 당위성을 가진다.

2. 학자들이 주장하는 효과적인 제자훈련의 방법

예수님의 제자훈련을 신앙 성장 과정으로 보는 학자는 로버트 콜만(Robert Colman)과 칼 윌슨(Carl Wilson)이 대표적이다. 콜만(Robert Colman)은 예수님의 제자훈련을 여덟 단계의 신앙성장과정으로 보았다.

① 자라기를 바라는 사람을 선택한다.
② 선택된 사람들과 시간을 가짐으로써 훈련을 시킨다.
③ 훈련받은 사람들이 주님의 주권을 인정할 수 있도록 돕는다.
④ 이들을 위해 각각의 몫에 따라 나누어 줌으로 성숙케 한다.
⑤ 시범을 통해 할 일들을 가르친다.
⑥ 준비된 정도에 따라서 실제로 일을 맡긴다.
⑦ 일을 맡은 사람들이 계속할 수 있도록 돕는다.
⑧ 마침내 재생산하는 단계에 도달한다.

---

2 방지형, 『제자훈련』(서울: 성광문화사, 1992), 226.

또한 윌슨(Willson)은 예수님의 제자훈련을 일곱 단계로 언급했다.

① 회개와 믿음
② 그리스도에 대한 더 깊은 깨달음
③ 사역훈련과 유익을 경험
④ 지도력 개발과 하나님 나라 이해
⑤ 지도자에 대한 재평가와 분리
⑥ 지도자로서의 위임과 참여
⑦ 변화된 삶과 세계선교의 도전으로 제시

또한 제자훈련을 경험의 관점에서 본 신앙성장과정으로 보는 학자는 게리 쿤(Gary W. Kuhne)과 리로이 에임스(Leroy Eims)가 대표적이며, 네비게이토선교회가 대표적인 단체이다. 쿤(Gary W. Kuhne)은 교회 상황에 제자훈련을 적용했는데, 그가 제안하는 개인적 새 신자 육성 비결은 전도의 열매를 잘 보존하여 교회성장을 극대화하는데 도움이 된다. 그가 주장하는 제자훈련의 과정이다.

① 효과적인 전도자가 되는 단계
② 안정된 신앙생활을 하는 단계
③ 다른 사람들에게 관심을 보이는 단계
④ 다른 영혼들의 보호자의 역할을 하는 단계
⑤ 다른 사람들을 훈련시키는 단계
⑥ 자발적으로 사역을 하는 단계

에임스(Leroy Eims)는 성장하는 제자의 자격을 언급하면서 제자도는 단순히 죄로부터의 분리를 의미하는 것이 아니라 예수 그리스도와 인격적 관계를 맺음으로 삶의 실제적 변화와 이웃을 향한 적극적 행동까지 나아가는 개념으로 설명했다.

위의 이론들을 기초로 효과적인 제자훈련을 통한 신앙성장과정을 정리하면 다음과 같다.

① 신앙이 성장하기 위한 명확한 구원의 체험 단계
② 새신자가 신앙생활을 유지하기 위한 기본적인 내용들을 배우는 단계
③ 신앙생활이 정착되는 단계
④ 사역에 대해 가르치는 단계
⑤ 사역자가 훌륭한 지도자로 성장하는 단계[3]

성경은 신앙성장과정을 일목요연하게 제시하지 않는다. 그러나 각 문화권과 교회 실정에 맞는 대체적인 성장단계를 성경에서 유추해서 세우는 것은 교인들이 다른 사람들을 도와주고, 자신의 성장의 방향성을 인식하기 위해 유익하다고 할 수 있다.

---

[3] 이태웅, 『제자훈련은 이렇게』(서울: 두란노서원, 1987), 35-38. 오랜 시간 신앙생활을 한 경우도 구원의 확신을 가지지 못하는 경우가 매우 많다. 믿음이 무엇인지 지식적, 감정적, 의지적으로 알고, 느끼고, 표현하는 것부터 해야 성장하며, 성도로서 매일 기도하고 성경을 읽어야 하며 전도와 봉사활동 등을 미리 알게 함으로써 영적 활동을 유지시키고, 성경공부만 한다고 신앙생활이 정착되는 것이 아니라 꾸준한 성경공부와 생활훈련이다. 사역자가 되기 위해서는 물론 그리스도의 인격을 닮아가야 됨은 두말할 여지가 없다. 성경의 가치관을 갖는 사람이 되지 않고서는 그리스도의 교회의 지도자가 될 수 없다.

선교의 궁극적인 목적은 그리스도의 제자화이다. 그리스도의 제자가 된다는 것은 곧 그리스도의 삶을 본받아 그리스도의 삶을 사는 것이다.[4] 신약의 모든 책에 따르면 우리는 선교가 그의 제자들에게 이전(移轉)되고 그들에 의해서 수행된다는 개념을 또한 발견한다. 그들은 또한 보내어 진다.

따라서 그들의 선교와 예수의 그것 사이의 병행됨이 뚜렷이 나타난다. 예수는 열두 "사자들"(envoy, 헬라어로 αποστολοι)을 임명하였을 뿐 아니라 그들이 무엇을 해야할 것인가를 그들에게 말하였다.

> 이방인의 길로도 가지 말고 사마리아인의 고을에도 들어가지 말고 차라리 이스라엘 집의 잃어버린 양에게로 가라. 가면서 전파하여 말하되 천국이 가까웠다 하고(마 10:5-7).

> 가서 모든 족속으로 제자를 삼아(마 28:19).

> 아버지께서 나를 보내신 것 같이 나도 너희를 보내노라(요 20:21).

"가라," "보낸다," 그리고 "오라"의 동사들은, 그것들이 예수 자신의 상황을 묘사하듯, 사도들의 상황을 묘사한다.[5] 예수는 공생애를 시작하면서 자신과 함께 사역을 감당할 제자들을 선택하셨다. 그 이후 예수는 직접 여러 지역을 다니면서 복음을 전하는 모범을 그들에

---

4 한국선교신학회 역, 『선교학 개론』, 202.
5 Joseph Comblin, 『선교의 의의』, 채은수 역 (서울: 한국로고스선교원, 1992), 32-3.

게 보여 주셨다. 제자들과 함께 지내면서 훈련 기간을 가진 후 그들을 여러 지역에 보내 복음을 전하도록 했다.[6]

초대교회의 사도들이 복음을 전하는 궁극적인 목적은 이방인의 회심과 교회설립이었다. 알렌(Allen)은 바울의 선교를 말하면서 그의 선교활동과 오늘날 선교활동과의 차이를 말하면서 그 당시 바울은 교회를 세웠는데, 오늘날은 선교부를 세웠다고 말한다.[7] 사도들은 아시아나 유럽 등 어디를 가더라도 교회를 세우는 것을 우선으로 하는 선교전략을 세우고 있다.

사도행전 19:6-10에 의하면, 바울은 교회를 세우기 위해 다시 방문으로, 편지로, 다른 사람을 보내면서 교회를 굳건히 다지는 수고를 아끼지 않았다. 그는 개종한 새로운 그리스도인을 훈련 시켜 교회의 일꾼으로 삼았다. 루스드라에서 약 6개월 정도를 체류하면서 제자들을 양성하였다. 두란노서원은 성경공부와 제자를 훈련하는 장소로, 말씀을 가르치는 곳으로 훈련하였다.[8]

---

[6] 조호중, 『단기선교 길라잡이』(서울: 요단출판사, 2007), 31.

[7] Roland. Allen, *The Spontaneous Expansion of the Church* (Grand Rapids: Eerdmans, 1973).

[8] 바울이 그들에게 안수하매 성령이 그들에게 임하시므로 방언도 하고 예언도 하니 모두 열두 사람쯤되니라. 바울이 회당에 들어가 석 달동안 담대히 하나님 나라에 관하여 강론하며 권면하되 어떤 사람들은 마음이 굳어 순종하지 않고 무리 앞에서 이 도를 비방하거늘 바울이 그들을 떠나 제자들을 따로 세우고 두란노 서원에서 날마다 강론하니라. 두 해 동안 이같이 하니 아시아에 사는 자는 유대인이나 헬라인이나 다 주의 말씀을 듣더라(행 19:6-10).

제9장

연합공동체를 위한 목회와 선교사역

선교는 하나님의 일이다. 하나님이 선교의 주체이시다. 선교의 주체이신 하나님은 자신부터 협력적인 선교방식을 취하셨다.[1] 성부, 성자, 성령 삼위일체 하나님의 협력으로 천지만물을 창조하시고 구원사역과 역사를 섭리하신다. 오랫동안 선교를 지나치게 그리스도 중심적으로 이해해오는데 대한 신학적 반성이 빌링엔(Willingen)대회에서 성부, 성자, 성령, 삼위일체 하나님 중심으로 이해하게 된 것은 선교개념에 관한 한 흔히 코페르니크스적(Copernicus, Nicolaus) 전환이라고까지 평가되는 중요한 발상의 전환이었다.[2]

역사 안에서 수행되는 하나님의 사역도 인간과의 동반자적인 동역을 통하여 진행돼왔다. 심판하실 때 방주를 만들어 구원하는 사역

---

[1] 협력은 영어로 partnership을 말하며 문장의 편의상 어떤 때는 협력 또는 동역으로 쓴다.

[2] 교회 중심 내지는 기독론 중심으로 이해되어온 개신교 선교의 개념을 삼위일체 하나님의 공동 사역으로 고쳐 생각한 하나님의 선교(Missio Dei)는 선교신학의 중요한 사고 전환의 계기가 되었다. J. Verkuyl, *Contemporary Missiology* (Grand Rapids: Eerdmans, 1978), 3.

을 노아와 연합하셨고, 아브라함을 가나안으로 불러내신 것이나 족장들과 선지자들을 세우신 것, 이스라엘을 택하여 선민으로 삼으신 것등이 하나님의 지시에 대하여 인간이 순종한 일들로, 모두 하나님의 동반자적인 선교를 보여주는 것이다.

예수께서도 그의 선교를 위해 사람들을 부르셨다. 요한복음 15:16에 의하면, "너희가 나를 택한 것이 아니고 내가 너희를 택하였다"고 하심으로 사람들과의 선교연합을 요청했음을 보여주고 있다. 그 제자들을 3년간 훈련시키시고 파송하셨다. 파송하신 것도 주님과 사람과의 연합적 선교를 보여주는 것이다. 현재와 미래에도 이같은 기본적인 형식(patten)은 계속될 것이다.[3]

한국교회는 현재 177여 개나 되는 신학교에 수만 명의 신학생들이 학업하고 있고, 매년마다 수천 명의 신학교 졸업생들이 배출되고 있다. 학구적 열정과 실천적 신앙생활을 겸비한 신학교육이 선교지에 필요하다는 것을 생각할 때 한국의 많은 대학졸업자들이 신학교에 진학한다는 것은 한국교회의 자랑거리이다. 세계선교를 위해 여러 방향에 있어서 연합사역을 한다면 하나님의 나라가 확장 할 수 있을 것이다.

그러나 이러한 긍정적인 면 이면에는 교회 간, 교단 간, 교단교회와 선교사 간 연합과 협력이 부족했다는 비판을 받고 있다.

랄프 윈터(Ralph Winter)는 하나님의 구속적 선교의 두 구조(The Two Structures of God's Redemptive), 즉 모달리티(Modality)와 소달리티(Sodality)의 이중 구조

---

[3] 서정운, "선교동역과 한국교회," 155.

속에서의 결합과 상호보완 필연성을 설명한다.[4]

지역교회와 교단, 지역교회와 선교기구는 이른바 "동반사역"(Partnership)을 효과적으로 수행해야 한다.[5] 이 시대는 화합과 협력을 미덕으로 생각하는 사회이다. 다원화 사회는 사회의 다양성을 인정하면서도 조화의 미덕이 요구된다. 한국교회는 서구선교로부터 연합의 유산을 물려받았으나 불행하게도 교회가 너무 분열하였고, 이로 인하여 선교도 중구난방으로 되어져 많은 혼란을 야기하고 있다.[6]

초대교회에 나타난 선교전략 중의 하나는 그룹 단위로 선교한 것을 볼 수 있다. 베드로와 바울 등의 선교사들은 개인과 개인으로 선교보다는 그룹 단위로 복음을 증거 하는 것을 볼 수 있다.[7]

예루살렘의 그리스도인들은 너무나 문화에 얽매어서 세상 모든 족속을 제자로 삼아야 할 사명을 수행할 새로운 사도의 무리를 하나님께서 세우실 필요가 있었다고 리차드슨(Richardson)은 주장한다.[8]

바울은 로마와 데살로니가교회들에게 이웃들과 그들의 국경 넘어 있는 자들을 복음화할 것을 명령한다(롬 1:8; 살전 1:8). 사도는 고린도 교회에게 주의 일에 충성할 것을 권면하고(고전 15:58), 그들의 지역을 넘어가기까지 더욱 힘쓸 것을 주장한다. 그리고 바울은 빌립보 교회가 자신의 선교사역에 적극적으로 참여하였음을 기뻐한다

---

[4] Winter, Ralph, and Hawthone, Steven, *Mission Perspective*, 165. 랄프 윈터는 모달리티(Modality)와 소달리티(Sodality)를 설명할 때 사회학 분야의 몇 가지 간단한 용어를 교회의 이중 구조에 사용했다. 모달리티는 양육 중심의 회중 구조를 말한다.

[5] 전호진, 『선교학』(서울: 개혁주의 신행협회, 1994), 58.

[6] 전호진, 『한국교회선교: 과거의 유산, 미래의 방향』(서울: 성광문화사, 1993), 210.

[7] 손석원, 『사도행전과 선교』(안양: 성결신학연구소, 2000), 35.

[8] Don Richardson, *Eternity in Their Hearts* (Ventura CA: Regal Books, 1981).

(빌 4:10). 빌립보교회가 선교적인 사역지를 가졌다는 점은 반드시 기억할 필요가 있다(빌 2:25).

사도행전을 보면, 동역으로 선교의 사역을 한 것을 볼 수 있는데 그러나 베드로나 스데반은 단독으로 선교한 것 같이 보이나, 전반적으로 사도행전 16:10에 의하면, '우리'(we)라는 표현이 선교는 개인이 아닌 함께하는 동역으로 한 것을 볼 수 있다. 바울과 바나바가 안디옥 교회에서 파송 받아 같이 사역을 하다가 마가문제로 불화가 있었을 때도 바울은 바나바를 칭찬을 했다(고전 9:6). 그 후에 바울은 루스드라에서 디모데를 기용하였고, 누가는 드로아에서 연합하였다. 바울은 선교를 혼자 하는 것이 아니고 협력을 통하여 귀한 일을 함께하는 것으로 이해하고 실행하였다.[9]

바울은 자신의 사역의 틀이 다른 사람들의 사역에도 감동을 주어 일어나기를 기대하였다.[10] 또한 바울 주변에 수많은 동역자들이 함께 있었다는 사실을 바울의 진정서신[11]에만 약 40여 명의 이름이 언급되어 있고,[12] 그 중에서도 16명은 그의 "동역자"(συνεργός)로서 명시적으로 불리어진다.[13] 여기에다가 사도행전과 제2바울서신에 나오는 이름들을 첨가시킨다면, 그 숫자는 거의 20명이 더 늘어난다.[14]

---

9 손석원, 『사도행전과 선교』, 35.
10 George W. Peters, 『선교성경신학』, 김성욱 역 (일산: 크리스챤출판사, 2004), 135.
11 이것은 학계에서 바울의 저작으로 거의 의심 받지 않는 7개의 서신을 말한다(살전, 고전, 후, 갈, 빌, 몬, 롬).
12 W.-H. Ollrog, *Paulus und seine Mitarbeiter*. 1.
13 아볼라, 브리스가, 아굴라, 아리스다고, 클레멘스, 데마, 에바브로디도, 유디아, 예수, 유스도, 누가, 마가, 빌레몬, 순두게, 디모데, 디도, 우르바노 등.
14 J. Gnilka, *Paulus von Tarsus. Apostel und Zeuge* (Freiburg: Verlag Herder, 1996), 141.

이름이 분명하게 명시된 이러한 사람들 외에 요약적으로만 언급되거나,[15] 이름 없이 언급되는 더 많은 사람들이 있다. 이러한 동역자 현상은 초기 기독교 선교의 역사상 그 유례를 찾아볼 수 없는 것이며 결코 우연한 일이라고 할 수 없다. 이처럼 수많은 사람들이 바울의 주변에 있었다는 사실은 바울이 고독한 선교사가 아니라[16] 오늘날의 의미에서 소위 "팀사역"을 하였다는 것을 보여준다.[17]

예수님께서는 하나님의 영광과 선교의 효과를 위하여 신자들이 하나가 될 것을 기도하셨다.

> 아버지께서 내 안에, 내가 아버지 안에 있는 것 같이 저희도 다 하나가 되어 우리 안에 있게 하사 세상으로 아버지께서 나를 보내신 것을 믿게 하옵소서(요 17:21).

선교는 협력적인 사역이다. 선교의 주체이신 하나님도 성부, 성자, 성령 삼위일체로 함께 일하신다. 다양성 속에서 사랑의 일치를 이루고 계시는 삼위일체 하나님의 선교는 역사 속에서 일치를 원하신다.[18] 로마서 8:17에 의하면, 하나님께서 사람들을 부르시고 사명을 주셔서 선교하게 하신다. 하나님 나라를 함께 상속받을 하나님의

15　살전 5:26; 갈 1:2; 2:13; 고전 16:11-12, 16:20; 고후 13:12; 빌 1:14,15-18; 2:20-21; 4:3, 22.

16　E. Kaesemann, "Paulus und Fruehkathholizismus," in *Exegetische Versuche und Besinnungen* (Goetinngen: Vandenhoeck & Ruprecht, 1964), 251.

17　J. Gnika, *Paulus von Tarsus*, 143-4.

18　이광순, 『선교의 특수성과 보편성』, 51.

후사로서 우리는 주님께서 재림하실 때까지 인종과 문화와 교파를 초월하여 선교하는 일에 하나가 되어 협력해야 하는 것이다.

   선교에서 연합과 협동도 중요한 전략 중의 하나이다. 선교를 위한 협력과 연합은 성경의 지상명령이며 선교의 효율을 높이는데 크게 기여한다.

   모든 족속으로 제자를 삼고 세계를 복음화하는 선교는 하나님과 사람들의 연합을 통해 이루어 나가야 할 것이다. 막스 와렌(Max Warren)에 의하면, partner(동역, 협력, 연합)라는 말은 parcener라는 말에서 왔는데 원래의 뜻은 공동상속을 의미하는 법적 용어였다고 한다. 그러므로 우리가 하나님의 선교의 연합한다는 것은 "하나님의 후사(상속자)요 그리스도와 함께 한 후사"(롬 8:17)가 된 것을 의미한다.[19] 우리는 하나님의 나라를 기업으로 받는 공동 상속인들의 입장에서 연합하는 것이다. 이 연합은 참여(involvment), 책임(responsibility), 의무부담(liability)을 포함한다.[20]

   선교연합은 그리스도 안에서 나타나고 진행된 하나님의 절대적인 주권사업인 선교에 복종하고 그리스도와 모든 사람들을 사랑하는 정신으로 이루어지는 연합이 되어야 한다.

---

19 *World Pulse*, August 16, 1996, vol.31, no.16, 3.

20 Max Warren, *Partnership: The Study of an idea* (Chicago: S.C.M. Book Club, 1956), 12.

제10장

교육목회와 선교사역

한국교회가 세계 가운데 주목받는 놀라운 선교 확장과 결실을 맺을 수 있었던 이유는 초기 선교사들이 채택한 선교정책과 밀접한 관련이 있다. 초기 선교에 있어 빼놓을 수 없는 선교 정책의 하나는 교육 선교에 관한 정책이었다. 교육선교는 의료선교와 함께 초기 한국선교를 이끌었던 중요한 축이며, 또한 복음화의 반석을 닦아 나가는 데 있어서 지대한 역할을 하였다.

이처럼 교육선교가 한국선교에 미친 영향은 결코 과소평가되어서는 안 된다.[1] 하지만 그로 인해 한국교회는 교육을 선교를 위한 수단으로 간주해 온 것도 사실이다.

그렇다면 과연 교육이란 선교를 위한 한 수단에 불과한 것인지, 어떤 목적을 위해 동원되는 보조역할 뿐인지에 대하여 살펴보자.[2]

---

1 고은희, "한국 초기 선교부의 교육선교에 관한 연구," 1-3.
2 김형태, "교육선교의 교육학적 측면," 11.

1. 한국 초기 선교부의 교육선교

　폐쇄적인 신분계급사회와 사회구조를 이루었던 유교교육이 사회적 모순을 초래하기 시작하면서, 몰락 양반을 중심으로 하여 새로운 대응방식인 실학사상이 눈을 뜨게 되었다. 그 중 개화사상은 새로운 서구의 문물과 근대사상을 적극 수용하여 조선을 근대적 자본국가로 개혁하고자 하는 움직임이었다.

　따라서 개화 사상가들은 서양의 선교사들을 통하여 새로운 문물을 받아들이고자 하였다. 그러나 미국 내 선교부들은 1882년 조미수호조약이 체결되고 이듬해 공사가 파견된 이후에도 조선선교를 결행하지 못하고 있었다. 내지로의 여행을 허락하여 선교사의 입국을 조장했지만, 직접적인 포교활동은 사실상 금지시킨 '조영조약'의 성격 때문에 당시에는 기독교 선교가 불법적인 상황이었다. 때문에 선교부들은 직접적인 선교활동보다는 선교의 여건이 성숙될 때까지 '교육'이나 '의료'같은 간접적인 방법을 통해서 선교하는 수밖에 없었다.

　조선 정부가 선교를 허락하지 않는 상황 속에서 교육선교의 필요성은 더욱 더 절실한 것일 수밖에 없었다. 다행히 고종은 복음전도에 대하여는 부정적이었으나, 근대적 교육에 대한 필요성을 절실히 인식하고 있었다. 당시 이 같은 정부의 신교육에 대한 관심은 복음전도의 어려움 속에서 복음을 전할 수 있는 기회를 마련하기에 충분하였다. 또한 교육사업은 모든 아이들과 배우지 못한 어른들까지도 포함하는 것이어서 의료사업보다 포괄적인 것이었으며, 또한 직접전도의 기회를 갖기에 적당한 계기를 마련해 주었다.

　이것은 조선 정부가 서구의 교육제도와 그 발전된 기술문명을 수용하여 부국강병을 이루려는 정부의 방향과 선교사들은 이런 기회를 이용하여 한국 땅에 교육기관을 세우고, 그것을 통하여 젊은이들에게 복음을 전파하려는 양쪽의 관심사가 일치하였음을 보여주었다.[3]

2. 교육선교의 수행

1884년 미국 북장로교에서는 의료 선교사로 알렌(Allen)과, 교육선교사로 언더우드(Underwood)를, 또한 미 감리교회는 의료 선교사로 스크랜튼(William B. Scranton)을, 그리고 교육선교사로 아펜젤러(Appenzeller)와 스크랜튼 부인을 각각 선발하여 한국으로 파송하였다. 비록 그들의 신분은 의사와 교사였지만 이들 모두가 안수 받은 목사들이어서 복음전도를 겨냥하고 있었음을 쉽게 인지할 수 있다.[4]

의료선교의 첫 근거지였던 제중원(濟衆院)은 처음부터 진료를 하는 병원만이 아니라 학생을 가르치는 학교 기능도 했다. 제중원은 최초의 서양식 병원이자 서양의술을 가르치는 의학교였으며, 선교사들이 진료하고 가르치는 최초의 선교기관이었다. 이처럼 제중원의 설립목적이 진료와 교육이었으며, 그러한 목적에 따라서 설립 초기부터 의학과 영어 및 일반과학교육이 실시되었다. 초기의 교수진은 알렌, 헤론, 언더우드였다. 그 중 교육담당은 언더우드 선교사가

---

3 고은희, "한국 초기 선교부의 교육선교에 관한 연구," 5-10.
4 한국기독교사연구회, 『한국기독교의역사』(서울: 기독교문사, 1991), 179.

맡았는데 주로 영어를 가르치고 화학과 물리학을 강의했다.[5]

　언더우드(Underwood)의 초창기 선교사역은 이처럼 제중원에서 가르치는 일이 주된 것이었으며, 그 일을 하면서 자신만의 교육선교사역을 구상하고 있었다. 그는 1886년 5월 11일에 고아원을 열었다. 그 고아원은 나중에 경신학교로 발전했는데, 언더우드(Underwood)는 고아원 학교를 통해 그가 열망해온 직접적인 복음전도의 길을 터보려고 했다.

　제중원은 직접적인 복음전도 기관으로는 제약을 받고 있었으며, 그 문제로 선교사들 간에 의견 충돌이 있었다. 반면에 고아원은 처음부터 직접 복음을 전할 수 있으리라는 기대를 받으면서 시작되었다. 고아원 겸 학교는 여러 의견 충돌 끝에 드디어 1886년 5월 11일 남자 아이 한명으로 문을 열었다.

　교육선교사가 한국에 처음 온 것은 1886년 7월 4일이었다. 조지 길모어(J. Gilmore), 댈젤 벙커(Bunker, Dalziel A.), 호머 힐버트(Homer Bezaleel Hulbert)의 세 선교사인데, 한국 정부의 초청으로 육영공원에서 가르치기 위해 내한했다. 그들은 학교에서 공공연히 기독교를 가르칠 수 없었지만 간접적으로 복음전도를 하기 위한 선교 노력을 신실하게 수행했다.

　세 교사들의 선교 의지에도 불구하고 육영공원은 본래 목적이 근대적인 인재양성이었기 때문에 선교 성과는 실망스러웠다. 학교의 목적은 양반들에게 영어를 가르치고 서구문화에 대한 소양을 갖게

---

[5] 민경배, 『알렌의 선교와 근대한미외교』(서울: 한국기독교연구소, 1991), 211.

하는 것으로서 선교와는 무관한 문명화에 있었다고 할 수 있었다.⁶ 이들은 곧 학생들의 열의 부족과 정부의 부패한 관리들에 대하여 환멸을 느끼고 본국으로 돌아가 버렸다. 따라서 육영공원은 한동안 명맥만 유지하다가 폐교되었다.⁷ 그 후에 헐버트(Homer Bezaleel Hulbert)와 벙커(Bunker, Dalziel A.)는 감리교 선교사로 다시 한국에 와서 계속해서 교육선교사로 사역을 했다.⁸

감리교의 아펜젤러(Appenzeller) 목사는 스크랜턴(William B. Scranton) 박사와는 달리 처음부터 제중원과 같은 독자적인 사역을 모색했다. 목사 선교사가 할 수 있는 본연의 선교활동이 금지되어 있었기 때문에 그가 선택할 수 있는 사역은 교육을 통한 선교였다. 그의 교육선교 사역은 1887년 2월 21일에 고종으로부터 '배제학당'이라는 이름을 하사받고 3월 14일에 현판식을 거행하면서 본 궤도에 올랐다.⁹

왕으로부터 하사받은 학교 이름을 현판으로 걸고 하는 그의 교육선교는 공공연하게 기독교에 대해 가르칠 수 없는 상황에서 왕과 조정이 묵시적으로 그의 선교를 인정했다는 것을 함의한다. 아펜젤러(Appenzeller)가 선교사이며 그의 궁극 목적이 무엇인지를 왕과 조정 대신들은 물론이고 일반 한국인들도 알고 있었다고 할 수 있기 때문이다. 그래서 배재학당에서는 기독교를 가르치지는 않았는지 모르지만 조선어로 성경을 강독하며 예배 참석은 필수적이었다.¹⁰

---

6   이향순, "초기 한국 선교의 양면성: 기독교화와 문명화," 32-5.
7   고은희, "한국 초기 선교부의 교육선교에 관한 연구," 8.
8   언더우드, 『언더우드 목사의 선교 편지』, 52.
9   이만열 편, 『아펜젤러: 한국에 온 첫 선교사』, 276-9.
10 Isabella Bird Bishop, 『조선과 그 이웃 나라들』, 신복룡 역 (서울: 집문당, 2000), 371.

3. 주일학교 개설 및 발전

한국 최초의 주일학교는 스크랜톤(Scranton) 선교사에 의하여 1888년 1월 15일, 서울 정동 이화학당 내에서 어린이 12명, 부인 3명, 여선교사 4명이 모여 성경공부로 시작된 여성주일학교이며, 같은 해 3월 1일 아펜젤러는 배재학당 학생 14명을 중심으로 영어주일학교를 시작하였다. 이후 각 선교학교들이 유년주일학교를 개설하였으며 각 교회들도 주일학교를 전개하였다.[11]

장로교의 주일학교는 1890년에 실시되었으나 특이한 점은 장년들을 포함한 사경반과 흡사하였다는 것이다. 그러나 오늘날과 같은 주일학교의 효시는 1908년 5월 연동교회 이명혁 장로에 의해 시작된 '연동소야회'라고 본다.[12] '주일학교' 또는 '례배일학당'이라 불리어진 초기 주일학교의 교육내용은 시간의 제약을 받았기 때문에 주로 성경, 소책자, 기도서와 찬송가였다.[13]

1905년에는 한국교회의 주일학교 발전을 위한 주일학교 연합기구가 처음 생겼다. 선교사들이 '제한 복음주의 신교 선교사 통합공의회'를 조직하고 그 공의회 안에 '주일학교위원회'를 둔 것이 최초였다. 이 위원회에 참여한 선교사들은 8명이었으며, 이들은 성령으로 장로교와 감리교가 하나 되기를 기대하면서 「만국주일공과」와 「성경강론월보」 등 성경교재를 발간하였다. 그러나 한국의 주일학교는

---

11 김폴린, 『한국 기독교 교육의 역사』(서울: 대한기독교서회, 1992), 74.
12 박영복, 『한국기독교교회사 I』(서울: 생명의말씀사, 2004), 78.
13 김폴린, 『한국 기독교 교육의 역사』, 78.

유년 성경반과 장년 성경반이 합반되어 성경을 배우는데 그치고 말았다. 이 연합기구가 오늘의 '대한기독교교육협회'(KCCE)의 모체가 되었다.[14]

4. 교육선교의 성경적 측면

선교를 실제로 하는 일에 있어서 예수 그리스도를 전하여 그를 믿게 하기 위한 하나의 수단과 방법으로서 교육을 사용하였다. 선교사들이 어디든지 가면 복음을 전하기 위해 학교를 세우고 그 학교에서 일반 교육을 실시하면서 원주민들과의 접촉할 기회를 만들고 그 학교에서 복음을 소개할 수 있었던 것이다.[15] 한국 초기 선교부들이 그랬던 것처럼 말이다.

그러나 오늘날은 "하나님의 선교"의 입장에서 볼 때 "교육선교"의 개념은 완전히 다르다고 본다. "하나님의 선교"는 그 목표가 하나님 나라의 완성이라고 볼 수 있다. 하나님의 주권이 제대로 행사되고 그의 뜻이 잘 이루어지는 왕국을 건설하시기 위해서 수행하시는 모든 사업과 활동을 하나님의 선교라고 말한다면 그 선교는 어떤 지방에서 예수를 전하여 그를 믿게 하는 정도만을 가리킬 수 없다. 이러한 하나님의 선교에 있어서는 교육선교라는 것이 어떤 의미를 가지며 또 어떤 역할을 해야 하는가 하는 것이 문제이다.

---

14 박영복, 『한국기독교사회교육사』(서울: 교육과학사, 1995), 69.
15 박창환, "교육선교의 성서적 측면," 4.

하나님의 선교는 하나님께서 친히 이스라엘 민족을 가르치시는 일을 통해서 행하셨다. 구약성경을 주시는 사건 자체가 하나님의 교육선교이며, 이스라엘에 대한 하나님의 교육은 마침내 구약성경이라는 책으로 형성되었고, 성경은 이스라엘을 가르치고 전 세계를 향하여 하나님의 법과 뜻을 가르치는 사명을 가졌다.

하나님 자신의 교육선교는 신약시대로 옮겨 간다. 이제는 하나님께서 친히 사람의 몸을 입으시고 인간 세상에 오시는 일을 통해서 교육을 실시하셨다. 하나님께서는 성육신 사건을 통해서, 그리고 그의 입으로 나오는 말씀을 통해서 하나님의 왕국 건설의 목적을 달성하시려고 하셨다.

즉 예수 자신이 교사로 오셔서 보여주신 그의 삶의 사건과 그의 입에서 나오는 말씀은 하나님의 법도와 하나님의 뜻을 우리 인간에게 권위 있게 가르치는 것이어서, 예수 자신이야 말로 하나님의 교육선교이며, 그 자신이 바로 교육의 내용이었고, 또한 그 전체가 교육 그 자체였다.[16]

하나님은 친히 교육을 통해 선교하고 계신다. 그 교육선교는 예수에게서 끝난 것이 아니다. 요한복음에 의하며 예수께서 성령을 대신 보내시겠다고 약속 하셨고, 그가 임하시면 전에 모르던 것을 알게 하고 깨닫게 하겠다고 하셨다. 하나님의 선교가 성공하는 길은 교회가 성령의 가르침을 통하여 배운 지식, 즉 하나님과 그리스도의 가르침을 모든 세상에게 가르쳐서 다 같이 지키게 하는데 있다고 할 수밖에 없다. 그것이 그리스도의 최후의 지상명령이다. 이렇게 교육

---

16 박창환, "교육선교의 성서적 측면," 6-7.

선교는 하나님께서 시작하신 것이며, 종말까지 교회가 쉬지 않고 애써야 할 과제이다.[17]

예수님의 지상명령은 바로 선교가 교육으로부터 시작될 뿐만 아니라 더 나아가 교육 자체가 곧 선교가 되어야 함을 의미하고 있다. 이제 교육과 선교가 뗄 수 없는 관계에서 볼 때 하나님의 구원의 행위에 참여하는 것이 선교라면, 이 선교를 가능케하는 교회의 의도적 행위는 교육이다. 신약성경의 여러 곳에서 우리는 사도를 포함한 예수의 제자들이 그들 자신의 선교에 임하기에 앞서 교육과 훈련을 받았던 사실을 찾아볼 수 있다. 뿐만 아니라 선교를 위해 우선 하나님 말씀을 잘 가르치는 교육행위를 시작했음과 동시에 구원받고 교회에 들어오는 사람들을 제자화, 즉 선교에 동참하는 자로 성숙시키기 위해 잘 가르쳤음을 알 수 있다.

따라서 현대교회교육도 교회에 들어온 사람들을 양육시키는 일에만 머물러 있을 것이 아니라, 세상이란 선교 현장에까지 찾아 들어가 하나님 말씀을 가르쳐 지키게 하므로 하나님 나라를 확장하는 일에까지 뻗어 나아가야 할 것이다. 교육과 선교가 밀접한 관계를 갖고 있는 한 선교적 기초는 교육과 상호관련 아래서 세워져야 할 것이다.[18]

선교의 의미를 교육과 관련하여 교회의 존재이유가 선교이며 교육자체가 선교가 되어야 함을 인식하고 선교의 현장으로서의 한국교회는 구조 및 제도에 있어서 새로운 변혁을 시도해야 할 것이다.

---

[17] 박창환, "교육선교의 성서적 측면," 8-9.
[18] 이정효, "한국교회의 교육선교적 과제(1)," 27-8.

교회의 양적 성장과 질적 성장의 조화를 위해 선교의 주체자인 평신도의 신앙적 삶의 변화를 목적으로 하는 교육이 이루어져야 할 것이다.[19]

교육은 선교이다. 이 말은 곧 선교는 교육이다. 어느 것은 목적이고 어느 것은 수단이 되는 것이 아니다. 비록 상황과 필요에 따라 수단으로 동원 될 수도 있고 또는 목적으로 설정될 수도 있긴 하다. 그러나 교육의 본래적 사명과 본질적 의미는 과정이라 할 수 있다. 교육을 선교와 동일시하는 것은 그것을 하나님의 활동으로 보기 때문이다. 근본에 있어서 교육은 교육과 선교는 하나님의 동일한 구원사업이며 하나님 나라의 일이다.

선교와 교육을 나눌 수 없다는 것 또는 나눌 필요가 없다는 것은 그 목적이 동일하기 때문이다. 교육의 목적은 바람직한 인간행위의 변화인데, 하나님이 바라시는 인격변화와 성장은 디모데후서 3:13-17에 나타나는 하나님의 사람이다. 하나님의 사람은 구원받은 사람이다. 그러므로 교육과 선교의 목적이 동일하다.[20] 이제 우리는 교육선교를 선교를 위한 하위 수단으로 보는 것이 아니라 교육과 선교를 모두 하나님의 사람이 되는 과정을 돕는 것으로 봐야할 것이다.

---

19   이정효, "한국교회의 교육선교적 과제(2)," 43.
20   김형태, "교육선교의 교육학적 측면," 12.

제7부

결론

제1장

요약

본 저서는 도시형태에 따른 한국교회의 목회와 선교에 대하여 연구하였다.

첫째, 도시에 대한 전 이해를 살펴보았다. 이 연구를 통해 도시의 현실적인 상황 속에서 도시의 특징들에 대한 일반적인 이해와 도시의 사회학적 이해, 그리고 도시의 심리학적 이해들을 간략하게 살펴보았다. 이 연구를 통하여 도시에 대한 여러 연구에서 도시를 인구가 집중된 지역으로 정의하지 않고, 또한 인구통계학에 근거해 편협하게 도시를 정의하지도 않는 것을 알게 되었다.

도시에 사는 사람들은 다른 사람들의 필요에 대해 덜 동정적이고, 자기 일 이외의 손해날 일이나 위기적 사건에 전혀 개입하지 않고 낯선 사람들을 신뢰하지 않는 습관이 몸에 배어있는 사회적 특징이 있다. 도시의 생활은 기능과 능률만을 중요시하는 직업구조 안에서 인간은 기계인간(機械人間), 기능 인간(技能人間)으로 전락해 버렸다. 더 이상 개인의 성품이나 개성, 인격은 더 이상 문제가 되지 않고, 그가 가지고 있는 재화, 사회적 지위, 재능으로 평가된다. 개인주의화된 분위기 속에서 사람들은 서로 이질감을 느끼며 대중 속에 있으나 외로운 자신을 보게 되며, 복잡하고 시끄러운 분위기 가운데 있으나 쉽게 동화될 수 없는 고독을 느낀다. 급변하는 현대 도시사회는 갈등과 혼란을 야기시키게 함으로, 사람들로 하여금 심각한 심리적 고통을 당하고 있음을 알게 되었다.

둘째, 도시의 형태론에 따른 올바른 이해를 위해서 도시형태의 개념과 도시형태의 구성요소, 그리고 도시형태와 성장, 도시의 문화형태, 한국 도시형태의 특징을 집중 있게 연구하였다. 여기서 본 연구자는 도시의 계획, 개발과 인간생활을 직접 반영하는 중요한 요소로 도시형태(urban morphology)의 개념과, 도시형태의 구성요소는 영향요소와 평가요소로 구분되어짐을 알게 되었다.

인구이동의 요인을 통한 도시 확장 및 성장에 대해 알 수 있으며, 루이스 루즈베탁(Louis Luzbetak)에 의하여 "문화는 보다 나은 삶을 위해서, 그리고 여러 가지 삶의 요구에 대응하기 위해서 사회적으로 공유된 계획이나 규칙, 규범, 신념들로서 배어지고 전달되는 역동적 체제"임을 알게 되었다.

셋째, 도시선교의 신학적 이해를 위해서 도시의 성서학적 이해와 도시의 선교 신학적 이해, 그리고 도시에 나타난 영적 전쟁, 성육신의 사역, 선교적 리더십, 선교적 교회에 대해 고찰하였다. 이 연구를 통해 21세기 선교의 승부는 도시에서 판가름 날 것이며 만약 우리가 복음화하지 못한다면 미래의 기독교는 주변 세력으로 전락하게 될 것이 자명하다.

또한, 도시선교전략을 수립하는데 신학적 근거를 마련하기 위해선 성경에서 말하는 도시에 대한 고찰이 중요하다. 특히 니느웨는 이방의 도시였지만 하나님의 구원 계획은 요나를 통해 이방 도시까지 전개되고, 도시 전체가 회개하고 하나님께로 돌아온 것으로써 성경에서 성공적인 도시선교 사례임을 알 수 있다.

넷째, 도시선교를 위한 전략에 대하여 총체적인 사역에 대하여 제시하였다. 선교대상에 따른 다양한 선교 전략과 방법에 대하여 제시하였다. 이 연구를 통해 알 수 있었던 것은 인터넷, 도시 이주민, 도시빈민, 도시노숙자, 다문화가정, 노인, 직장인, 제자선교가 도시선교의 핵심전략이 될 수 있으며, 도시 선교 사역에 연합과 협동도 중요한 전략임을 알게 되었다.

제2장

제언

 끝으로 필자는 『도시 속의 목회와 선교』를 마치면서 다섯 가지 제언을 하고자 한다.
 폴 히버트(Paul G. Hiebert)에 의하면, "21세기 선교는 대도시에서 판가름 난다"라고 말했다. 대도시를 정복하는 정도가 세계를 지배한다. 대도시에 사람들이 몰려드는데 복음을 통해 교회를 세우고 지도자를 세우면 기독교적인 방향으로 이끌고 나가지만 만약 실패하게 된다면 이슬람과 힌두교, 불교가 대도시를 장악하게 되고 거기서 지도자가 나온다. 21세기의 후반부의 세계선교, 세계 미래는 기독교와 상관이 없어진다. 타종교와의 경쟁에 밀리지 않기 위해서라도 대도시에 들어가 선교해야 한다.
 첫째, 현대선교의 승부는 도시에서 판가름 날 것이며 만약 우리가 복음화 하지 못한다면 미래의 기독교는 주변 세력으로 전락하게 될 것이다. 빠른 도시화 과정에서 교회가 역할을 하지 못한다면 교회는 더 이상 인간들을 구원하는 구속의 능력으로 하나님의 종이 되지 못하고 도시사회의 세속적인 사고와 생활방식의 노예가 되고, 서유럽의 교회와 같이 무능력한 교회로 남을 수 밖에 없을 것이다. 교회의 적극적 역할은 성경의 선교적 명령이며, 왕이신 총체적 그리스도의 복음을 전인격적으로 전하는 일이다.

둘째, 교육을 통한 성경적 도시선교론이 절대적으로 필요하다. 역사를 통하여 하나님은 먼저 그의 종들을 세우셔서 도시의 복음을 전하게 하셨다. 도시 선교에 참여하는 사람들은 세계의 다른 지역에서 보다 효과적으로 행해지는 도시사역을 배워야 할 필요가 있다. 도시의 문제에 대한 보다 학문적인 접근을 반영하는 신학교의 도시선교에 관련된 신학교육의 중요성이 명시되어야 한다.

셋째, 21세기를 위한 도시 안에서의 기독교 지도자들을 개발하여야 한다. 미래는 거대한 도시들 안에서 치열한 영적 싸움들이 일어날 것이기 때문이다. 도시 안에 있는 다양한 문화를 가지고 있는 소수 민족들을 위한 지도자들을 효과적으로 훈련하여야 하며, 이러한 여정에 부름받은 도시 선교사들은 주님의 전신갑주를 완벽하게 갖추어야만 할 것이다.

넷째, 교회는 먼저 도시에 영향을 주어야 한다. 그렇지 않으면 도시가 교회를 변질시킬 것이다. 만약 도시가 교회를 지배하면 교회는 사람을 구원하는 구원의 능력을 가진 하나님의 종이 되지 못하고 도시의 유행을 따르는 종이 될 것이다. 불행하게도 많은 도시교회가 무기력하게 되었고 도시에 대처하지 못한다. 교회의 갱신 없이는 도시의 소망도 없다.

다섯째, 도시선교에 대한 종합적인 방법만이 도시의 필요를 만족시킬 수 있다. 교회는 복음, 십자가, 부활, 승천, 예배와 봉사, 교제와 선교가 있어야 한다.

참고문헌

1. 국문도서

강문석. 『선교정책론』. 서울: 칼빈서적, 1992.
고영근. 『한국교회의 갱신과 과제』. 서울: 혜신출판사, 1991.
권오현. 『바울의 생애(상)』. 서울: 대한기독교서회, 1997.
_____. 『바울의 편지』. 서울: 대한기독교서회, 1994.
권용우 외 공저. 『도시의 이해』. 서울: 박영사, 2001.
김경원·전동운·전상기 공저. 『직장선교학』. 서울: 기독교직장선교회, 2001.
김기원. 『기독교사회복지론』. 서울: 대학출판사, 1999.
김명혁. 『선교의 성서적 기초』. 서울: 성광문화사, 1997.
김성태. 『세계선교전략사』. 서울: 생명의말씀사, 1998.
_____. 『현대선교학 총론』. 서울: 이레서원, 2000.
김성수. 『목회에 있어서 멀티미디어 활용연구』. 서울: 기독신학대학원, 2000.
김수현. 『서울시 노숙자 지원사업 백서』. 서울: 서울시노숙자대책협의회, 2000.
김연진. 『선교신학 총론』. 서울: 성광문화사, 1995.
김영석. 『도시빈민론』. 서울: 아침, 1985.
김용수. 『인터넷 목회 사역 연구』. 서울: 숭실대 기독교학대학원, 2004.
김은미、양옥경、이해영. 『다문화사회, 한국』. 서울: 나남, 2010.
김지학. 『건설공학개론』. 서울: 동화기술, 2007.
김진년 편. 『크리스천, 인터넷, 멀티미디어』. 서울: 크리스천다이제스트, 1996.
김중은. 『갈대아 우르에서 가나안까지』. 서울: 장로회신학대학교출판부, 1999.
김폴린. 『한국 기독교 교육의 역사』. 서울: 대한기독교서회, 1992.
김태연. 『전문인 선교학 총론』. 서울: 도서출판 미드웨스트, 2002.
노윤식. 『성경에 선교가 있는가』. 서울: 한들출판사, 2005.
_____. 『새천년 성결 선교신학』. 안양: 성결대학교 출판부, 2000.

라건국.『21세기 선교는 달라져야 한다』. 서울: 새한기획 출판부, 2007.
민경배.『알렌의 선교와 근대한미외교』. 서울: 연세대학교출판부, 1991.
박영복.『한국기독교교회사 I』. 서울: 생명의말씀사, 2004.
박영호.『산업선교비판』. 서울: CLC, 1984.
박영환.『핵심 선교학 개론』. 서울: 도서출판 바울, 2003.
박홍일.『직장선교와 삶의 현장』. 서울: 크리스챤 서적, 2000.
박혜경.『경영경제학자 하나님』. 서울: 서울서적, 1984.
방지형.『제자훈련』. 서울: 성광문화사, 1992.
배본철.『52주 성령학교』. 서울: 성지원, 2005.
소강석.『신도시 목회의 키를 잡아라』. 서울: 쿰란출판사, 2004.
손봉호.『한국교회와 세계선교』. 서울: 도서출판 엠마오, 1986.
손석원·김오복 공저.『현대사회복지선교의 이해』. 서울: 잠언, 2005.
_____.『사도행전과 선교』. 안양: 성결신학연구소, 2000.
_____.『선교신학 개론』. 경기: 한교연, 2005.
안태환.『도시의 이해』. 대구: 대구대학교 출판부, 1998.
오정현.『인터넷 목회』. 서울: 규장출판사 2001.
유네스코 아시아·태평양 국제이해교육원.『다문화사회의 이해』. 서울: 도서출판 동녘, 2008.
언더우드.『언더우드 목사의 선교 편지』. 서울: 장로회신학대출판부, 2002.
이광순.『선교의 특수성과 보편성』. 서울: 미션아카데미, 2000.
이광호.『세계선교의 새로운 과제들』. 서울: 예영커뮤니케이션, 1998.
이만열 편,『아펜젤러: 한국에 온 첫 선교사』. 서울: 연세대학교출판부, 1985.
이성희.『미래사회와 미래교회』. 서울: 대한기독교서회, 1997.
이수환.『선교와 영적전쟁』. 파주: 한국학술정보(주), 2006.
이태웅.『제자훈련은 이렇게』. 서울: 두란노서원, 1987.
이홍석·정회현 공저.『바울의 선교와 한국교회 선교전략』. 서울: 하늘양식, 2009.
장세훈. "외환위기 이전 도시 빈곤의 추이와 특성." 김동춘 외,『IMF 이후 한국의 빈곤』서울: 나남출판사, 2000.
장훈태.『초대교회 선교』. 서울: 솔로몬, 1996.
전광현 외.『기독교 사회복지의 이해』. 서울: 양서원, 2005.
전석재·박현식 공저.『21세기 복지와 선교』. 서울: 도서출판 대서, 2008.

전호진. 『선교학』. 서울: 개혁주의 신행협회, 1998.
_____. 『한국교회선교: 과거의 유산, 미래의 방향』. 서울: 성광문화사, 1993.
정동익. 『도시빈민연구』. 서울: 아침, 1985.
정병관. 『도시교회 성장학』. 서울: 총신대학교 출판부, 2009.
_____. 『복음혁명을 주도하는 도시교회 성장학』. 서울: 총신대학교출판부, 2009.
_____. 『도전받는 현대 목회와 선교』. 서울: 생명의말씀사, 1994.
정호성. 『서울시 노숙인 사업 종합계획수립을 위한 토론회』. 서울: 노숙인 다시서 기지원센터, 2005.
조귀삼. 『바울과 선교신학』. 서울: 은성출판사, 1995.
조병창. 『현대 농.도 목회론』. 안양: 성결대학교 출판부, 1994.
조호중. 『단기선교 길라잡이』. 서울: 요단출판사, 2007.
채서일. 『사회과학 조사방법론』. 서울: 비·앤·앰·북스, 1990.
채수일. 『21세기의 도전과 선교』. 서울: 대한기독교서회, 1998.
채은수. 『역사와 문화속의 선교』. 서울: 총신대학교출판부, 1999.
통계청. 『장래인구추계』. 대전: 통계청, 2005.
하성규외 공저. 『빈곤 퇴치: 한국의 경험과 교훈』. 서울: UNDP 한국대표부, 1998.
한국기독교사연구회. 『한국기독교의 역사』. 서울: 기독교문사, 1991.
한국선교신학회. 『선교학 개론』. 서울: 대한기독교서회, 2001.
한국일. 『세계를 품는 선교』. 서울: 장로회신학대학교 출판부, 2004.
한화룡. 『도시선교』. 서울: 한국기독학생회출판부, 1993.
홍경희. 『도시지리학』. 서울: 법문사, 1981.

2. 영문도서

A, James. Scherer, *Gospel, Church and Kingdom*. Minneapolis: Augsburg, 1987.
Allen, Roland. *The Spontaneous Expansion of the Church*. Grand Rapids: Eerdmans, 1973.
Barret, David B. & Johnson, Todd M. "Annual Statistical Table on GlobalMission:2002". *IBMR*. January 2002.
Barrett, Lois Y. *Treasure in Clay Jars: Patterns in Missional Faithfylness*. GrandRapids: Eerdmans, 2004.

Bigg, Charles. *The Christian Platonists of Alexandria*. London: Oxford University, 1913.
Bosch, David. *Transforming Mission: Paradigm Shift in Theology of Mission*. NewYork: Orbis, 1991.
Bose, Francis M. Du. *How Churches Grow in an Urban World*. Nashville: Broadman, 1978.
Bruce, Vawter. "The Gospel According to John", in *the Jerome BiblicalCommentary*. Vol. II.
Coleman, Robert E. *The Master Plan of Evangelism*. Old Tappan, NJ:Fleming H.Revell Company, 1963.
Conn, Harvie M. "Christ and the City," in *Discipling the City*, ed.,Greenway, Roger S. Grand Rapids: Baker, 1986.
_____. "The City as Our Biblical Calling", in *Changing the World*. Kent: MARC Europe, 1986.
_____. *A Clarified Vision for Urban Mission*. Grand Rapids: Zondervan, 1987.
Coopers, Pricewaterhouse. "Which Are the Largest City Economies?"
Crawley, Winston. *Grobal Mission: A Story To Tell*. Nashville, Broadman Press, 1985.
Dale, DeWitt. "The Historical Background of Genesis 11:1-9:Babel or Ur?", *Journal of the Evangelical Society* 22. 1979.
Davis, Kingsley A. *World Urbanization 1950-1970 Vol.2*. Berkeley: Institute of International.
Dayton, Edward R. and Fraser, David. *Planning Strategies for World Evangelization*.Grand Rapids: Eerdmans, 1990.
Douglas, J. D. *The New Bible Dictionary*. London: The Inter-Varsity Fellowship, 1962.
Dowley, Tim. *Atlas of the Bible and Christianity*. London: Angus Hudson Ltd, 1997.
Ellul, Jacques. *The Meaning of the City* . Grand Rapids: Eerdman, 1973.
Engan, Charles van. *Mission on the Way: Issues in Mission Theology*. GrandRapids: Baker Books, 1996.
Fischer, Claude S. "Toward a Subcultural Theory of Urbanism". *American Journalof Sociology*, 80 (May, 1975), 1319-1341.
Gans, Herbert. "Urbanism and Suburbanism as Ways of Life: A Revolution ofDefinitions". *Metropolis. Washington Square*. New York: New YorkUniversity Press. 1995.
Glock, Charles Y. *Religion and Social Conflic*. New York: Oxford University.

Press, 1964.
Gnilka, J. *Paulus von Tarsus. Apostel und Zeuge*. Freiburg: Verlag Herder, 1996.
Gornik, Mark R. "Globalization and Urban Mission:Some Brief Reflections".
Greenway, Roger S. *Cities: Missions New Frontier*. Grand Rapids: Baker, 1992.
_____. *Calling Our Cities to Christ*. Nutley: Presbyterian and Reformed, 1973.
Greeven, H. Die Missionierende Gemeinde nach den apostolischen Briefen,in:Sammlung und Sendung. FS H. Rendtorff, hrg. v. J. Heubach und H.H.Ulrich. Berlin, 1958.
Grigg, Vig. "Squatters: The Most Responsive Unreached Bloc." *Urban Mission* 6. 1989.
Hengel, Martin. *Between Jesus and Paul*. Philadelphia: Fortress, 1982.
Henry, Carl. *The Uneasy Conscience of Modern Fundamentalism*. Grand Rapids: Eerdmans, 1973.
Hiebert, Paul G. "World Trends and Their Implications for Mission", *Trinity World Forum*. Winter 1990.
_____. *Anthropological Reflections on Missiological Issues*. Grand Rapids: Baker, 1994.
Hobbs, Walter C. Treasure in Clay Jars: Patterns in Missional Faithfulness. GrandRapids: Eerdmans, 2004.
Hunsberger, Gorge R. *The Church Between Gospel & Culture*. Grand Rapids: Eerdmans, 1996.
James, Dougherty, *The Fivesquare City: The City in the Religious Imagination*. NotreDame. Ind: University of Notre Dame Press, 1980.
Kaesemann, E. "Paulus und Fruehkathholizismus". in: Exegetische Versuche undBesinnungen Ⅱ. Goetinngen: Vandenhoeck & Ruprecht, 1964.
Kaiser, Walter C. "A Biblical Theology of the City". *Urban Mission*. September, 1989.
Kasting, H. *Die Anfaenge der urchristlichen Mission. Eine historische Untersuchung*, BEvTh55. Muenchen, 1969.
Keller, Timothy J. "Globalization, International Missions and Redeemer:Reflections". 1999.
Kraft, Charles H. *Defeating Dark Angels*. Ann Arbor: Servant, 1992.
Legrand, Lucien. *Unity and Plurality: Mission in the Bible*. New York: Orbis Books, 1990.
Lunciman, W. G. *Relative Depriviation and Social Justic*. London: Rontledge andKegan Paul. 1966.

Luther, Martin. "Secular Authority: To What Extent it Should be Obeyed". in *Works of Martin Luther*, Vol. 3, trans. by J. J. Schindel. Philadelphia: A.J. Holman Co, 1930.

Luzbetak, Louis. *The Church and Cultures*. Maryknoll, NY: Orbis, 1995.

McGavran, Donald A. *Understanding Church Growth*. Grand Rapids: Eerdmans, 1980.

Milgram, S. "The experience of living in cities." *Science 167*. 1970.

Murphy, Elain M. *World Population: Toward the Next Century*. Washington:Population Reference Bureau, 1981.

Newbigin, Lesslie. *The Open Secret: An Introduction to the Theology of Mission Revised Edition*. Grand Rapids: Eerdmans, 1995.

Nida, E. Message and Mission. Rev. ed. Pasadena California, 1990.

Niebuhr, Richard. *The Social Sources of Denominationalism*. New York: World, 1929.

Ollrog, W. H. *Paulus und seine Mitarbeiter. Untersuchungen zu Theorie undPraxis der paulinischen Mission WMANT 50*. Neukirchen-Vluyn: Neukirchener Verlag, 1979.

Padilla, C. Rene. *Introduction to The New Face of Evangelism: An International Symposium on the Lausanne Conference*. Downers Grove: Inter Varisity Press, 1976.

Palen, J. John.*The Urban World*. New York: Mcraw-Hill, 1975.

_____.*The Urban World, 4th ed* . New York: McGraw-hill, 1992.

Peters, George W. Peters. *Evangelical Mission Tomorrow*. Pasadena: WilliamCarey Library, 1977.

Piper, John "A Battle Call to Advance God's Kingdom." *Mission Frontirs*. March-April.

Population Reference Bureau, *Population Data sheet*, 1995.

Pritchard, James B. *The Times Atlas of the Bible*. London: Times Books Limited, 1987.

Ralph, Winter, and Steven, Hawthone. *Mission Perspective,* 165.

Richardson, Don. *"Eternity in Their Hearts*. Ventura. CA: Regal Books, 1981.

Riesman, David. *The Lonely Crowd*. New Haven: Yale University Press. 1961.

Rugg, D. S. *Spatial Foundation of Urbanism*. New York: Dubuque, 1972.

Roxburgh. Alan J. and Boren, M. Scott. *Introducing the Missional Church*. GrandRapids: Baker Books, 2009.

Scherer, James A. *Gospel, Church and Kingdom*. Minneapolis: Augsburg, 1987.

Seeman, Melvin. "On the Meaning of Alienation." *American Sociological Review*. vol.24. Dec. 1959.

Sundermeier, *Theo. Konvivenz und Differenz.* hrsg. von Volker Küster: Erlangen, 1995.
Thiessen, Henry C. *Lectures in Systematic Theology.* Grand Rapids: Eerdmans, 1949.
Thomas, E. and Brewster, Elizabeth S. *Bonding and the Missionary Task: Establishing a Sence of Belonging.* Pasadena: Linqua House, 1982.
Tonnis. Ferdinand. *Community and Society.* New York: Harper & Row, 1957.
Troutman, Charles. *God So Loved the Third World: The Bible, the Reformation and liberation Theologies.* Maryknoll, N.Y.: Orbis, 1983.
Turner, Ralph H. *Approaches to Deviance.* New York: Appleton Century Crofts.1968.
UN. *The World Population Situation in 1979.* New York: United Nations, 1980.
United Nations, Department of Economic and Social Affairs, Pppulation Division.
Verkuyl, J. *Contemporary Missiology* . Grand Rapids: Eerdmans, 1978.
Wagner, C. Peter. *Frontiers in Missionary Strategy.* Chicago: Moody, 1971.
Warren, Max. *Partnership: The Study of an idea.* Chicago: S.C.M. Book Club, 1956.
Wayne. Grudem. *Systematic Theology: An Introduction to Biblical Doctrine.* GrandRapids: Zondervan. 1994.
Weber, Otto. Foundation of Dogmatics Vol. 1. Grand Rapids: Eerdmans, 1981.
Wilson, Bryan R.*Religion in Secular Socity.* London: C. A. Watt, 1966.
Wirth, Louis. *Urbanism in the World Perspective.* New York: Crowell, 1968.
_____. "Urbanism as a way of Life." *American Journal of Sociology,* Vol.44, No. 1. July, 193.
Wolf, Kurf. *The Sociology of Georog Simmel.* New York: Free Press, 1902.
Zeller, D. "Theologie der Mission bei Paulus". *in Mission im Neuen Testament* QD93, hrg.v. K. Kertelege. Freiburg: Verlag Herder, 1982.

3. 번역도서

Allen, Roland. 『바울의 선교방법론』. 김남식 역. 서울: 베다니, 1993.
Bavinck. J. H. 『선교학개론』. 전호진 역. 서울: 성광문화사, 1980.
Bishop, I. B. Korea and Her Neighbors. 『조선과 그 이웃 나라들』. 신복룡 역. 서울: 집문당, 2000.
Bosch, D. J. 『변화하고 있는 선교』. 김병길·장훈태 역. 서울: CLC, 2000.

Comblin, Joseph.『선교의의의』. 채은수 역. 서울: 한국로고스선교원, 1992.
Conn, Harvie M외 1명.『도시목회와 선교』. 한화룡 역. 서울: 선교회, 2006.
_____.『현대 도시교회의 전망』. 한화룡 역. 서울: 여수룬, 1992.
Cox, Harvey M.『세속도시』. 구덕관 역. 서울: 대한기독교서회, 1967.
Damazio, Frank.『지역사회를 바꾸는 도시목회』. 최종훈 역. 서울: 베다니출판사, 2002.
Dawson, John.『하나님을 위하여 도시를 점령하라』. 유재국 역. 경기: 예수전도단, 1992.
Dibelius, Paulus, M.『바울』. 전경연 역. 서울: 대한기독교서회, 1991.
Dominguez, Joe.and Robin, Vicki.『돈이냐 인생이냐』. 김지현 역. 서울: 사람in 출판사, 2001.
Ellul, Jacques. "도시의 의미."「목회와신학」. 2002, 3.
Engen, Charles Van.『미래의 선교신학』. 박영환 역. 인천: 도서출판 바울 2006.
Frost, Michael. and Hirsch, Alan.『새로운 교회가 온다』. 지성근 역. 서울: IVP, 2009.
Gelder, Craig Van.『선교하는 교회 만들기』. 최동규 역. 서울: 베다니출판사, 2003.
Glaeser, Edward.『도시의 승리』. 이진원 역. 서울: 해냄출판사 2011.
Glazer, Nathan.『우리는 이제 모두 다문화인이다』. 서종남・최현미역. 서울:미래를 소유한 사람들, 2009
Greenway, Roger S. "도시선교사역에로의 여정".『선교와 신학』제10권. 2002.
_____.『도시 선교의 새로운 개척지』.박보경 역. 서울: 장로회 신학대학교 세계선교연구원, 2004.
Grigg, Viv.『가난한 자의 친구』. 한화룡 역. 서울: IVP, 1992.
Gutierrez, G.『해방신학』. 허병섭 역. 서울: 미래사, 1986.
Hedlund, Roger E.『성경적 선교신학』. 송용조 역. 서울: 서울성경학교 출판부, 1990.
Hiebert, Paul G.『인류학적 접근을 통한 선교현장의 문화 이해』. 김영동・안 영권 역. 서울: 죠이선교회, 1997.
_____."도시와 도시의 세계관."「목회와신학」2002. 3월.

J. Aumann. 『영성신학』. 이홍근 역. 서울: 분도출판사, 1987.
Lane, Denis. 『선교사와 선교단체』. 도문갑 역. 서울: 도서출판 두란노, 1993.
Leiffer, Murray H. 『도시교회목회론』. 박근원 역. 서울: 대한기독교출판사 1977.
McGvran, Donald. 『하나님의 선교전략』. 이광순 역. 서울: 한국장로교출판사, 1993.
Merry, John. Ebbie Smith and Justice Anderson. 『선교학대전』. 한국복음주의선교신학회 역. 서울: CLC, 2003.
Minirth, Frank. 『무력감에 빠졌을 때』. 차혜주 역. 서울: 서울말씀사, 1997.
Murray H. Leiffer. 『도시교회목회론』. 박근원 역. 서울: 대한기독교출판사, 1977.
Nessler, Jerrold. 『사고의 혁명』. 정성호 역. 서울: 동아출판사, 1992.
Newbigin, Lesslie. 『다원주의 사회에서의 복음』. 허성식 역. 서울: IVP, 1998.
Peters, George W. 『선교성경신학』. 김성욱 역. 경기: 크리스챤출판사, 2004.
Phillips, James M. 『선교신학의 21세기 동향』. 한국복음주의 신학회 선교분과회 편역. 서울: 이레서원, 2001.
Rheenen, Gailyn Van. 『선교학 개론』. 홍기영 홍용표 역. 서울: 도서출판 서로사랑, 2000.
Sider, Ronald J. 『기아와 빈곤으로부터의 해방』. 권명달 역. 서울: 보이스사, 1981.
Snyder, Howard A. 『21세기 교회의 전망』. 박이경 김기천 역. 서울: 아가페출판사. 1996.
Stott, John R. W. 『현대기독교 선교』. 김명혁 역. 서울: 성광문화사, 1990.
Tetsunao Yamamori외 4인. 『직업선교』. 이득수 역. 서울: 한국기독학생회출판부, 1991.
Van Houten, Mark E. 『홍등가의 그리스도』. 한화룡 역 . 서울: 한국기독학생회출판부, 2006.
Vicedom, Georg F. 『하나님의 선교』. 박근원 역. 서울: 대한기독교출판사, 1980.
Wagner, C. Peter. 『기독교 선교전략』. 전호진 역. 서울: 생명의말씀사, 1978.
Warren, Rick. 『새들백 교회이야기』. 김현회 박경범 역. 서울: 디모데, 1995.
William J. Larkin Jr. Joel F. Williams, 『성경의 선교신학』. 홍용표·김성욱역. 서울: 도서출판 이레, 2001.

4. 학위논문

고해성. "도시화 지역에 있어서의 선교에 관한 연구-정락교회를 중심으로." 박사학위논문, 아세아연합신학대학교 대학원 & 풀러신학교신학대학원, 1986.
권상준. "도시근린공원의 이용권에 관한연구." 박사학위논문, 성균관대학교 대학원, 1992.
김윤기. "도시내 주거이동결정 행태에 관한 연구." 박사학위논문, 단국대학교 대학원, 1989.
김영수. "도시병리면에서 본 청소년비행 요인에 관한 연구." 박사학위논문, 서울: 단국대학교 대학원, 1991.
김주석. "한국의 도시체계와 도시간 상호의존관계에 관한 연구." 박사학위논문, 동아대학교 대학원, 2006.
김제선. "다문화가정 사역을 통한 교회성장 전략 연구." 박사학위논문, 총신대학교 목회신학전문대학원, 2011.
손지수. "도시설계 비교분석에 의한 신도시 중심상업지역의 도시 정체성 연구." 박사학위논문, 중앙대학교 대학원, 2007.
이규목. "도시상징성의 역사적 변천에 관한 연구." 박사학위논문, 서울대학교 대학원, 1986.
이동신. "지역성장 요인에 관한 실증적 연구." 박사학위논문, 전남대학교 대학원, 1988.
이수환. "영적 종교현상의 형태론과 성경선교신학적 평가." 박사학위논문, 성결대학교 대학원, 2010.
이필로, "도시민의 신앙적 익명화 극복을 위한 구원사역-학동교회 설립 이념과 그 실현을 위한 목회계획." 박사학위논문, 아세아연합신학대학교 대학원, 1994.
임우석. "협상에 의한 도시혐오시설의 입지결정에 관한 연구." 박사학위논문, 서울시립대학교 대학원, 1995.
오점섭. "입지 유형과 산업구조 변화에 따른 우리나라 도시의 인구성장." 박사학위논문, 홍익대학교 대학원, 2007.
전병재. "도시 노숙인에 대한 선교학적 고찰: 아래로부터의 영성회복을 위한 성육신적 선교신학의 모색." 석사학위논문, 연세대학교 연합신학대학원, 2006.
전유신. "도시성장관리를 위한 개발밀도관리방안 연구." 박사학위논문, 중앙대학교 대학원, 2003.
전용덕. "관계전도를 통한 캠퍼스 선교전략 연구: 한국대학생선교회 서울지구를 중심으로." 석사학위논문, 총신대 선교대학원, 2005.
정미경. "다문화사회를 향한 한국 기독교 이주민 선교의 방향과 과제." 박사학위논문, 성결대학교 신학전문대학원, 2010.
정용암. "도시지역 교회개척을 통한 교회성장 방안 연구." 박사학위논문, 총신대학교 목회신학전문대학원, 2006.
최종인. "도시교회의 특수선교 전략에 관한 연구." 박사학위논문, 서울신학 대학교 신학전문대학원, 2004.
채영식. "지가로 본 용도지역별 도시내부구조 변화에 관한 연구." 박사학위논문, 한양대학교 대학원, 1997.

5. 학술논단

기독교 도시빈민협의회. "도시빈민 선교의 신학적 근거."「선교21세기」1993. 7.
김영동. "도시선교 신학에 대한 탐구와 모색."「장신논단 제25집」2006.
문상철. "도시목회를 위한 복음의 상황화."「목회와신학」 2002.
박건택. "도시의 역사와 신학적 의미."「목회와신학」 2002. 3.
박영환. "21세기 평신도 선교전략."「선교신학」제2호. 1998. 10월.
박현식. "고령화 사회의 노인문제와 지역자원 활용 방안."「지방 분권을 위하고령화 사회에 자원 활용」 2005.
이광순·이향순. "도시의 발달과 도시선교."「선교와 신학」제10집. 2002. 12월.
이영제. "인터넷과 교회."「교회교육」. 2000.
이정석. "도시인을 위한 복음."「목회와 신학」 2003. 3월.
오혜경. "장애인 자립 생활 실천에 관한 연구."「사회복지리뷰」 1998. 제3집.
양명수. "도시의 의미와 교회."「목회와신학」 2002. 3.
원용철. "대전지역 노숙인 대책의 현황과 과제."「대전노숙인대책연합회 2주년 사업 보고 및 심포지엄」 2000. 12월.

윤영도. "인터넷을 통한 교회교육." 「교회목회」 2000.
정병관. "신흥도시지역에서의 선교와 목회." 「신학지남 제73권 4집」 2006.
_____. "도시선교의 문제점과 전략적 원리들." 「신학지남」 2000.
조귀삼. "영산의 도시선교." 「영성과 신학」 제21호, 2005.
_____. "영산의 선교전략." 「영성과 신학」 제19호, 2005.
한화룡. "도시빈민 선교와 능력대결." 「기독신학저널」 제4권, 2003.
홍기영. "급속한 도시화와 효과적인 선교." 「나사렛논총」 제6집, 2001.
_____. 「선교신학」 10집. 2005.
홍형선. "직장선교세미나 발표자료." 「한국직장선교연합회 제8회」 1995.

6. 신문

국민일보 2011년 10월 24일자.
뷰스엔뉴스 2011년 9월25일자.

7. 인터넷

네이버백과사전. "도시성." http://100.naver.com/100.nhn?docid=109945
브리태니커백과사전. "도시." http://100.daum.net/encyclopedia/view.do?docid=b05d0491b
신세원. "한국교회의 도시 선교론." http://kcm.co.kr/mission/2000/2000-11.htm
위키백과사전. "사회학." http://ko.wikipedia.org/wiki/%EC%82%AC%ED%9A%8C%ED%95%99
_____. "결정론." http://ko.wikipedia.org/wiki/%EA%B2%B0%EC%A0%95%EB%A1%A0
_____. "형태." http://ko.wikipedia.org/wiki/%ED%98%95%ED%83%9C%EB%A1%A0. 직장선교회, "소개". www.workmission.net

ABSTRACT

Pastoral Ministry and Missionary Work in the City

Song Young Man
Department of Theology of Mission
Professional Graduate School of Theology
Sungkyul University
Supervised by Prof. Seok Won, Sohn (Ph.D.)

Harvie M. Conn said "At the end of the 21st century, 90% of the world population will be living in cities". How is the position of the korean church in this urbanization phenomenon which occurs all over the world? Do the korean churches and leaders have professional knowledge and missionary work strategies? Are they indeed participating with professional knowledge and experiences at urban missionary work? Furthermore I have the study question "How can we be a part of urban missionization?"

In this study, to answer the above mentioned questions, I conducted researches on references and literatures and I also did a advanced research. In addition, for the study of korean churches missionary work pursuant to urban form, I researched the cognizance about missionization plans in my neighborhood.

The theoretical consideration can be divided into four parts. The first part is the whole understanding about cities. Up to recently a great part of world population lived in rural communities but now more than half of the world population lives in cities. Because of the enormous speed of urbanization the traditional manners, faith, customs and behaviour changed all over the world, especially in The Third World. Also this phenomenon is making the society radically and the modern man gets more and more affected by the city.

Especially, when we look at the general definition of city we can know that it is not only a place but an existence that participates in social process and response to it. The city is sociologically big, different and not a human being. The special circumstances of a city is giving the city dweller difficult, psychological and psychosocial problems.

Second part is the morphology of a city. Cities have constant forms, characteristics and cultural traits. Recognizing the concept of the form of cities andstudying the growth and the form of culture in cities and the korean form of cities is the main part in this section.

The third part is the theological understanding of urban missionization. It contains the formation of cities in the bible, spiritual war in cities and the alternatives and the understanding of urban missionization through the incarnation of Jesus Christ. In this part I researched missionary work understanding in respect of the existence and purpose of the church and also the recovery of the essence of churches.

The last part is the missionary work strategy about urban missionization. The following point are the steps to put up a concrete missionary work strategy on urban missionization. Internet mission work, urban immigrants mission work, poor people mission work, homeless mission work, multicultural family mission work, senior citizen mission work, office worker mission work and disciple mission work. Alliance and cooperation can be an important strategy for urban missionization.

Put together, the people, who wanted to earn wealth and honor, started to live in cities and with the time passing the population got higher. Because of this phenomenon the crime rate got higher too. The cities where we living in changed and is changing in this way. But, the churches in cities were not build accidentally. God has given us these churches to change our city and society with gospel.

From the sight of the korean church the cities are the best fishing grounds god has given us and it is the blessing pathway to harvest the fruits of missionization.

도시 속의 목회와 선교
Pastoral Ministry and Missionary Work in the City

2017년 3월 30일 초판 발행

지 은 이 | 송영만

편　　 집 | 변길용, 정희연
디 자 인 | 박슬기, 신봉규
펴 낸 곳 | 사)기독교문서선교회
등　　 록 | 제16-25호(1980. 1. 18)
주　　 소 | 서울시 서초구 방배로 68
전　　 화 | 02) 586-8761-3(본사) 031) 942-8761(영업부)
팩　　 스 | 02) 523-0131(본사) 031) 942-8763(영업부)
홈페이지 | www.clcbook.com
이 메 일 | clckor@gmail.com
온 라 인 | 기업은행 073-000308-04-020, 국민은행 043-01-0379-646
　　　　　예금주: 사)기독교문서선교회

ISBN 978-89-341-1635-6 (93230)

* 낙장·파본은 교환해 드립니다.

이 도서의 국립중앙도서관 출판시 도서목록(CIP)은 서지정보유통지원시스템 홈페이지(http://seoji.nl.go.kr)와 국가자료공동목록시스템(http://www.nl.go.kr/kolisnet)에서 이용하실 수 있습니다.
(CIP제어번호: CIP2017004215)